常燕民 著

新媒体公共传播

Advertising Laws and Governance

广告法规与治理

社会科学文献出版社
SOCIAL SCIENCES ACADEMIC PRESS (CHINA)

自　序

本书在四个方面力求出新，或有一定价值。

一是以治理理论为核心视角。

20 世纪末期，基于对政府失灵与市场失灵的反思，治理理论（governance theory）在西方开始兴起并迅速扩散开来，成为解决现实问题的重要理论工具。治理是基于法律规则和正义、平等的高效系统的公共管理框架，贯穿于管理和被管理的整个过程。相比统治与管制，治理的参与主体更加多元，所运用手段更具柔性，以公共利益最大化为基本目的，所作用领域也更为宽泛。

因为与中国社会发展和政治现代化进程高度契合，治理理论得到中国学界广泛认可，也逐渐成为中央政府重要执政逻辑与话语体系。党的十八届三中全会明确全面深化改革的总目标是"完善和发展中国特色社会主义制度，推进国家治理体系和治理能力的现代化"。党的十九大再次强调"不断推进国家治理体系和治理能力现代化"，并确定了实现国家治理现代化的阶段性目标：2035 年"基本实现"，2050 年"完全实现"。广告作为波及广泛、影响深远的社会子系统，对其有效治理必须紧随中国治理现代化进程，以社会善治为根本导向。

二是以最新法律为基本依托。

《广告法》施行于 1995 年 2 月 1 日。2015 年 4 月 24 日，第十二届全国人民代表大会常务委员会第十四次会议通过《广告法》修订案，2015 年 9 月 1 日起正式施行。此后，《广告法》又经历 2018 年 10 月 26 日、2021 年 4 月 29 日两次修正。

伴随《广告法》逐步完善，与其配套的各类规范性文件，如《医疗广告管理办法》《药品、医疗器械、保健食品、特殊医学用途配方食品广告审查管理暂行办法》《农药广告审查发布规定》《兽药广告审查发布规定》《房地产广告发布规定》《互联网广告管理暂行办法》等，也陆续出台或修订。其中，不少文件施行或修订于2020年、2021年。

此外，与广告相关度较高的其他法律，如《民法典》《消费者权益保护法》《网络安全法》《食品安全法》《未成年人保护法》《商标法》《电子商务法》《个人信息保护法》等，也都于近年出台或修订。

三是部分观点有一定新意。

基于治理理论与当下语境，本书提出"多元协同、多维融合、社会共律"广告治理模式。

多元协同以协同治理为基础，指政府机构、新闻媒体、网络平台、社会团体、广告受众等治理主体基于自身属性与优势，运用恰当、有效的治理工具，围绕统一、科学的治理目的，对广告行业开展综合治理活动。

多维融合以党的十九届四中全会提出的"社会治理共同体"为依据，指在广告治理中，多元主体综合运用法律法规、公序良俗、财政政策、技术工具、信息传播等广告治理手段，以形成合力，化解难题，提升治理效能。

基于多元协同与多维融合的综合效用，广告治理将形成他律、自律与互律交互作用的社会共律模式。他律指外部力量对广告参与主体的制衡与治理。自律指广告行业内部通过行业守则等规约对本行业实行自我约束，或者广告经营者、广告主、广告发布者等广告参与主体基于个体理性对自身行为的自我管控。互律指广告主、广告经营者、广告发布者、广告代言人等广告参与主体相互间所形成的彼此监督与约束。

四是以丰富案例为重要支撑。

近年典型广告违规案例与新兴广告治理现象频出，亟须依托最新法律法规予以整理与剖析。本书以典型、新颖、独特为基本标准，收集、整理广告治理案例百余则，分散列于相关章节，具有较强可读性，并有助于读者对相关理论与法条的理解。

孤芳自赏，不足信。祈望方家指正！

目　录

第一章　法的基本理论

理解法的基本理论，是学习并掌握广告法规与治理的前提。本章主要包括法的内涵、法律体系、法律关系、法律责任四部分。

第一节　法的内涵

法的内涵即法所具有的本质属性的总和，包括概念、本质、特征、效力、功能等几个方面。

一　法的概念

法古字写作"灋"，最早见于西周金文，字形由"氵""廌""去"三部分组成。"氵"，代表公平如水；"廌"，即獬豸，是古代传说中能明辨善恶是非的神兽；"去"，《说文解字》作者许慎认为其义为"去除坏人"。

作为汉字，法有多重含义，如方法、办法、佛教术语等。本书中的法专指一种特殊的社会规范，是人类社会发展到一定阶段的产物。其基本概念可界定为：由国家制定或认可，以权利义务为主要内容，由国家强制力保证实施，具有普遍效力的社会规范及其相应的规范性文件的总称。在我国，法主要包括宪法、法律、行政法规、地方性法规、部门规章、地方性规章等。《广告法》《互联网广告管理暂行办法》《户外广告登记管理规定》等，都属于法。

二　法的本质

任何事物都有本质与现象两个方面。法的本质是法的内在规定性，是深刻的、稳定的，深藏于法的现象背后，是法存在的基础和变化的决定性力量，从根本上回答了"法是什么"的问题。

马克思主义法学认为，法的本质包含以下几点。

（一）国家意志性

法与国家相辅相成，是国家意志的体现。从法的产生来看，法以国家政权为依托，由国家专门机关以"国家"名义制定和颁布，没有国家政权，法就无从产生。从法的适用来看，法以国家主权范围为界，在一国主权范围内具有普遍适用性。从法的实施来看，法以国家强制力为后盾，具有国家强制性。

（二）阶级意志性

在阶级社会里，统治阶级凭借其在政治、经济、军事上的优势地位，将本阶级意志上升为国家意志，并通过立法活动固定下来。法是以国家意志表现出来的统治阶级的意志。

法所体现的统治阶级意志，并非个别统治者的个人意志；法对统治阶级内部的违法犯罪行为同样要予以规范、打击；法对非统治阶级的愿望和要求，以及社会公共利益，同样必须予以考虑。

（三）物质制约性

法的内容由统治阶级的物质生活条件所决定。统治阶级的物质生活条件最主要的是统治阶级所代表的、与一定生产力发展水平相适应的生产关系。

物质生活条件是法的决定性因素，但不是唯一因素，政治、思想、文化、道德、宗教等都会影响到法的生成与状态；法的物质制约性不排除法会有一定的滞后性或超前性，这与物质制约性并不违背；法作为一种精神文明的成果，具有一定的相对独立性，这与法的物质制约性并不矛盾。

三　法的特征

法是一种特殊的社会规范，在四个方面显著区别于其他社会规范。

（一）由国家创制

法是由国家制定或认可的社会规范，制定与认可是国家创制法律的两种基本方式。国家制定指有立法权的国家机关按照法定程序制定法律规范，由此产生的法律规范一般被称为成文法；国家认可指有立法权的国家机关对社会上既存的某些社会规范（习惯、道德、宗教规范等）赋予法律效力，由此产生的法律规范一般被称为习惯法。其他社会规范，如职业规范、礼仪规范、道德规范、宗教规范等，虽然也对社会有重要影响，但并非国家创制。

（二）具有普遍适用性

法的普遍适用性，具有双重含义。一方面，法作为一个整体，在国家主权或法的界限范围内，具有普遍效力，一切国家机关、政党、社会团体、企事业单位、国家工作人员和全体公民都必须遵守；另一方面，法律面前人人平等，法平等地对待一切主体，为人们提供统一的行为模式。其他社会规范，往往具有明显的地域性或群体性，不具有普遍效力。

（三）规定权利义务关系

权利是公民、法人或其他组织在政治、经济、社会、文化等方面享有的权力和利益，义务与其相对，指上述主体在政治上、法律上、道义上应尽的责任，包括作出一定行为或不作出一定行为。法以权利义务的双向规定为调整机制，在法的规范中，权利与义务往往相互呼应、彼此依存。其他社会规范，如道德、宗教等，往往以义务或责任为重心，与法有显著差别。

（四）由国家强制力保证实施

任何社会规范都有一定强制性，都有保证其实施的社会力量，但强制的力量来源、性质、范围、程度、方式等各不相同。在所有社会规范中，只有法由国家强制力保证实施，以暴力手段为后盾。对违法、犯罪行为，国家将通过一定程序对违反者施行强制制裁，包括刑事制裁、民事制裁、行政制裁等。其他社会规范，则可能依靠个人信念、社会舆论、单位处罚等保证实施。

案例 1-1

郑某偷逃税被罚 2.99 亿元

2021 年 4 月，上海市税务局第一稽查局依法受理了关于郑某涉嫌偷逃税问题的举报。国家税务总局高度重视，指导天津、浙江、江苏、北京等地税务机关密切配合上海市税务局第一稽查局，针对郑某利用"阴阳合同"涉嫌偷逃税问题，以及2018年规范影视行业税收秩序以后郑某参加的演艺项目和相关企业及人员涉税问题，以事实为依据，以法律为准绳，依法依规开展全面深入检查。

日前，上海市税务局第一稽查局已查明郑某2019年至2020年未依法申报个人收入1.91亿元，偷税4526.96万元，其他少缴税款2652.07万元，并依法作出对郑某追缴税款、加收滞纳金并处罚款共计2.99亿元的处理处罚决定。①

四 法的效力

法的效力，即法的约束力和强制力，是法律得以实施的基本保证。法的效力包括规范性法律文件的效力和非规范性法律文件的效力，前者指法律的生效范围或适用范围，后者指判决书、裁定书、逮捕证、许可证、合同等的法律约束力。除了国家强制力，法的效力还来源于民众道德水平、法治意识、行为习惯、文化素养等。

（一）效力位阶

效力位阶指在一国的法的体系中，不同形式的法律规范在效力方面的层级差别，一般有以下原则。

1. 宪法至上

宪法具有最高的法律效力，一切法律、行政法规、地方性法规、自治条例和单行条例、规章都不得同宪法相抵触。不合乎宪法的任何法规，都不具有效力。

2. 上位法优于下位法

一般来说，立法主体在国家机构中的地位越高，法的效力就越高。法律的效力高于行政法规、地方性法规、规章；行政法规的效力高于地方性法规、规章；地方性法规的效力高于本级和下级地方政府规章；省、自治

① 《郑某偷逃税被罚2.99亿元》，http://sh.xinhuanet.com/2021-08/27/c_1310151949.htm，最后访问日期：2021年12月3日。

区的人民政府制定的规章的效力高于本行政区域内的设区的市、自治州的人民政府制定的规章；部门规章之间、部门规章与地方政府规章之间具有同等效力，在各自的权限范围内施行。下位法与上位法不一致时，适用上位法。

3. 新法优于旧法

同一机关制定的法律、行政法规、地方性法规、自治条例和单行条例、规章，新的规定与旧的规定不一致的，适用新的规定。

4. 特别法优于一般法

同一机关制定的法律、行政法规、地方性法规、自治条例和单行条例、规章，特别规定与一般规定不一致的，适用特别规定。

法律之间对同一事项的新的一般规定与旧的特别规定不一致，不能确定如何适用时，由全国人民代表大会常务委员会裁决。

（二）效力范围

效力范围即法的生效范围，专指法对什么人、在什么时间和什么空间有效。

1. 时间效力

法的时间效力即法生效的时间范围，包括何时生效、何时失效、溯及力三个方面。

法的公布是法生效的前提条件，但公布时间不等于生效时间。法的生效时间一般有两种方式，一是明确规定一个具体的生效时间，二是规定具备何种条件后开始生效。

法因废止而失效，法被废止的时间即是法的失效时间。法的废止有明示和默示两种方式，前者直接用语言文字表示法的终止时间，后者没有明文规定，基于"新法优于旧法""后法优于前法"原则自然终止。其具体形式一般有：法本身规定了有效期，期满自动失效；新法明确规定自本法实施之日起旧法失效；法据以存在的时代背景或者条件消失，或者其所调整的对象不复存在，或者其使命完成，使法失去了存在的意义，从而自动失效；权力机关进行法律法规清理，对外公布某项法律法规作废；相关内容与已生效的新法抵触的旧法自动失效。

例如，《烟草广告管理暂行办法》于 1995 年 12 月 20 日依国家工商行

政管理局令第 46 号公布，1996 年 12 月 30 日依国家工商行政管理局令第
69 号修订，2016 年 4 月 29 日依《国家工商行政管理总局关于废止和修改
部分工商行政管理规章的决定》废止。《广告语言文字管理暂行规定》于
1998 年 3 月 1 日起施行，旨在促进广告语言文字使用的规范化、标准化，
保证广告语言文字表述清晰、准确、完整，避免误导消费者。2020 年 7 月
7 日经国家市场监督管理总局 2020 年第 5 次局务会议审议通过，废止《广
告语言文字管理暂行规定》。

　　法的溯及力即法溯及既往的效力，指法对其生效前发生的行为和事件
是否适用。如果适用，就具有溯及力；如果不适用，就没有溯及力。《立
法法》规定：法律、行政法规、地方性法规、自治条例和单行条例、规章
不溯及既往，但为了更好地保护公民、法人和其他组织的权利和利益而作
的特别规定除外。

　　2. 空间效力

　　空间效力即法律发生效力的地域范围，是指法律在哪些地域有效力，
适用于哪些地区。法的空间效力范围主要由国情和法的形式、效力等级、
调整对象或内容等因素决定，一般分为域内效力与域外效力。域内效力指
法在其制定机关所管辖领域内的效力，域外效力指法在其制定机关所管辖
领域外的效力。

　　具体来看，法主要有三种空间效力范围。一是在全国范围内有效，即
在一国主权所及全部领域有效，包括属于主权范围的全部领陆、领空、领
水、底土，也包括延伸意义上的领土，如该国驻外使领馆、境外行驶的本
国飞行器、船舶等。二是在国家一定区域内有效，如地方性法规、关于经
济特区的立法等。三是具有域外效力，如涉及民事、贸易和婚姻家庭的法
律，一般由国家之间的条约加以确定，或由法本身明文规定。

　　3. 对象效力

　　对象效力即法律对人的效力，指法律对谁有效力，适用于哪些人，包
括对本国公民效力、对外国公民效力、对无国籍人效力几个方面。

　　从世界范围来看，对象效力一般有四种原则。一是属人主义，法律只
适用于本国公民，不论其身在国内还是国外，非本国公民即使身在该国领
域内也不适用。二是属地主义，法律适用于该国管辖地区内的所有人，不

论是否本国公民，本国公民不在本国则不适用。三是保护主义，以维护本国利益作为是否适用本国法律的依据，任何侵害了本国利益的人，不论其国籍和所在地域，都适用该国法律。四是结合主义，以属地主义为主，与属人主义、保护主义相结合，既维护本国利益，坚持本国主权，又尊重他国主权，照顾法律适用中的实际可能性。

我国当前主要采用第四种原则。中国公民在中国领域内一律适用中国法律。在中国境外的中国公民，也应遵守中国法律并受中国法律保护。关于适用中国法律与适用所在国法律的关系问题，根据法律区分情况，分别对待。外国人和无国籍人在中国领域内，除法律另有规定者外，适用中国法律，这是国家主权原则的必然要求。

案例 1-2

吴某凡涉嫌强奸被批准逮捕

2021 年 8 月 16 日，北京市朝阳区人民检察院经依法审查，对犯罪嫌疑人吴某凡（男，30 岁，加拿大籍）以涉嫌强奸罪批准逮捕。[①]

此前，针对网络举报"多次诱骗年轻女性发生性关系"，经警方调查，吴某凡被朝阳公安分局依法刑事拘留。

中央政法委对此发表评论："在中国的土地上，就要遵守中国的法律。不枉不纵，以事实为依据，以法律为准绳！"[②]

《人民日报》对此发表评论："外国国籍不是护身符，名气再大也没有豁免权，谁触犯法律谁就要受到法律制裁。请记住：人气越高越要检点自律，越当红越要遵纪守法。"[③]

《刑法》第 6 条规定："凡在中华人民共和国领域内犯罪的，除法律有

---

① 《北京市朝阳区人民检察院依法对犯罪嫌疑人吴某凡批准逮捕》，http：//society. people. com. cn/n1/2021/0816/c1008-32195378. html，最后访问日期：2021 年 12 月 4 日。
② 《安哥锐评：吴某凡被刑拘》，https：//weibo. com/u/5617030362，最后访问日期：2021 年 12 月 4 日。
③ 《人民日报评吴某凡被刑拘：法律面前没有顶流》，https：//weibo. com/2803301701？refer_flag=1001030103_，最后访问日期：2021 年 12 月 4 日。

特别规定的以外，都适用本法。凡在中华人民共和国船舶或者航空器内犯罪的，也适用本法。犯罪的行为或者结果有一项发生在中华人民共和国领域内的，就认为是在中华人民共和国领域内犯罪。"

五　法的功能

法的功能即法的作用，指法作为一种社会规范，对人的行为及社会生活产生的影响与效果，一般分为规范功能与社会功能。规范功能指为人们提供的行为标准；社会功能指通过对人们行为的调整，而对社会结构、社会秩序产生的影响。

（一）规范功能

规范功能主要包括四个方面。

一是指引功能，为人们的行为提供一个既定的模式，引导人们在法所允许的范围内从事社会活动。法的目的并非制裁违法行为，关键在于引导人们从事正确的行为，维护正常的社会秩序。

二是评价功能，衡量、评价人的行为是否合法或有效。在法治社会中，任何人的行为都必须接受法的约束，任何人具有法律意义的行为都是法律评价的对象。

三是预测功能，行为主体以法为依据，估计自己行为的结果或他人如何安排自己的行为，继而决定自己行为的取舍和方向。预测功能为个人行为提供了一种奖励系统，减少了人类行为的不确定性，具有多方面的社会意义。

四是教育功能，影响人们的思想，培养和提高人们的法律意识，引导人们积极依法行为。教育功能的实现主要有三种路径，一是人们对法律的学习和了解，二是制裁违法犯罪行为对人们的警示，三是奖励模范行为对人们的激励。

（二）社会功能

社会功能主要包括三个方面。

一是政治功能，即法对政治事务和政治活动产生的影响及其效果。法能够调整阶级关系，实行阶级统治。在阶级社会中，法的制定很大一方面是为了确认各阶级、等级的不同地位，从而形成有利于统治阶级的权力格局。法能够组织国家机构，进行国家活动。国家的阶级统治离不开一定的机构和人员，法律对国家机构的形式、权限、体制关系等作出规定，以做到各司其职，共同完成国家的任务与使命。法能够调整对外关系，维护国家主权。一个国家不能孤立存在，必然与其他国家发生经济、科技、文化上的各种联系。如何建构与发展和其他国家的外交关系，是法律需要完成的基本任务。

《反外国制裁法》的颁布实施，体现了上述功能。该法旨在维护国家主权、安全、发展利益，保护我国公民、组织的合法权益。2021年6月10日，第十三届全国人大常委会第二十九次会议表决通过，自公布之日起施行。该法共16条，围绕反制裁、反干涉、反制长臂管辖等，充实应对挑战、防范风险的法律"工具箱"。法律的出台和实施，将有利于依法反制一些外国国家和组织对我国的遏制打压，有力打击境外反华势力和敌对势力的嚣张行径，有效提升我国应对外部风险挑战的法治能力，加快形成系统完备的涉外法律法规体系。

二是经济功能，即法对社会经济关系和经济活动产生的影响及其效果。法能够通过赋予市场主体法律地位、保障市场主体基本权利、区分市场主体具体形态等方式，对市场主体及其行为进行规范。法能够通过制定交易规则，对电子商务、证券交易、烟草专卖、房地产买卖等各种市场进行调整，进而规范市场秩序。法能够通过规范政府行为、调整资源配置等方式，实现经济宏观调控。

《电子商务法》的颁布实施，体现了上述功能。该法旨在保障电子商务各方主体的合法权益，规范电子商务行为，维护市场秩序，促进电子商务持续健康发展。2018年8月31日第十三届全国人民代表大会常务委员会第五次会议通过，于2019年1月1日起实施。

三是公共事务功能，即法对社会公共事务所产生的影响及其效果。其表现有多个方面，如维护人类社会基本生活条件、保证社会劳动力的生息繁衍、确定使用设备的技术规程、促进教育科学文化发展、为灾害受难者提供救济等。维持国家和社会的稳定，需要充分发挥法在调整公共事务方面的功能。

2021年8月20日，全国人民代表大会常务委员会通过《关于修改〈中华人民共和国人口与计划生育法〉的决定》，规定国家提倡适龄婚育、优生优育，一对夫妻可以生育三个子女。国家采取财政、税收、保险、教育、住房、就业等支持措施，减轻家庭生育、养育、教育负担。这一决定，是法律公共事务功能的典型体现。

第二节　法律体系

法律体系也称部门法体系，指一个国家全部现行法律规范按照不同的标准和原则，分类组合为不同的法律部门而形成的有机联系的统一整体。我国现行法律体系主要分为九个法律部门。

一　宪法法律部门

宪法是根本大法，规定了国家的根本制度和根本任务、公民的基本权利和义务等根本性问题，拥有最高法律效力，在法律体系中处于核心、主导地位。现行《宪法》为 1982 年《宪法》，历经 1988 年、1993 年、1999 年、2004 年、2018 年五次修订。

宪法法律部门的核心是《宪法》，还包括一系列规定国家基本制度、原则、方针、政策的其他法律文件，如《国籍法》《国旗法》《国徽法》《立法法》《国家赔偿法》《义务教育法》《民族区域自治法》《全国人民代表大会组织法》《戒严法》《国防法》等。

二　行政法法律部门

行政法法律部门是调整行政关系的法律规范的总称。主要分为三大类，一是行政组织法，包括《国务院组织法》《公务员法》等；二是行政行为法，包括《行政处罚法》《行政许可法》《行政强制法》等，三是行政监督和救济法，包括《行政复议法》《国家监察法》等。

三　民商法法律部门

民商法法律部门由民法和商法合成，是调整平等主体之间的财产关系和人身关系以及商事关系的法律规范的总称，自愿、平等、等价有偿、诚实信用是其基本原则。

现行民法主要指《民法典》，2020年5月28日表决通过，自2021年1月1日起施行，共7编、1260条，各编依次为总则、物权、合同、人格权、婚姻家庭、继承、侵权责任，以及附则。《民法典》被称为"社会生活的百科全书"，是新中国第一部以法典命名的法律，在法律体系中居于基础性地位，也是市场经济的基本法。《民法典》施行以后，《婚姻法》《继承法》《民法通则》《收养法》《担保法》《合同法》《物权法》《侵权责任法》《民法总则》同时废止。

现行商法由《公司法》《保险法》《合伙企业法》《破产法》《票据法》等组成。

四 刑法法律部门

刑法法律部门是有关犯罪与刑罚的法律规范的总称，其调整范围十分广泛，采用的调整方法是最严厉的一种法律制裁方法，基本原则有罪刑法定、平等适用、罪刑相适应等。

《刑法》是刑法法律部门的核心法典，于1979年7月1日第五届全国人民代表大会第二次会议通过，历经11次修正，最新修正发生于2020年12月26日。

五 经济法法律部门

经济法法律部门是对社会主义市场经济关系进行整体、系统、全面、综合调整的法律规范的总称，其基本原则主要有资源优化配置、国家适度干预、社会本位、经济民主、经济公平、经济效益、可持续发展等。

我国现行经济法有中小企业促进法、财税法、反垄断法、反不正当竞争法、预算法、采购法、会计法等。

六 社会法法律部门

社会法法律部门是调整劳动关系和与劳动关系密切相关的其他关系的法律规范的总称，旨在保障公民尤其是特殊群体和弱势群体的权益。

我国现行社会法有《劳动法》《工会法》《未成年人保护法》《老年人权益保障法》《妇女权益保障法》《残疾人保障法》《矿山安全法》《红十

字会法》《公益事业捐赠法》《职业病防治法》等。

七　环境法法律部门

环境法法律部门是指关于保护环境和自然资源、防治污染和其他公害的法律规范的总称，是保障我国实现可持续发展的一个重要的法律部门。

我国现行环境法有《环境保护法》《森林法》《大气污染防治法》《野生动物保护法》《土地管理法》等。

八　程序法法律部门

程序法法律部门是有关诉讼与非诉讼程序的法律规范的总称，主要包括《民事诉讼法》《刑事诉讼法》《行政诉讼法》《仲裁法》《人民调解法》等。

九　军事法法律部门

军事法法律部门是指关于军事管理和国防建设方面的法律规范的总称，主要包括《兵役法》《国防法》《军事设施保护法》《中国人民解放军现役军官服役条例》等。

第三节　法律关系

法律关系是法律在调整人们行为的过程中形成的特殊的权利和义务关系，是法在社会关系中的实现形式。法律关系有其自身特点、构成要素与不同类型，其形成、变更与消灭需要符合特定条件。

一　法律关系特征

法律关系是社会关系的一种，但具有不同于其他社会关系的典型特征。

（一）根据法律规范建立

任何法律关系，都是根据相应的法律规范而形成的。正是因为法律规范规定了法律关系的主体和客体、法律关系主体的权利和义务以及法律关系产生、变更和消灭的条件，当某种法律事实出现时，社会主体之间就以客体为中介形成某种法律关系，或享有权利，或承担义务。

（二）以法定权利和义务为内容

法律关系是以法律上的权利、义务为纽带而形成的社会关系，法律关系中权利和义务的内容来源于两个方面：一是相应法律规范的规定，二是法律关系参加者在法律规定范围内所做的约定。

（三）由国家强制力保障

法律关系是法所调整或创设的社会关系，一旦形成就受到国家强制力的保障，不能随意违反或破坏。例如，广告委托关系一旦依法成立，任何一方都不能自行变更或废除，如果当事人一方不经对方同意，擅自变更或者废除，对方就有权请求有关国家机关责令其履行委托合同或赔偿损失。

案例 1-3

主播跳槽违反竞业限制协议应支付违约金

近年来，网络带货主播的从业人数越来越多，为了防止辛苦培养起来的主播另立门户或者恶意跳槽，很多公司都会与带货主播签订竞业限制协议。

上海市第一中级人民法院曾审理这样一起竞业限制纠纷案件的上诉：小美在 A 公司做线上主播，销售二手奢侈品，双方签有劳动合同及《竞业限制协议》，约定小美在离职两年内，不得到与 A 公司有竞争关系的公司从事网络主播工作，否则应支付竞业限制补偿费总额 10 倍的违约金。小美离职后，一月内即至经营二手奢侈品销售的 B 公司从事主播工作。A 公司知晓后遂提起劳动仲裁，要求小美支付违约金 100 万元，仲裁机构认定小美违反竞业限制，酌定赔偿 A 公司 50 万元。小美不服仲裁裁决，向人民法院起诉，一审法院维持仲裁裁决。

上海市第一中级人民法院经审理认为，小美与 A 公司之间签有《竞业限制协议》，并可通过登录公司管理系统了解客户信息、成本利润等相关内容，符合竞业限制的适格主体。但小美从 A 公司离职后，立即到与 A 公司同样从事二手奢侈品销售的案外人 B 公司工作，并同样担任网络主播，确实违反了竞业限制协议的约定，应当承担相应的违约责任。一审法院结合小美主观违约恶意及客观违约行为、未履约期限、双方约定的违约金数额等因素后所调整的违约金数额并无不当。故驳回小美的上诉请求，维持原判。

《劳动合同法》第 23 条第 2 款规定："对负有保密义务的劳动者，用人单位可以在劳动合同或者保密协议中与劳动者约定竞业限制条款，并约定在解除或者终止劳动合同后，在竞业限制期限内按月给予劳动者经济补偿。劳动者违反竞业限制约定的，应当按照约定向用人单位支付违约金。"该法第 24 条对竞业限制的范围和期限进行了规定，将竞业限制的人员限于用人单位的高级管理人员、高级技术人员和其他负有保密义务的人员，期限为不得超过 2 年。《最高人民法院关于审理劳动争议案件适用法律问题的解释（一）》也对相关问题进行了细化规定。

根据上述法律条文，劳动者承担竞业限制义务应以明确的竞业限制约定为前提，法院还需审查劳动者是否属于可适用竞业限制的人员以及是否在竞业限制期内。如劳动者以上情形都符合且确实存在竞业行为（既包括开设同类公司，也包括入职竞争公司），则需承担相应的违约责任，其中就包括向原公司支付违约金。劳动者如主张违约金过高要求调整的，人民法院可根据劳动者原岗位、工资收入、未履约期限、竞业限制补偿金数额、给原用人单位造成的损失等因素酌情调整。①

二　法律关系类型

（一）一般法律关系与具体法律关系

一般法律关系也称抽象法律关系，指抽象法律主体之间处于法律条文关系状态中，主体之间的关系以法律设定或法律宣告的方式存在。如宪法中公民与国家之间的关系，诉讼法中公民与公民、公民与法院之间的关系，《广告法》中广告主与广告经营者、广告经营者与广告媒介、广告主与广告代言人之间的关系。

---

① 王正叶、蒲晓磊：《主播跳槽违反竞业限制协议应支付违约金》，《劳动报》2021 年 7 月 31 日。

具体法律关系也称现实法律关系，指法律关系的主体已经具体化，是现实中特定主体之间的法律关系。如 A 企业与 B 广告公司依法签订了广告代理合同，二者之间就形成具体法律关系。

（二）绝对法律关系与相对法律关系

绝对法律关系指法律关系中一方（权利人）是确定的、具体的，另一方（义务人）则是权利人以外的所有人，是不确定的。其形式为"一个主体对其他一切主体"。物权关系是绝对法律关系的典型形态，如某房屋所有权属于张三，其他任何主体都不得侵犯其所有权。人身权、肖像权等也具有类似特点，任何主体不得侵犯他人权利。

相对法律关系指法律关系主体无论权利人还是义务人都是确定的，其形式为"某个主体对某个主体"。债权关系是典型的相对法律关系，债权人享有要求债务人作一定行为或不作一定行为的权利，债务人则有满足该项要求的义务。

案例 1-4

战狼公司被判赔吴京 34 万元 将其肖像用于槟榔外包装

战狼品牌管理公司（以下简称战狼公司）未经吴京许可，将其肖像用于槟榔外包装，并标注"电影《杀破狼》主演吴京助力战狼品牌"等字样。各地经销商还在短视频平台发布相关广告。2020 年 6 月，吴京发现这一行为后认为，战狼公司侵害其肖像权、姓名权，遂诉至北京互联网法院。

北京互联网法院一审认为，战狼公司使用的图片系吴京的个人照，照片展示了吴京面部正面形象，具有高度识别性，战狼公司的行为构成对吴京肖像权、姓名权的侵害。且吴京作为知名演员，其肖像、姓名具有一定商业价值。他人未经许可不得以营利为目的使用其肖像。法院作出一审判决：战狼公司赔偿吴京经济损失 34 万元、公证费 2000 元，合计 34.2 万元；公司立即停止生产、销售、使用并回收、撤除、销毁含有吴京肖像和姓名的产品和宣传品；在其经营的网店首页显著位置，连续七天刊登声明向吴京赔礼道歉。战狼公司不服，提起上诉。

2021 年 7 月，北京市四中院作出二审判决：驳回上诉，维持原判。①

（三）调整性法律关系和保护性法律关系

调整性法律关系指法律主体在合法行为基础上形成的法律关系，主体权利能够正常实现，不需要适用法律制裁，是法的实现的正常形式。

保护性法律关系是在主体的权利和义务不能正常实现的情况下通过法律制裁而形成的法律关系，是在违法行为的基础上产生的，是法的实现的非正常形式。因刑事犯罪、民事侵权、行政违法而产生的法律关系，都属此类。

（四）平权型法律关系与隶属型法律关系

平权型法律关系又称横向法律关系，指法律关系主体之间地位是平等的，相互间没有隶属关系，其典型是民事法律关系。

隶属型法律关系又称纵向法律关系，指法律关系主体之间地位不平等，相互间存在管理、服从或监督关系，权利与义务的内容具有强制性，不能随意转让或放弃。其典型是行政法律关系，行政机关具有依法管理的职能，在其管辖范围内的任何人或组织都须服从。广告管理机关对相应广告主体依法查处，即构成隶属型法律关系。

三 法律关系主体

法律关系主体即法律关系的参加者，是法律关系中权利的享有者（权利人）和义务的承担者（义务人）。

（一）主体资格

法律关系主体必须具有外在独立性，并且具有一定的意志自由，即权利能力与行为能力。权利能力指权利主体享有权利和承担义务的能力，反映了权利主体取得权利和承担义务的资格。行为能力指权利主体能够通过自己的行为取得权利和承担义务的能力。行为能力必须以权利能力为前

---

① 《战狼公司被判赔吴京 34 万元 将其肖像用于槟榔外包装》，http://henan.china.com.cn/m/2021-07/19/content_41621243.html，最后访问日期：2021 年 12 月 5 日。

提，但有权利能力不一定有行为能力。自然人行为能力一般分为完全行为能力、限制行为能力、无行为能力。

（二）主体种类

我国法律关系主体主要包括三类。

1. 自然人

自然人即个人主体。自然人享有生命权、身体权、健康权、姓名权、肖像权、名誉权、荣誉权、隐私权、婚姻自主权等权利。凡具有中国国籍的人都是中国公民，公民在法律面前一律平等，任何公民享有宪法和法律规定的权利，同时必须履行宪法和法律规定的义务，可以和其他公民、社会组织、国家机关以及国家之间发生多种形式的法律关系。居住在我国境内的外国人和无国籍人，也可以成为某些法律关系的参与者。

2. 组织

组织包括三类。一是国家机关，包括国家行政机关、审判机关、检察机关等，是宪法关系、行政法关系、诉讼法关系等多种法律关系的主体。二是政党、社会团体。三是企业、事业单位。在民事法律关系中，具有民事权利能力和民事行为能力、依法独立享有民事权利和承担民事义务的社会组织称为法人，国家机关也可以以法人的身份参加到某些民事法律关系中，此时国家机关的活动不具有行使职权的性质。法人、非法人组织享有名称权、名誉权和荣誉权。

3. 国家

国家作为一个整体，是某些重要法律关系的参加者，既可以作为国家所有权关系、刑法关系等的主体，也可以作为国际法关系的主体。国家的构成单位、各类地方构成单位都可能成为相应法律关系的主体。

四　法律关系客体

法律关系客体指法律关系主体之间的权利和义务指向的对象，一般有以下几种类型。

（一）物

物指法律关系主体支配的、在生产和生活上所需要的客观实体。国家、集体、私人的物权和其他权利人的物权受法律平等保护，任何组织或者个人不得侵犯。物可以是自然物，如森林、土地，也可以是劳动创造物，如建筑物、机器，还可以是财产的一般表现形式，如支票、存折、股票。

（二）人身利益

人身利益是指民事主体依法享有的，与其自身利益不可分离也不可转让的没有直接财产内容的利益，包括人格利益和身份利益，如生命、姓名、名誉、隐私、肖像、健康等。

（三）智力成果

智力成果指人们通过智力劳动创造的精神财富或精神产品。依靠智力成果产生的权利为知识产权，是由智力劳动者对其成果依法享有的一种权利，包括著作权、邻接权、专利权、商标权等。在广告活动中产生的创意、作品、策略等，都属于智力成果。

（四）行为

行为指法律关系主体的权利和义务指向的作为或不作为，如家庭关系中父母对子女的抚养和子女对父母的赡养，诉讼关系中证人的作证，行政法律关系中官员的不作为，民法法律关系中债务的给付行为，广告委托关系中的广告代理行为等。

案例 1-5

涉奥运会运动员姓名等 109 件商标注册申请被驳回

中国国家知识产权局 2021 年 8 月 19 日通过官方网络平台发布通告，依法驳回包括涉及奥运会运动员姓名"杨倩""陈梦""全红婵"等在内共 109 件商标注册申请，并对此类恶意抢注行为予以谴责。

中国国家知识产权局的官方通告指出，在第 32 届奥林匹克运动会（即东京奥运会）上，中国体育代表团取得 38 枚金牌、32 枚银牌、18 枚铜牌的优异成绩，为祖国和人民赢得了荣誉，但个别企业和自然人把"杨倩""陈梦""全红婵"等奥运健儿姓名和"杏哥""添神"等相关特定指代含义的热词进行恶意抢注，提交商标注册申请。

这类恶意抢注商标行为以攫取或不正当利用他人市场声誉，侵害他人姓名权及其合法权益，已产生恶劣的社会影响。中国国家知识产权局对此予以谴责，并依据商标法相关规定，对第 58130606 号"杨倩"、第58108579号"陈梦"、第58265645号"全红婵"等109件商标注册申请（含一标多类）予以快速驳回。

中国国家知识产权局表示，该局将一如既往地保持严厉打击商标恶意抢注行为的高压态势，不断强化对包括奥运健儿在内的具有较高知名度的公众人物姓名的保护，对违反诚实信用原则、恶意申请商标注册、图谋不当利益的申请人及其委托的商标代理机构，依法依规严肃处理，持续营造良好的创新环境和营商环境。①

五 法律关系内容

法律关系内容指法律关系主体之间的法律权利和法律义务。

（一）法律权利

法律权利指法律所确认和保障的，权利人所享有的追求某种正当利益的行为自由。主要包括三个方面，一是权利主体享有自主决定作出一定行为的自由，二是权利主体享有要求他人作出一定行为或不作出一定行为的自由，三是权利主体在自己权利受到侵犯的时候，享有请求国家机关予以保护的自由。

（二）法律义务

法律义务指法律所确认的，义务人对他人或社会所必须承担的责任，包括作为义务和不作为义务。作为义务要求义务人积极作出一定行为，如查验广告证明文件、抚养子女、赡养父母等，不作为义务要求义务人不得作出一定行为，如不得伪造广告证明文件、严禁刑讯逼供等。

法律权利与法律义务既相互区别又相互联系。二者无法孤立存在，权利实现以义务履行为前提，义务履行以相应权利为条件；二者相互对应，一方权利是另一方义务，一方义务是另一方权利；某些情况下权利与义务重合，如广告公司查验广告主广告证明文件、公民接受教育等，既是权利又是义务。

---

① 《关于依法驳回"杨倩""陈梦""全红婵"等109件商标注册申请的通告》，http://www.cnipa.gov.cn/art/2021/8/19/art_75_169554.html，最后访问日期：2021年12月5日。

六　法律关系形成、变更与消灭

法律关系在现实中有形成、变更与消灭等不同状态，如取得某项财产所有权、订立广告委托合同、企业兼并导致法律关系主体变更、劳动者与用人单位解除劳动合同等。

（一）实现条件

法律关系的形成、变更与消灭需要三个条件。

1. 法律规范，法律关系形变、变更与消灭的法律依据。

2. 法律主体，法律关系中权利的享有者与义务的承担者。

3. 法律事实，法律规范所规定的、能够引起法律后果即法律关系产生、变更和消灭的现象。

（二）法律事实

依据是否以法律主体的意志为转移，法律事实可以分为法律行为与法律事件两类。

1. 法律行为

法律行为指法律规范规定的，在当事人意志控制下实施的，并能引起法律关系产生、变更或消灭的行为。有合法行为与违法行为、善意行为与恶意行为、国家行为与当事人行为之分。

2. 法律事件

法律事件指法律规范规定的，不以当事人意志为转移，而又能引起法律关系产生、变更或消灭的客观事实，分为自然事件与社会事件。前者指自然原因引起的事件，与人的行为无关，如自然灾害、生老病死等；后者指与人的行为有关，但特定法律主体无法控制的事件，如社会革命、战争等。

第四节　法律责任

法律责任是法的制定和实施过程中的重要问题。立法的重要任务之一是合理设定和分配法律责任，促使人们正确享有法定权利和履行法定义务。执法和司法的基本任务是依法公正地认定和确定当事人的法律责任，保证法律的有效实施。

一 概念

"责任"是日常生活中常用词语，通常有两种含义。一是分内应做之事，如保证广告内容合法是广告经营者的责任。二是未做好分内之事应承担的后果，如广告主对虚假广告负有责任。

法律责任在法律意义上有特定含义，指由于责任主体违反法定或约定的义务而必须承担的具有直接强制性的义务，亦即由于违反第一性义务而须承担的第二性义务。广告发布者违法发布虚假广告接受行政机关处罚，广告经营者未依约完成广告代理义务对广告主作出赔偿，就是承担法律责任。

二 要件

行为人承担法律责任必须具备若干基本条件，通常包括五个方面。

（一）责任主体

责任主体即违反法定或约定义务，具有责任能力因而必须承担法律责任的人，包括自然人、法人、其他组织和国家。具有责任能力是行为人承担法律责任的前提条件。自然人能够正常地认知和控制自己的行为方具有责任能力，主要根据行为人年龄和精神状态来判断。法人从成立之日起即具有责任能力。行政责任、民事责任、刑事责任等不同法律责任对责任主体应具备责任能力的要求有所不同。

多数情况下，责任主体就是行为主体，即违反法定或约定义务的行为人。某些情形下，责任主体并未实施相应行为，如儿童实施侵权行为，监护人应承担赔偿责任。

（二）主观过错

行为人实施违法或违约行为时的心理状态与是否承担以及如何承担法律责任直接相关。主观过错包括故意与过失两种：前者指明知自己的行为会危害社会、损害他人，却希望或放任这种结果发生；后者指应当预见自己行为会危害他人、损害社会，因疏忽大意未能预见，或轻信能够避免。一般来说，故意比过失主观恶性更大，行为人需要承担更大的法律责任。

（三）行为

行为是法律责任的核心构成要件，包括违法行为或违约行为。现代法律无思想犯罪，没有发生行为，不需要承担法律责任。行为分为作为与不作为两种情况。作为指法律或约定禁止行为人作出一定行为时，行为人违法或违约作出该种行为，如广告主依法不该发布虚假广告却予以发布。不作为指法律或约定要求行为人作出一定行为时，行为人违法或违约未作出该种行为，如广告经营者依法应当查验广告证明文件却未予查验。

（四）损害结果

损害结果指违法行为或违约行为对他人权益或社会利益所造成的损失和损害。损害结果包括既得利益的损害，又包括预期利益的损失，有人身伤害、财产损失、精神损害、环境破坏等多种形式。损害结果必须是确定的，是违法行为或违约行为实际造成的侵害事实，而不能是推测的、臆想的或虚构的。一般依据法律法规、社会共识、公平观念、社会影响、环境评估等因素对损害结果进行认定。除特殊情况，损害结果是法律责任的基本要件。

（五）因果关系

上述要件之间具有因果关系，也是法律责任的构成要件。主要包括两个方面：一是行为人行为与损害结果之间的因果关系，即特定损害结果由行为人行为引起；二是行为人心理活动与外在行为之间有因果关系，即外在行为是在其主观意识支配下的结果。

案例1-6

广东中车检因发布虚假广告被处罚

2021年7月23日，广州市黄埔区市场监督管理局收到举报线索，显示广东中车检机动车检测技术有限责任公司（以下简称广东中车检）在公司官网发布有"中国机动车检测评估与质量认证中心""司法鉴定""全国唯一"等用语，存在虚假广告行为。

广州市黄埔区市场监督管理局公布的相关行政处罚信息显示，广东中车检在官网、微信公众号上作出以下广告宣传。一是使用了"中国机动车检测鉴定评估与质量评估中心"的标示内容，却无法出示其有效证明文件，属于标示内容虚构。二是使用了"司法鉴定"的标示内容，而该公司并未取得相应的司法鉴定机构的资质，属于标示内容虚假。三是该公司在未与所标称机构签署合作协议或者合作协议已过期的情况下，在官网合作伙伴中使用了其他机构的名称及专用标志，足以使消费者对该公司与其标示机构的合作关系产生误解。四是该公司只能证明其工作人员为汽车三包专家管理系统内的专家，对于其官网宣传的"中车检是国家市场监督管理总局缺陷产品管理《汽车三包责任争议处理技术咨询专家库》入库机构"说法没有依据，易误导消费者。五是使用了"全国唯一"的表述，却无法出示有效证明文件，属于表示内容虚假。六是使用了"政府与政策资源优势"的表述，却无法出示其有效证明文件，属于标示内容虚构。七是使用了"拥有15项专利与著作权"，能够提供证明文件，却没有在官网上标明专利号和专利种类。

广东中车检上述广告内容存在虚假及引人误解的内容，属于《广告法》第28条第1款"广告以虚假或者引人误解的内容欺骗、误导消费者的，构成虚假广告"；第2款"广告有下列情形之一的，为虚假广告……（五）以虚假或者引人误解的内容欺骗、误导消费者的其他情形"。该公司在广告中涉及专利产品或专利方法，没有标明专利号和专利种类的行为，违反《广告法》第12条第1款"广告中涉及专利产品或者专利方法的，应当标明专利号和专利种类"的规定。依据《广告法》第55条的相关规定，广州市黄埔区市场监督管理局对广东中车检罚款44万元。[①]

三 种类

依据不同标准，法律责任可以分为不同类型。

（一）自然人责任、法人责任与国家责任

按照法律责任主体不同，可以把法律责任分为自然人责任、法人责任

[①] 《"广东中车检"因发布虚假广告再度被处罚》，https://www.cqn.com.cn/ms/content/2022-04/01/content_8803173.htm，最后访问日期：2022年5月15日。

和国家责任。

自然人可以承担行政责任、民事责任、刑事责任，并且有一些仅仅适合自然人，如死刑、剥夺政治权利、行政拘留、驱逐出境等。法人可以承担民事责任与行政责任，亦可承担刑事责任，即单位犯罪。国家在某些情况下亦可以成为特定法律责任主体，如国家赔偿。

（二）直接责任、连带责任与替代责任

根据法律责任是否由本人承担，可以把法律责任分为直接责任、连带责任与替代责任。

直接责任由行为人本人承担，谁实施违法或违约行为，即由谁对自己的行为负责，其在法律责任中占据主导地位。连带责任指与行为人关联的第三人对行为人行为承担一定法律责任，如合伙人对合伙债务承担清偿责任。替代责任指与行为人关联的第三人替代行为人承担法律责任，如监护人替代被监护人承担责任。

（三）民事责任、行政责任、刑事责任与违宪责任

依据法律责任性质，可以把法律责任分为民事责任、行政责任、刑事责任与违宪责任。

民事责任指民事主体违法或违约应承担的法律责任，主要表现为补偿性财产责任。该责任主要由民事违法或违约行为引起，部分情况下也会由刑事或行政违法行为导致。行政责任指犯有一般违法行为的单位或个人，依照法律法规的规定应承担的法律责任，可以因行政主体及其工作人员违法失职、滥用职权或行政不当导致，也可因公民、法人等行政相对人违反违法违规导致。刑事责任指行为人因实施《刑法》规定的犯罪行为而承担的法律责任，是一种最严厉的法律责任。违宪责任指法律主体因违反宪法而应承担的法律责任。任何主体违宪，都须承担责任。

四　原则

法律责任的认定与归结必须遵循一定原则，不能随意进行。

（一）责任法定原则

法律责任只能由法律规范预先规定。是否追究法律责任，追究何种法律责任，如何追究法律责任，都必须严格依照法律法规进行。

（二）因果关系原则

确认有无法律责任时，要确认违法或违约行为与损害结果之间的因果关系，以及行为人心理活动与外在结果之间的因果关系。在广告活动中确认因果关系，需要从违法或违约情况、市场表现等多个方面仔细考量。

（三）责任相当原则

法律责任的性质、种类与轻重，应与责任主体行为的性质、情节、主观恶性及其造成后果的性质与轻重等相适应。

（四）责任平等原则

法律面前人人平等。任何法律主体违法或违约，在适用法律上一律平等。不允许任何人有超越法律的特权。

（五）责任自负原则

谁负有法律责任，谁承担法律责任（包括连带责任与替代责任）。只追究责任主体法律责任，不能株连家属或其他人。要保证责任人受到法律追究，也要保证无责任人不受法律追究，做到不枉不纵。

五 承担

根据法律规定，违法行为主体、违约行为主体或法律规定的其他主体需要付出相应代价，承担一定法律责任。主要有制裁与补偿两种方式。

案例 1-7

阿里巴巴因垄断行为被处罚

2020 年 12 月，国家市场监管总局依据《反垄断法》对阿里巴巴集团控股有限公司（以下简称阿里巴巴集团）在中国境内网络零售平台服务市场滥用市场支配地位行为立案调查。

国家市场监管总局成立专案组，在扎实开展前期工作基础上，对阿里巴巴集团进行现场检查，调查询问相关人员，查阅复制有关文件资料，获取大量证据材料；对其他竞争性平台和平台内商家广泛开展调查取证；对本案证据材料进行深入核查和大数据分析；组织专家反复深入开展案件分析论证；多次听取阿里巴巴集团陈述意见，保障其合法权利。本案事实清楚、证据确凿、定性准确、处理恰当、手续完备、程序合法。

经查,阿里巴巴集团在中国境内网络零售平台服务市场具有支配地位。自 2015 年以来,阿里巴巴集团滥用该市场支配地位,对平台内商家提出"二选一"要求,禁止平台内商家在其他竞争性平台开店或参加促销活动,并借助市场力量、平台规则和数据、算法等技术手段,采取多种奖惩措施保障"二选一"要求执行,维持、增强自身市场力量,获取不正当竞争优势。

调查表明,阿里巴巴集团实施"二选一"行为排除、限制了中国境内网络零售平台服务市场的竞争,妨碍了商品服务和资源要素自由流通,影响了平台经济创新发展,侵害了平台内商家的合法权益,损害了消费者利益,构成《反垄断法》第 17 条第 1 款第 4 项"没有正当理由,限定交易相对人只能与其进行交易"的滥用市场支配地位行为。

根据《反垄断法》第 47 条、第 49 条规定,综合考虑阿里巴巴集团违法行为的性质、程度和持续时间等因素,2021 年 4 月 10 日,国家市场监管总局依法作出行政处罚决定,责令阿里巴巴集团停止违法行为,并处以其 2019 年中国境内销售额 4557.12 亿元 4% 的罚款,计 182.28 亿元。同时,按照《行政处罚法》坚持处罚与教育相结合的原则,向阿里巴巴集团发出《行政指导书》,要求其围绕严格落实平台企业主体责任、加强内控合规管理、维护公平竞争、保护平台内商家和消费者合法权益等方面进行全面整改,并连续 3 年向国家市场监管总局提交自查合规报告。①

(一) 制裁

制裁又称惩罚,指依法剥夺或限制责任主体的人身自由、财产利益或其他利益。其主要目的是通过使责任主体遭受损失,恢复社会正义,预防违法犯罪。制裁分为刑事制裁、行政制裁、民事制裁三类。

---

① 《市场监管总局依法对阿里巴巴集团控股有限公司在中国境内网络零售平台服务市场实施"二选一"垄断行为作出行政处罚》,http://finance.people.com.cn/n1/2021/0410/c1004-32074532.html,最后访问日期:2021 年 12 月 6 日。

1. 刑事制裁

刑事制裁即刑罚，指对依法须承担刑事法律责任的责任主体实施的法律制裁。我国刑罚分为主刑与附加刑两类，主刑包括管制、拘役、有期徒刑、无期徒刑、死刑五种，附加刑包括罚金、剥夺政治权利、没收财产三种。附加刑可以独立适用。对于犯罪的外国人，可以独立适用或者附加适用驱逐出境。

2. 行政制裁

行政制裁指对依法须承担行政法律责任的责任主体实施的法律制裁，包括行政处罚与行政处分两种。行政处罚指行政机关依法对违反行政管理秩序的公民、法人或者其他组织，以减损权益或者增加义务的方式予以惩戒的行为，如市场监督部门对广告发布者或经营者施行的处罚。行政处分指国家行政机关对违反法律规定的行政人员所作的处罚，如免职、降级、开除等。

3. 民事制裁

民事制裁指对依法须承担民事法律责任的责任主体实施的法律制裁，如惩罚性赔偿金、惩罚性违约金等。民事制裁与民事补偿的主要区别在于，前者超过了受害人所遭受的实际损失，后者主要是为了补偿受害人损失。

（二）补偿

补偿指依当事人要求或国家强制力保证，责任主体以某种作为或不作为的方式弥补或赔偿当事人损失，包括防止性补偿、恢复性补偿、补救性补偿等不同方式，其意义在于制止对法律关系的侵害，并通过救济被侵害权利恢复法律关系正常状态。在我国，补偿主要分为民事补偿、行政补偿、国家赔偿三种。

1. 民事补偿

民事补偿指依照民事法律规定，责任主体承担的停止、弥补、赔偿等法律责任，具体方式有：停止侵害，排除妨碍，消除危险，返还财产，恢复原状，修理、重作、更换，继续履行，赔偿损失，支付违约金，消除影响、恢复名誉，赔礼道歉等。

2. 行政补偿

行政补偿指行政主体因为客观情况发生变化或出于社会发展需要而改变或消灭行政法律关系，导致行政相对人合法权益受到损害，应当给予的补偿。

3. 国家赔偿

国家赔偿指依法由国家对相应主体作出的赔偿，包括行政赔偿与司法赔偿两种。行政赔偿指国家因行政主体及其工作人员行使职权致使行政相对人遭受损害，而对受害人给予的赔偿。司法赔偿指国家因司法机关及其工作人员行使职权致使当事人遭受损害，而对受害人给予的赔偿。

六　免责

免责指法律责任主体应当承担法律责任，且具备承担法律责任的条件，但由于符合法律规定的某些情况，其责任可以被部分或全部免除的情形。免责不同于无责任或不负责任。

免责的情况主要有以下几种。

（一）时效免责

违法或违约行为发生一定期限后，国家不再追究行为者的法律责任。

《民法典》第188条规定："向人民法院请求保护民事权利的诉讼时效期间为三年。法律另有规定的，依照其规定……自权利受到损害之日起超过二十年的，人民法院不予保护，有特殊情况的，人民法院可以根据权利人的申请决定延长。"

《刑法》第87条规定："犯罪经过下列期限不再追诉：（一）法定最高刑为不满五年有期徒刑的，经过五年；（二）法定最高刑为五年以上不满十年有期徒刑的，经过十年；（三）法定最高刑为十年以上有期徒刑的，经过十五年；（四）法定最高刑为无期徒刑、死刑的，经过二十年。如果二十年以后认为必须追诉的，须报请最高人民检察院核准。"

（二）不诉免责

对于"不告不理"的违法或违约行为，受害人或利害关系人出于自由意志不提起诉讼，司法机关不认定和追究当事人法律责任。在我国，绝大多数民事违法行为与某些轻微犯罪行为遵循"不告不理"原则。

（三）不可抗力免责

不可抗力是不能预见、不能避免且不能克服的客观情况，包括自然灾害、意外事件等。《民法典》第180条规定："因不可抗力不能履行民事义务的，不承担民事责任。法律另有规定的，依照其规定。不可抗力是不能预见、不能避免且不能克服的客观情况。"《刑法》第 16 条规定:"行为在客观上虽然造成了损害结果,但是不是出于故意或者过失,而是由于不能抗拒或者不能预见的原因所引起的,不是犯罪。"

(四) 自首、立功免责

违法之后有自动投案或立功表现的行为人,免除其部分或全部法律责任。《刑法》第 67 条第 1 款规定:"犯罪以后自动投案,如实供述自己的罪行的,是自首。对于自首的犯罪分子,可以从轻或者减轻处罚。其中,犯罪较轻的,可以免除处罚。"《刑法》第 68 条规定:"犯罪分子有揭发他人犯罪行为,查证属实的,或者提供重要线索,从而得以侦破其他案件等立功表现的,可以从轻或者减轻处罚;有重大立功表现的,可以减轻或者免除处罚。"

(五) 协议免责

协议免责俗称"私了",指加害人与受害人在法律允许范围内通过协商方式减轻或免除法律责任。协议免责仅适用于民事违法行为,不适用犯罪行为和行政违法行为。

(六) 人道免责

人道免责指基于人道主义考虑依法对特定行为人实施的法律责任免除行为。如当责任主体没有能力履行财产责任情况下,可被部分或全部免除。再如又聋又哑的人或者盲人犯罪,可以从轻、减轻或者免除处罚。

(七) 赦免

赦免指政府给予一个特定团体的囚犯或特定类别的囚犯的免罪,分为大赦和特赦。大赦适用范围广泛,可以免除刑罚的执行,也可以免除刑事追诉,即同时消除刑和罪,被赦免之罪不能作为刑事前科和累犯的理由。特赦范围小,仅免除特定人的刑,不免其罪。

本章小结

法是一种特殊的社会规范,指由国家制定或认可,以权利义务为主要内容,由国家强制力保证实施,具有普遍效力的社会规范及其相应的规范性文件的总称。法的本质表现为国家意志性、阶级意志性与物质制约性。法的特征包括由国家创制、具有普遍适用性、规定权利义务关系、由国家强制力保证实施四个方面。法的功能分为规范功能与社会功能，前者包括指引功能、评价功能、预测功能与教育功能，后者包括政治功能、经济功能与公共事务功能。

我国现行法律体系主要分为宪法、行政法、民商法、刑法、经济法、社会法、环境法、程序法、军事法九个法律部门。

法律关系是法律在调整人们行为的过程中形成的特殊的权利和义务关系，是法在社会关系中的实现形式。法律关系主体包括自然人、组织、国家，法律关系客体包括物、人身利益、智力成果、行为。

法律事实指法律规范所规定的、能够引起法律后果即法律关系产生、变更和消灭的现象，包括法律行为与法律事件两类。

法律责任指由于责任主体违反法定或约定的义务而必须承担的具有直接强制性的义务，其构成要件包括责任主体、主观过错、行为、损害结果、因果关系五个方面。法律责任的认定，须遵循责任法定、因果关系、责任相当、责任平等、责任自负五个原则。法律责任主要有制裁与补偿两种方式，制裁分为刑事制裁、行政制裁与民事制裁，补偿分为民事补偿、行政补偿与国家赔偿。

思　考

1. 运用相关法的知识，对本章所列案例予以简要分析。
2. 思考法的功能在广告市场中的体现。
3. 思考权利与义务在广告领域的体现。
4. 思考法律关系客体在广告领域的体现。
5. 思考广告违法主体可能承担的法律责任。
6. 思考免责在广告领域的体现。

延伸阅读

《中华人民共和国宪法》。
《中华人民共和国立法法》。

《中华人民共和国民法典》。

《法理学》编写组：《法理学》，人民出版社、高等教育出版社，2020。

周静、王威宇、张书梅主编《法学概论》，中国政法大学出版社，2016。

陈业宏、黄媛媛主编《法学概论》，中国人民大学出版社，2019。

第二章 广告法规体系

广告法规体系指广告治理所依据的与广告相关的法律法规的总称，主要包括三个部分：一是广告行业基本法《广告法》，二是与广告具有一定关联的其他法律，三是法律以外的相关规范性文件。

第一节 广告法

《广告法》是广告业"行业大法"，是开展广告治理活动的基本依据。

一 发布历程

自 1994 年通过至今，《广告法》经过首次施行、重新修订、局部修正三个阶段。

（一）首次施行

1994 年 10 月 27 日，第八届全国人民代表大会常务委员会第十次会议通过《广告法》，于 1995 年 2 月 1 日正式施行。至此，中国广告法治化进程进入新阶段。

（二）重新修订

随着广告业迅速发展和互联网等新技术的广泛运用，广告发布的媒介和形式发生了很大变化，《广告法》相关规定过于笼统、约束力不强，因此对其修订逐步提上日程。

2015 年 4 月 24 日，第十二届全国人民代表大会常务委员会第十四次会议通过《广告法》修订案，于 2015 年 9 月 1 日正式施行。

此次修订出现诸多亮点：充实和细化广告内容准则，如完善了保健食品、药品、医疗、医疗器械、教育培训、招商投资、房地产、农作物种子等广告的准则；明确虚假广告的定义和典型形态；新增广告代言人的法律义务和责任；新增关于互联网广告的规定；进一步控制烟草广告发布，禁止在一切大众媒体和公共场所发布烟草广告，禁止变相发布违法广告；新增未成年人广告管理规定；明确 10 岁以下未成年人不能代言广告；增加公益广告的管理规定。①

（三）局部修正

2015 年至今，《广告法》经历两次局部修正。

1. 2018 年修正

根据 2018 年 10 月 26 日第十三届全国人民代表大会常务委员会第六次会议《关于修改〈中华人民共和国野生动物保护法〉等十五部法律的决定》，《广告法》修正如下。

将第 68 条中的"新闻出版广电部门"修改为"新闻出版、广播电视主管部门"，"工商行政管理部门"修改为"市场监督管理部门"；将第 6 条、第 29 条、第 47 条、第 49 条、第 50 条、第 51 条、第 52 条、第 53 条、第 55 条、第 57 条、第 58 条、第 59 条、第 60 条、第 61 条、第 62 条、第 63 条、第 64 条、第 66 条、第 67 条、第 71 条、第 73 条、第 74 条中的"工商行政管理部门"修改为"市场监督管理部门"。

2. 2021 年修正

根据 2021 年 4 月 29 日全国人民代表大会常务委员会《关于修改〈中华人民共和国道路交通安全法〉等八部法律的决定》，《广告法》第二次修正如下。

删去第 29 条中的"并向县级以上地方市场监督管理部门办理广告发布登记"；删去第 55 条第 3 款、第 57 条、第 58 条第 3 款中的"吊销广告发布登记证件"；删去第 60 条。

---

① 《图解：工商总局解读新〈广告法〉修订亮点》，http://www.gov.cn/xinwen/2015－04／30/content_2855825.htm，最后访问日期：2021 年 11 月 8 日。

二　立法目的

《广告法》立法目的包括四个方面。

（一）规范广告活动

没有规矩，不成方圆。规范广告活动，即对广告代理、广告发布、广告策划、广告创作、广告代言等一系列广告活动应遵循的规则与流程予以明确，以保证广告参与主体的公平与公正。

（二）保护消费者合法权益

商业广告是对商品或服务的推广，与消费者权益紧密关联。

消费者即满足生产、生活需要而购买、使用商品或接受服务的，由国家专门法律确认其主体地位和保护其消费权益的个人或组织。消费者权益指消费者在有偿获得商品或接受服务时，以及在以后的一定时期内依法享有的各项权益，包括安全保障权、知悉真情权、自主选择权、公平交易权、依法求偿权、求教获知权、依法结社权、维护尊严权、监督批评权等。

消费者数量众多，在现代市场经济中处于主体地位。但由于缺乏组织、知识欠缺、个体弱点等原因，消费者在强大的经营资本面前，呈现显著无力的状态。少数生产经营者为了利润不择手段，使消费者置身于丧失财产乃至生命的危险之中。因此，国家依法对处于弱势的消费者进行保护，具有十分重要的意义。

（三）促进广告业健康发展

广告业是现代服务业和文化产业的重要组成部分，在塑造品牌、展示形象，推动创新、促进发展，引导消费、拉动内需，传播先进文化、构建和谐社会等方面发挥着积极作用，对一个国家的经济、文化、政治等多个维度具有重要影响。促进广告业健康发展，对中国各项发展意义重大。

（四）维护社会经济秩序

广告是经济的晴雨表与助推器，其发展状态涉及经济秩序多个方面。

经济秩序指国家通过法律、法规、规章、市场经济伦理道德等，对市场经营主体与市场行为所作规范以及规范的实施情况，包括市场进入秩序、市场行为秩序、市场退出秩序、生产经营秩序、商品销售秩序、市场结构秩序等多个方面，对国家发展与稳定意义重大。

三 调整对象

《广告法》调整对象，主要包括商业广告活动与广告参与主体两大类。

（一）商业广告活动

在中华人民共和国境内，商品经营者或者服务提供者通过一定媒介和形式直接或者间接地介绍自己所推销的商品或者服务的商业广告活动，适用《广告法》。

1. 中国境内

"境内"不同于"国内"。"国内"指中华人民共和国拥有主权的所有地区。"境内"特指除中华人民共和国拥有主权的香港特别行政区、澳门特别行政区以及台湾省之外的中华人民共和国领土。凡在中国境内发生的广告活动，无论是外国品牌，还是本土品牌，无论是外资企业，还是本国企业，都属于《广告法》调整范围。

2. 任何媒介

媒介即信息的载体。在中国境内任何媒介上发布的商业广告，包括电视、广播、报纸、互联网、墙体、户外、交通、显示屏等，都属于《广告法》调整范围。

3. 任何形式

形式即外形或样式。中国境内任何形式的商业广告，如文字、图片、音频、视频、动漫、链接式、弹出式、按钮式等，都属于《广告法》调整范围。

4. 直接或间接

无论广告是直接商业推广还是间接商业推广，都属于《广告法》调整范围。直接推广指直接发布商业广告，间接推广如影视剧植入品牌形象、新闻发布会介绍商品、代言人公共场合使用代言商品等。

5. 商品或服务

商品，指满足人们某种需要的用来交换的劳动产品。广义的商品既可以是有形的，也可以是无形的。此处商品为狭义，指符合定义的有形产品。符合定义的无形产品，称为服务。无论中国境内商业广告推广的是有形商品，如汽车、手机、饮料，还是无形服务，如航空、旅游、医疗，抑或二者的统一体，如包含移动服务的手机，都在《广告法》调整范围内。

（二）广告参与主体

《广告法》所调整的广告参与主体，主要包括四类。

1. 广告主

广告主，指为推销商品或者服务，自行或者委托他人设计、制作、发布广告的自然人、法人或者其他组织。

2. 广告经营者

广告经营者，是指接受委托提供广告设计、制作、代理服务的自然人、法人或者其他组织。

3. 广告发布者

广告发布者，是指为广告主或者广告主委托的广告经营者发布广告的自然人、法人或者其他组织。

4. 广告代言人

广告代言人，是指广告主以外的，在广告中以自己的名义或者形象对商品、服务作推荐、证明的自然人、法人或者其他组织。

现行《广告法》将上述四类主体的身份统一界定为自然人、法人或者其他组织，内涵明确，外延广泛。

自然人从出生时起到死亡时止，具有民事权利能力，依法享有民事权利，承担民事义务；18 周岁以上的自然人为成年人，不满 18 周岁的自然人为未成年人。

法人是具有民事权利能力和民事行为能力，依法独立享有民事权利和承担民事义务的组织，分为营利法人、非营利法人与特别法人。法人应当依法成立，应当有自己的名称、组织机构、住所、财产或者经费。法人的民事权利能力和民事行为能力，从法人成立时产生，到法人终止时消灭。

其他组织一般指非法人组织，是不具有法人资格，但是能够依法以自己的名义从事民事活动的组织，包括个人独资企业、合伙企业、不具有法人资格的专业服务机构等。

案例 2-1

演员景某违法广告代言被处罚

2021 年底，国家市场监管总局广告监测发现演员景某为广州无限畅健康科技有限公司相关商品的广告代言涉嫌违反广告法有关规定后，按工作流程将有关线索派发广东省广州市市场监管部门依法核查处理。

广州市市场监管局随即组织力量对相关线索进行核查，并由广州市天河区市场监管局立案调查。经查明，广州无限畅健康科技有限公司选用景某为其生产经营的"果蔬类"食品做广告代言，相关"果蔬类"食品为普通食品，该公司无有效证据证实其具有"阻止油脂和糖分吸收"功效。景某在应知法律法规规定普通食品依法不得进行治疗、保健等功效宣传，且未经有效途径对代言商品有关功效进行核实的情况下，仍以自身名义和形象在广告中宣称代言商品具有"阻止油脂和糖分吸收"功效，其行为已违反广告法有关规定。上述广告代言违法所得共计 257.9 万元。广州市天河区市场监管局依据《广告法》第 61 条的规定，对景某作出没收违法所得、罚款 464.22 万元（罚没金额合计 722.12 万元）的行政处罚决定。

对于广州无限畅健康科技有限公司相关违法行为，广州市市场监管部门已按照有关法律规定处理。①

四　整体结构

现行《广告法》共六章，七十四条。

第一章：总则；第二章：广告内容准则；第三章：广告行为规范；第四章：监督管理；第五章：法律责任；第六章：附则。

---

① 《广州市市场监管部门对演员景某违法广告代言行为作出行政处罚》，http：//www. news. cn/legal/2022-05/28/c_1128692092. htm，最后访问日期：2022 年 6 月 4 日。

第二节　相关法律

与广告相关度较高的其他法律主要有以下几部。

一　《国旗法》

《国旗法》立法目的为维护国旗的尊严,规范国旗的使用,增强公民的国家观念,弘扬爱国主义精神,培育和践行社会主义核心价值观。第七届全国人民代表大会常务委员会第十四次会议于 1990 年 6 月 28 日通过,自 1990 年 10 月 1 日起施行。根据 2009 年 8 月 27 日第十一届全国人民代表大会常务委员会第十次会议《关于修改部分法律的决定》第一次修正。根据 2020 年 10 月 17 日第十三届全国人民代表大会常务委员会第二十二次会议《关于修改〈中华人民共和国国旗法〉的决定》第二次修正。

《国旗法》第 20 条规定:"国旗及其图案不得用作商标、授予专利权的外观设计和商业广告,不得用于私人丧事活动等不适宜的情形。"

二　《国歌法》

《国歌法》是对国歌的奏唱场合、奏唱礼仪和宣传教育进行规范的法律,第十二届全国人大常委会第二十九次会议 2017 年 9 月 1 日表决通过,2017 年 10 月 1 日起施行。2017 年 11 月 4 日,经第十二届全国人大常委会表决,《国歌法》被列入《香港特别行政区基本法》附件三、《澳门特别行政区基本法》附件三。

《国歌法》第 8 条规定:"国歌不得用于或者变相用于商标、商业广告,不得在私人丧事活动等不适宜的场合使用,不得作为公共场所的背景音乐等。"

三　《国徽法》

《国徽法》的制定是为了维护国徽的尊严,正确使用国徽,增强公民的国家观念,弘扬爱国主义精神,培育和践行社会主义核心价值观。第七届全国人民代表大会常务委员会第十八次会议 1991 年 3 月 2 日通过,1991

年 10 月 1 日起施行。根据 2009 年 8 月 27 日第十一届全国人民代表大会常务委员会第十次会议《关于修改部分法律的决定》第一次修正。根据 2020 年 10 月 17 日，第十三届全国人民代表大会常务委员会第二十二次会议《关于修改〈中华人民共和国国徽法〉的决定》第二次修正。

《国徽法》第 13 条规定："国徽及其图案不得用于：（一）商标、授予专利权的外观设计、商业广告；（二）日常用品、日常生活的陈设布置；（三）私人庆吊活动；（四）国务院办公厅规定不得使用国徽及其图案的其他场合。"

四 《民法典》

《民法典》的制定是为了保护民事主体的合法权益，调整民事关系，维护社会和经济秩序，适应中国特色社会主义发展要求，弘扬社会主义核心价值观。2020 年 5 月 28 日，第十三届全国人大第三次会议表决通过，2021 年 1 月 1 日起施行。

《民法典》第 471 条规定："当事人订立合同，可以采取要约、承诺方式或者其他方式。"第 473 条规定："要约邀请是希望他人向自己发出要约的表示。拍卖公告、招标公告、招股说明书、债券募集办法、基金招募说明书、商业广告和宣传、寄送的价目表等为要约邀请。商业广告和宣传的内容符合要约条件的，构成要约。"

五 《消费者权益保护法》

《消费者权益保护法》的制定是为保护消费者的合法权益，维护社会经济秩序，促进社会主义市场经济健康发展。1993 年 10 月 31 日第八届全国人大常委会第四次会议通过，1994 年 1 月 1 日起施行。2009 年 8 月 27 日第十一届全国人民代表大会常务委员会第十次会议第一次修正，2013 年 10 月 25 日第十二届全国人民代表大会常务委员会第五次会议第二次修正。

《消费者权益保护法》第 23 条第 2 款规定："经营者以广告、产品说明、实物样品或者其他方式表明商品或者服务的质量状况的，应当保证其提供的商品或者服务的实际质量与表明的质量状况相符。"第 45 条规定：

"消费者因经营者利用虚假广告或者其他虚假宣传方式提供商品或者服务，其合法权益受到损害的，可以向经营者要求赔偿。广告经营者、发布者发布虚假广告的，消费者可以请求行政主管部门予以惩处。广告经营者、发布者不能提供经营者的真实名称、地址和有效联系方式的，应当承担赔偿责任。广告经营者、发布者设计、制作、发布关系消费者生命健康商品或者服务的虚假广告，造成消费者损害的，应当与提供该商品或者服务的经营者承担连带责任。社会团体或者其他组织、个人在关系消费者生命健康商品或者服务的虚假广告或者其他虚假宣传中向消费者推荐商品或者服务，造成消费者损害的，应当与提供该商品或者服务的经营者承担连带责任。"

六　《网络安全法》

《网络安全法》的制定是为了保障网络安全，维护网络空间主权和国家安全、社会公共利益，保护公民、法人和其他组织的合法权益，促进经济社会信息化健康发展。2016 年 11 月 7 日第十二届全国人民代表大会常务委员会第二十四次会议通过，2017 年 6 月 1 日起施行。

《网络安全法》第 27 条规定："任何个人和组织不得从事非法侵入他人网络、干扰他人网络正常功能、窃取网络数据等危害网络安全的活动；不得提供专门用于从事侵入网络、干扰网络正常功能及防护措施、窃取网络数据等危害网络安全活动的程序、工具；明知他人从事危害网络安全的活动的，不得为其提供技术支持、广告推广、支付结算等帮助。"

七　《食品安全法》

《食品安全法》的制定是为了保证食品安全、保障公众身体健康和生命安全。2009 年 2 月 28 日第十一届全国人民代表大会常务委员会第七次会议通过，2009 年 6 月 1 日起施行。至今经历 2015 年、2018 年、2021 年三次修订或修正。

《食品安全法》第 73 条规定："食品广告的内容应当真实合法，不得含有虚假内容，不得涉及疾病预防、治疗功能。食品生产经营者对食品广告内容的真实性、合法性负责。县级以上人民政府食品安全监督管理部门和其他有关部门以及食品检验机构、食品行业协会不得以广告或者其他形式向消费者推荐食品。消费者组织不得以收取费用或者其他牟取利益的方式向消费者推荐食品。"

第 79 条规定："保健食品广告除应当符合本法第七十三条第一款的规定外，还应当声明'本品不能代替药物'；其内容应当经生产企业所在地省、自治区、直辖市人民政府食品安全监督管理部门审查批准，取得保健食品广告批准文件。省、自治区、直辖市人民政府食品安全监督管理部门应当公布并及时更新已经批准的保健食品广告目录以及批准的广告内容。"

第 80 条规定："特殊医学用途配方食品应当经国务院食品安全监督管理部门注册。注册时，应当提交产品配方、生产工艺、标签、说明书以及表明产品安全性、营养充足性和特殊医学用途临床效果的材料。特殊医学用途配方食品广告适用《中华人民共和国广告法》和其他法律、行政法规关于药品广告管理的规定。"

第 140 条规定："违反本法规定，在广告中对食品作虚假宣传，欺骗消费者，或者发布未取得批准文件、广告内容与批准文件不一致的保健食品广告的，依照《中华人民共和国广告法》的规定给予处罚。广告经营者、发布者设计、制作、发布虚假食品广告，使消费者的合法权益受到损害的，应当与食品生产经营者承担连带责任。社会团体或者其他组织、个人在虚假广告或者其他虚假宣传中向消费者推荐食品，使消费者的合法权益受到损害的，应当与食品生产经营者承担连带责任。违反本法规定，食品安全监督管理等部门、食品检验机构、食品行业协会以广告或者其他形式向消费者推荐食品，消费者组织以收取费用或者其他牟取利益的方式向消费者推荐食品的，由有关主管部门没收违法所得，依法对直接负责的主管人员和其他直接责任人员给予记大过、降级或者撤职处分；情节严重的，给予开除处分。对食品作虚假宣传且情节严重的，由省级以上人民政府食品安全监督管理部门决定暂停销售该食品，并向社会公布；仍然销售该食品的，由县级以上人民政府食品安全监督管理部门没收违法所得和违法销售的食品，并处二万元以上五万元以下罚款。"

八 《未成年人保护法》

《未成年人保护法》的制定是为了保护未成年人身心健康，保障未成年人合法权益，促进未成年人德智体美劳全面发展，培养有理想、有道德、有文化、有纪律的社会主义建设者和接班人，培养担当民族复兴大任的时代新人。1991年9月4日第七届全国人民代表大会常务委员会第二十一次会议通过，1992年1月1日起施行。至今经历2006年、2012年、2020年三次修订。

《未成年人保护法》第53条规定："任何组织或者个人不得刊登、播放、张贴或者散发含有危害未成年人身心健康内容的广告；不得在学校、幼儿园播放、张贴或者散发商业广告；不得利用校服、教材等发布或者变相发布商业广告。"第74条第3款规定："以未成年人为服务对象的在线教育网络产品和服务，不得插入网络游戏链接，不得推送广告等与教学无关的信息。"

九 《商标法》

《商标法》的制定是为了加强商标管理，保护商标专用权，促使生产、经营者保证商品和服务质量，维护商标信誉，以保障消费者和生产、经营者的利益，促进社会主义市场经济的发展。1982年8月23日第五届全国人大常委会第二十四次会议通过，1983年3月1日起施行。至今经历1993年、2001年、2013年、2019年四次修正。

《商标法》第14条第5款规定："生产、经营者不得将'驰名商标'字样用于商品、商品包装或者容器上，或者用于广告宣传、展览以及其他商业活动中。"第48条规定："本法所称商标的使用，是指将商标用于商品、商品包装或者容器以及商品交易文书上，或者将商标用于广告宣传、展览以及其他商业活动中，用于识别商品来源的行为。"

十 《电子商务法》

《电子商务法》的制定是为了保障电子商务各方主体的合法权益，规范电子商务行为，维护市场秩序，促进电子商务持续健康发展。2018年8月31

日第十三届全国人大常委会第五次会议表决通过，2019 年 1 月 1 日起施行。

《电子商务法》第 40 条规定："电子商务平台经营者应当根据商品或者服务的价格、销量、信用等以多种方式向消费者显示商品或者服务的搜索结果；对于竞价排名的商品或者服务，应当显著标明'广告'。"

十一 《个人信息保护法》

《个人信息保护法》的制定是为了保护个人信息权益，规范个人信息处理活动，促进个人信息合理利用。2021 年 8 月 20 日第十三届全国人大常委会第三十次会议表决通过，2021 年 11 月 1 日起施行。

《个人信息保护法》第 24 条规定："个人信息处理者利用个人信息进行自动化决策，应当保证决策的透明度和结果公平、公正，不得对个人在交易价格等交易条件上实行不合理的差别待遇。通过自动化决策方式向个人进行信息推送、商业营销，应当同时提供不针对其个人特征的选项，或者向个人提供便捷的拒绝方式。通过自动化决策方式作出对个人权益有重大影响的决定，个人有权要求个人信息处理者予以说明，并有权拒绝个人信息处理者仅通过自动化决策的方式作出决定。"这条规定，意味着向用户强制推送个性化广告属于违法行为。

第三节 规范性文件

规范性文件即法律以外的其他具有约束力的文件，指行政机关或法律、法规授权的具有管理公共事务职能的组织，在法定职权范围内，依照法定程序制定并公开发布的，针对特定事项，涉及或者影响公民、法人或者其他组织权利义务，在一定时间内相对稳定、具有普遍约束力的行政规范文件的总称，包括条例、规定、办法等。

与规范性文件相对应的是非规范性文件，指国家机关在权限范围内发布的对个别人或事有效，而不具有普遍约束力的文件，如判决书、任免令、逮捕证、公证书、结婚证书等。非规范性文件是适用法律所产生的文件，不是法的渊源。

与广告治理相关的现行规范性文件，主要有以下几类。

一 《医疗广告管理办法》

《医疗广告管理办法》是国家市场监督管理总局、卫生部为加强医疗广告管理，保障人民身体健康，根据《广告法》《医疗机构管理条例》《中医药条例》等法律法规，制定的规范性文件。

本法自 2015 年 9 月 1 日起施行，共 22 条，对医疗广告的发布程序、审核要求、内容规范等作了全面规范。

二 "三品一械"广告审查管理暂行办法

"三品一械"指药品、医疗器械、保健食品、特殊医学用途配方食品。《药品、医疗器械、保健食品、特殊医学用途配方食品广告审查管理暂行办法》是为加强药品、医疗器械、保健食品和特殊医学用途配方食品广告监督管理，规范广告审查工作，维护广告市场秩序，保护消费者合法权益，根据《广告法》等法律、行政法规制定的规范性文件。2019 年 12 月 13 日经国家市场监督管理总局 2019 年第 16 次局务会议审议通过，2020 年 3 月 1 日起施行。

本办法共 34 条，对药品、医疗器械、保健食品和特殊医学用途配方食品广告的审查机关、审查程序、审查内容等作了全面规范。

三 《农药广告审查发布规定》

《农药广告审查发布规定》是为了保证农药广告的真实、合法、科学，根据《广告法》及国家有关农药管理的规定制定的规范性文件。2015 年 12 月 24 日，国家工商行政管理总局令第 81 号发布《农药广告审查发布标准》，2016 年 2 月 1 日起施行。2020 年 10 月 23 日国家市场监督管理总局令第 31 号《国家市场监督管理总局关于修改部分规章的决定》将《农药广告审查发布标准》名称修改为《农药广告审查发布规定》。

本规定共 14 条，对农药广告的内容与发布作了全面规范。

四 《兽药广告审查发布规定》

《兽药广告审查发布规定》是为了保证兽药广告的真实、合法、科学，根据《广告法》及国家有关兽药管理的规定制定的规范性文件。2015 年 12 月 24 日国家工商行政管理总局令第 82 号发布《兽药广告审查发布标准》，2016 年 2 月 1 日起施行。2020 年 10 月 23 日根据国家市场监督管理总局令第 31 号《国家市场监督管理总局关于修改部分规章的决定》将《兽药广告审查发布标准》修改为《兽药广告审查发布规定》。

本规定共 13 条，对兽药广告的内容与发布作了全面规范。

五　《房地产广告发布规定》

《房地产广告发布规定》是为了保证房地产广告的真实与合法，维护房地产领域消费者合法权益，根据《广告法》《城市房地产管理法》《土地管理法》及国家有关规定制定的规范性文件。2015 年 12 月 24 日国家工商行政管理总局令第 80 号公布，2016 年 2 月 1 日起施行。根据 2021 年 4 月 2 日《国家市场监督管理总局关于废止和修改部分规章的决定》修改。

本规定共 22 条，对房地产广告的发布原则、发布内容、发布形式等作了全面规范。

六　《互联网广告管理暂行办法》

《互联网广告管理暂行办法》是为了规范互联网广告活动，保护消费者的合法权益，促进互联网广告业的健康发展，维护公平竞争的市场经济秩序，根据《广告法》等法律、行政法规制定的规范性文件。由国家工商行政管理总局局务会议审议通过，2016 年 7 月 4 日公布，2016 年 9 月 1 日起施行。

本办法共 29 条，对互联网广告的概念、内容、形式、发布等作了全面规范。

七　《广播电视广告播出管理办法》

《广播电视广告播出管理办法》是为了规范广播电视广告播出秩序，促进广播电视广告业健康发展，保障公民合法权益，依据《广告法》《广播电视管理条例》等法律、行政法规制定的规范性文件。2009 年 8 月 27 日经国家广播电影电视总局局务会议审议通过，2010 年 1 月 1 日起施行。2011 年 11

月 21 日经广电总局局务会议审议修订，2012 年 1 月 1 日起施行。

本办法分总则、广告内容、广告播出、监督管理、法律责任、附则，共 6 章 45 条，对广播电视广告播出的多个方面作了全面规范。

八 《公益广告促进和管理暂行办法》

《公益广告促进和管理暂行办法》是为了促进公益广告事业发展，规范公益广告管理，发挥公益广告在社会主义经济建设、政治建设、文化建设、社会建设、生态文明建设中的积极作用，根据《广告法》和有关规定制定的规范性文件。由国家工商行政管理总局、国家互联网信息办公室、工业和信息化部、住房和城乡建设部、交通运输部、国家新闻出版广电总局于 2016 年 1 月 15 日发布，自 2016 年 3 月 1 日起施行。

本办法共 16 条，对公益广告的促进、管理等作了全面规范。

本章小结

广告法制体系指广告治理所依据的与广告相关的法律法规的总称，主要包括广告行业基本法、与广告具有一定关联的其他法律、相关规范性文件三部分。

《广告法》是广告业"行业大法"，是开展广告治理活动的基本依据。其立法目的为规范广告活动，保护消费者合法权益，促进广告业健康发展，维护社会经济秩序。《广告法》的调整对象包括商业广告活动与广告参与主体两大类。前者指在中华人民共和国境内，商品经营者或者服务提供者通过一定媒介和形式直接或者间接地介绍自己所推销的商品或者服务的商业广告活动。后者包括广告主、广告经营者、广告发布者、广告代言人四类。

与广告相关度较高的其他法律，主要有《国旗法》《国歌法》《国徽法》《民法典》《消费者权益保护法》《网络安全法》《食品安全法》《未成年人保护法》《商标法》《电子商务法》《个人信息保护法》。

规范性文件即法律以外的其他具有约束力的文件，包括条例、规定、办法等。与广告治理相关的现行规范性文件，主要有《医疗广告管理办

法》《药品、医疗器械、保健食品、特殊医学用途配方食品广告审查管理
暂行办法》《农药广告审查发布规定》《兽药广告审查发布规定》《房地产
广告发布规定》《互联网广告管理暂行办法》《广播电视广告播出管理办
法》《公益广告促进和管理暂行办法》。

思　考

1. 总结、分析广告法制体系的三大组成部分。
2. 思考《广告法》修订或修正的主要原因。
3. 分析《广告法》修订或修正的主要内容。
4. 思考法律与规范性文件的区别。
5. 思考规范性文件与非规范性文件的区别。
6. 思考相关法律在广告治理中的价值与应用。

延伸阅读

《中华人民共和国广告法》。
《中华人民共和国个人信息保护法》。
《中华人民共和国消费者权益保护法》。
《中华人民共和国民法典》。
《中华人民共和国食品安全法》。

第三章　治理与广告治理

广告伴随人类交易行为而出现，自古即有，无所不在。在市场转型、消费升级、传播革命的新时代语境下，广告担负着塑造品牌、引导消费、沟通产消、促进经济、传播文化、缔造时尚等多重使命，对国家、社会、个人意义重大。

广告同其他事物一样，影响越大，越需要科学引导、有效治理。在中国推进治理体系与治理能力现代化的现实语境下，构建科学、合理的广告治理体系，对规范广告市场、优化经济环境、净化社会风气极为关键。

第一节　治理与治理体系

20 世纪末期，基于对政府失灵与市场失灵的反思，治理理论（governance theory）在西方开始兴起并迅速扩散开来，成为解决现实问题的重要理论工具。

中共十八届三中全会明确全面深化改革的总目标是"完善和发展中国特色社会主义制度，推进国家治理体系和治理能力的现代化"。该次会议通过的《中共中央关于全面深化改革若干重大问题的决定》中，"治理"是关键性概念，被提及 24 次之多。中共十九大再次强调"不断推进国家治理体系和治理能力现代化"，并确定了实现国家治理现代化的阶段性目标：2035 年"基本实现"，2050 年"完全实现"[①]。

---

① 习近平：《决胜全面建成小康社会，夺取新时代中国特色社会主义伟大胜利——在中国共产党第十九次全国代表大会上的报告》，《人民日报》2017 年 10 月 28 日。

一 治理

"治理"是治理理论的核心概念。英文"governance"早已有之，含义与"government"近似，皆为统治、管理、支配等，二者长期交叉使用。20 世纪末期治理理论出现以后，西方政治学家、经济学家开始赋予其新的含义，"governance"与"government"有了显著的区别。

（一）基本概念

治理理论创始人之一罗西瑙认为，治理不像统治一样依赖强制力量，是只有被多数人接受才会生效的规则体系，既包括政府机制，也包括非正式、非政府的机制，随着治理范围的扩大，各色人等、各类组织可以借助这些机制满足各自需要，并实现各自的愿望。[①]

俞可平是中国治理理论的引入者与开拓者，他认为治理"是政府组织和（或）民间组织在一个既定范围内运用公共权威管理社会政治事务，维护社会公共秩序，满足公众需要"[②]。王浦劬认为治理理论应该与中国国情相结合，无论是国家治理、政府治理还是社会治理，本质上都是中国共产党领导人民进行的治国理政。[③]

汉语工具书对治理的界定比较简单："①控制管理。②整治；整修。"[④] 在英文中，在线剑桥词典将"governance"界定为"the way that organizations or countries are managed at the highest level"[⑤]。另有词典将其界定为"The continuous exercise of authority over a political unit"[⑥]。前者指的是组织或国

---

① 〔美〕詹姆斯·N. 罗西瑙主编《没有政府的治理——世界政治中的秩序与变革》，张胜军、刘小林等译，江西人民出版社，2001，第 5 页。

② 俞可平：《中国的治理改革（1978-2018）》，《武汉大学学报》（哲学社会科学版）2018 年第 3 期。

③ 王浦劬：《国家治理、政府治理和社会治理的含义及其相互关系》，《国家行政学院学报》2014 年第 3 期。

④ 线上现代汉语词典，https://cidian.51240.com/zhili_gdj__cidianchaxun/，最后访问日期：2021 年 8 月 4 日。

⑤ 在线剑桥词典，https://dictionary.cambridge.org/dictionary/english/governance，最后访问日期：2021 年 12 月 4 日。

⑥ 在线词典，The American Heritage® Roget's Thesaurus. Copyright © 2013，2014 by Houghton Mifflin Harcourt Publishing Company，Published by Houghton Mifflin Harcourt Publishing Company，最后访问日期：2021 年 8 月 4 日。

家的管理过程,后者则主要强调政权对政体的管理。因工具书对"治理"(governance)的界定主要是依字面意思与传统意涵,在此只作参考。

本书将治理界定为:政府以及相关组织与个人,以公众认同的方式,维持社会秩序、促进共同发展的过程。

(二)主要特征

因治理(governance)由传统的统治(government 或 governing)演变而来,不少学者对二者的区别做了辨析。罗西瑙认为,政府统治有正式权力和警察力量支持以确保政策能够执行,治理则由共同的目标所支持,不一定需要依靠强制力量。[①] 俞可平从权威主体、权威性质、权威来源、权力运行向度、作用涉及范围等几个方面对"治理"与"统治"做了明确区分。[②]

总体来看,与传统的统治相比,治理的特性主要表现在以下几个方面。

1. 参与主体多元化

政府或相关权力部门以外,社会机构、非政府组织、个体等,如行业协会、网络平台、传播媒介,都可以参与国家治理与社会治理。

2. 治理手段柔性化

治理手段主要依赖多数人的接受与认同,而不是简单凭借外在的强制力量。很多情况下依靠社会舆论等柔性化力量,治理效率更高,治理效果更佳。

3. 共同发展为目的

治理不是管制,其最终目的是实现公共利益的最大化,满足相关主体的根本需要。对广告治理来说,根本目的即是维护广告主、广告经营者、广告发布者、消费者的共同利益。

4. 作用领域较宽泛

治理涉及的领域,涵盖经济、文化、社会等方方面面,与百姓生活密切相关。

---

① 〔美〕詹姆斯·N. 罗西瑙主编《没有政府的治理——世界政治中的秩序与变革》,张胜军、刘小林等译,江西人民出版社,2001,第4~5页。

② 俞可平:《全球治理引论》,《马克思主义与现实》2002年第1期。

二　治理体系

实现治理效果最优化，构建完善的治理体系至关重要。

（一）基本概念

所谓"体系"，即"若干有关事物互相联系互相制约而构成的一个整体"①。"若干有关事物或思想意识互相联系而构成的一个整体。"②

由此，治理体系可简单概括为：构成完整治理过程的一系列相关环节与要素。治理体系是一个有机的、协调的、动态的和整体的制度运行系统，其本质就是规范社会权力运行和维护公共秩序的一系列制度和程序。③

（二）构成要素

俞可平认为，国家治理体系分为政府治理、市场治理、社会治理三个次级体系，包括谁治理、如何治理、依靠什么治理，即治理主体、治理机制、治理工具三大要素。④ 许耀桐等认为国家治理体系是由政治权力系统、社会组织系统、市场经济系统、宪法法律系统、思想文化系统等构成的有机整体，包括治理理念、治理制度、治理组织和治理方式四个层次。⑤ 杨述明认为，现代社会治理体系包括组织、制度、运行、评价和保障五大体系。⑥ 丁志刚认为，治理体系的基本要素，包括治理主体、治理客体、治理目标、治理机制、治理方式五种。⑦

基于治理理论与现实情境，治理体系主要包括五个方面。

1. 治理理念

治理理念指国家治理与社会治理需要遵循的思想观念与行为逻辑，包括确立什么目标、遵循哪些原则等。理念决定行为，确定科学、先进的治

---

① 《辞海》（1999 年版缩印本），上海辞书出版社，2000，第 2084 页。
② 在线现代汉语词典，https://cidian.51240.com/tixi_14r__cidianchaxun/，最后访问日期：2021 年 8 月 4 日。
③ 俞可平：《中国的治理改革（1978—2018）》，《武汉大学学报》（哲学社会科学版）2018年第 3 期。
④ 俞可平：《中国的治理改革（1978—2018）》，《武汉大学学报》（哲学社会科学版）2018年第 3 期。
⑤ 许耀桐、刘祺：《当代中国国家治理体系分析》，《理论探索》2014 年第 1 期。
⑥ 杨述明：《现代社会治理体系的五种基本构成》，《江汉论坛》2015 年第 2 期。
⑦ 丁志刚：《如何理解国家治理与国家治理体系》，《学术界》2014 年第 2 期。

理理念，对治理实践极为关键。

2. 治理主体

治理主体指主导、参与治理工作的机构、组织、团体、个人等。除了政府这一基本主体，其他主体也须高度重视并充分发挥各自效用。

3. 治理对象

治理对象即治理活动的客体，指治理工作指向的事物、组织与个人。深入探讨并科学确证治理对象是有效完成治理工作的基础。

4. 治理工具

治理工具指治理活动中治理主体所运用的各类治理手段，如法律法规、信息技术等。合法、高效、灵活的治理工具，是治理工作发挥效能的有力保障。

5. 治理模式

治理模式指治理工作的一般方式或标准范式，是治理理念在治理活动中的直接体现。有效治理模式的形成有赖于科学理论与丰富实践的综合互动，并需要在现实应用中不断优化。

案例 3-1

"江苏广告智慧监管系统"入选全国市场监管十大创新举措

2020 年 9 月 26 日，在南京举行的 "2020 市场监督管理论坛" 上，中国市场监督管理学会发布了智慧监管十大创新举措，"江苏广告智慧监管系统" 入选。

江苏广告智慧监管系统运用系统映射、数据标准转换、区块链等技术，建设 "传统媒体+互联网+户外" 三位一体广告监测系统和网络存证系统，实时监测重点网站、公众号、App 等发布的短视频广告、直播广告和精准投放广告，实现证据可追溯；运用图片视频解析、音视频爬虫等新技术，提升线索发现能力和监管精准度，用 "机器换人"，让一系列监管难题得到了有效破解。

该系统呈 "1+X" 架构，以智慧监管平台为总揽，包含广告监测、广告发布信用评价、广告审查、网络存证、公益广告备案等多个子系统，与经济户口、案件查办、12315 等各类业务系统以及各级广告监测系统互联互通，并和广电、网信等部门实现了数据共享，将广告审查、监测、处罚、信用评价等各类数据进行有机整合，形成了横向覆盖各项广告监管职能，纵向贯通省、市、县、乡四级的广告智慧监管网络，构建了全链"数据网"。

江苏省市场监管局李杰副局长作为嘉宾在论坛上介绍了江苏推进市场监管"智慧化"的相关工作。近年来江苏省市场监管局以业务需求为导向，用"新技术"填补不足，向科技要人力，向数据要效率，不断拓展互联网、大数据在市场监管工作中的深度应用与融合，推动由具体事项的细则式监管向事先设置安全阀和红线的触发式监管转变，大力推进实施"智慧监管"工程，大幅提高了市场监管的精准性、有效性。目前，市场监管各项业务工作，包括食品、药品、特种设备、工业产品四大安全监管，均有专业的信息化系统提供支撑，并且根据形势发展和监管需要，动态进行升级和改造，不断提升智慧监管水平。①

第二节 广告治理目的与原则

广告治理即政府等相关主体对广告活动及其参与者开展的治理活动。厘清治理目的、遵循治理原则是开展广告治理工作的前提。

一 广告治理目的

广告治理目的指广告治理活动希望达到的理想状态，是广告治理工作的出发点和归宿。具体来说，包括以下几个方面。

（一）规范市场秩序

市场秩序是市场管理主体的管理行为、市场经营主体的交易行为、市场消费主体的购买行为及市场交换客体的数量与质量作用于市场及其客观

---

① 《"江苏广告智慧监管系统"入选全国市场监管十大创新举措》，http：//scjgj. jiangsu. gov. cn/art/2020/9/28/art_70154_9523018. html? tdsourcetag＝s_pcqq_aiomsg，最后访问日期：2021 年 11 月 3 日。

后果的总体反应。良好的市场秩序是市场机制发生作用的前提和保证。只有具备公平、公正的市场秩序，形成统一、开放、竞争、有序的现代市场体系，市场才能合理配置资源。最基本的市场秩序是公平竞争，因为市场机制的作用是通过竞争实现的，价格机制、供求机制都离不开竞争机制。

（二）促进行业发展

广告是市场经济"晴雨表"。广告业涵括广告创意、策划、设计、制作、展示、发布、检测、管理、调查、发布、科技研发、技术推广、效果评估、媒体运营、品牌代理等多个产业门类，是现代服务业和文化产业的重要组成部分，在塑造品牌、展示形象，推动创新、促进发展，引导消费、拉动内需，传播先进文化、构建和谐社会等方面发挥着积极作用。广告治理不能因噎废食，以打压行业运营求得行业秩序，必须把促进行业发展作为重要目标。

（三）保护各方权益

广告行业涉及广告主、广告经营者、广告发布者、广告代言人、消费者、其他组织或个人等多个主体，各方权益均须得到保障。其中，消费者人数最多，涉及面最广，与广告传播紧密相关。消费者权益指消费者在有偿获得商品或接受服务时，以及在以后的一定时期内依法享有的权益。在现代经济条件下，消费者在强大经营资本面前，呈现显著无力的状态，少数生产经营者为了追求利润而不择手段，使消费者置身于丧失财产乃至生命的危险之中。保护消费者各项合法权益是广告治理头等大事。

（四）净化社会风气

有注意力的地方就有广告。广告广泛存在于媒介、平台、包装等各类信息载体，其内容除了商业发布，还涉及价值观念、生活方式、意识形态、美丑善恶等多个方面，对社会风气有着显著影响。净化社会风气，弘扬社会主义核心价值观，应成为广告治理的重要取向。

案例 3-2

发布防疫物资虚假广告被重罚

2021 年 7 月，广东省东莞市市场监管局对东坑镇某公司发布防疫物资虚假广告行为作出行政处罚决定，依法予以罚款 170 万元的重罚。

东坑镇某公司在网店口罩销售网页发布"99.97%过滤率""特邀国务院环保专家""医用灭菌级""防流感""防病菌防毒""对于0.1微米和0.3微米的有效率达到99.7%""超长使用寿命5000小时"等19种未经证实的虚假广告用语，构成虚假广告。当事人违法时间特殊，性质恶劣，影响面广，情节严重，市场监管部门对其予以重罚。①

二　广告治理原则

广告治理原则指广告治理活动必须遵循的基本准则，主要包括合法性原则、合理性原则、综合性原则、发展性原则。

（一）合法性原则

法治与人治、德治相对，是现代文明的重要标志，也是世界通行的价值准则。广告治理遵循合法性原则，集中表现为四点。

一是真正恪守法无授权不可为。特定公共部门行使相关权力，必须基于法律授权，否则就是滥用权力、非法行政。

二是切实捍卫法不禁止即可行。相比行政主体，市场主体与普通民众的自由度更高，法律未明确禁止的行为皆为合法。

三是严格依照法律条文。对任何广告违法行为的判定、处罚，都必须依据法律法规，不能随意决定，主观判断。

四是严格践行程序正义。程序正义与实质正义相对，又被称为"看得见的正义"，源于一句经典格言："正义不仅应得到实现，而且要以人们看得见的方式加以实现"（Justice must not only be done, but must be seen to be done）。其实质在于过程与程序同结果与结论一样重要。在广告治理中，公权力部门不能违背该原则，为了达到"禁绝虚假广告"等"正义性"结果粗暴执法。

（二）合理性原则

合理性指个人或团体的行动、决定或态度具有充分理由，且符合普遍

---

① 《东莞：发布防疫物资虚假广告，重罚》，https：//www.samr.gov.cn/ggjgs/sjdt/gzdt/202107/t20210720_332871.html，最后访问日期：2021年11月3日。

的法则、规范或已有的标准，符合逻辑或文化价值体系。

广告活动纷杂多变，法律规范不可能对广告监督管理机关所有的行政活动都作出具体细致的规定，需要赋予广告管理机关一定的自由裁量权，如规定"处广告费用一倍以上五倍以下罚款"。因此，广告治理既要合法，又要合理。首先，广告治理要符合治理目的或立法动机，不能偏离治理初衷。其次，广告治理行为应当建立在正当考虑的基础上，不能考虑人情等其他不相干因素。最后，广告治理要平等适用法律规范，对相同事实不能因违法主体不同而区别对待。

（三）综合性原则

广告活动是一种非常复杂的社会活动，涉及国民经济各个部门，参与主体多，产业链条长，行业差别、地区差别、媒体差别巨大。对其开展治理活动，必须综合利用不同主体治理效能，综合运用多种治理手段，综合开展多层面、多维度治理行动。

（四）发展性原则

发展性原则有双重含义。一是广告治理活动要以维护、推进广告行业发展为基本导向，将规划、指导、服务等纳入治理活动基本范畴；二是广告治理理念、策略、模式等必须与时俱进，根据社会变迁与行业进展而不断调整。

本章小结

治理指政府以及相关组织与个人，以公众认同的方式，维持社会秩序、促进共同发展的过程，其特性主要表现为参与主体多元化、治理手段柔性化、共同发展为目的、作用领域较宽泛。

治理体系指构成完整治理过程的一系列相关环节与要素，主要包括治理理念、治理主体、治理对象、治理工具、治理模式五个方面。

广告治理是政府等相关主体对广告活动及其参与者开展的治理活动。广告治理目的包括规范市场秩序、促进行业发展、保护各方权益、净化社会风气四个方面。广告治理原则包括合法性原则、合理性原则、综合性原则、发展性原则。

思　考

1. 运用相关知识，对本章所列案例进行分析。
2. 思考治理理论在广告治理实践中的应用。
3. 思考治理体系各要素在广告治理实践中的应用。
4. 分析广告治理的基本目的。
5. 分析广告治理的原则。

延伸阅读

《中共中央关于全面深化改革若干重大问题的决定》，中国政府网，http：//www.gov.cn/jrzg/2013-11/15/content_2528179.htm，2013-11-15。

《习近平：坚持依法治国和以德治国相结合 推进国家治理体系和治理能力现代化》，人民网，http：//jhsjk.people.cn/article/28940092。

许耀桐：《中国国家治理体系现代化总论》，国家行政学院出版社，2016。

俞可平：《走向善治》，中国文史出版社，2016。

俞可平：《论国家治理现代化》，社会科学文献出版社，2015。

王浦劬：《国家治理、政府治理和社会治理的含义及其相互关系》，《国家行政学院学报》2014年第3期。

第四章　广告治理主体

基于多元协同、社会共治的现代治理理念，任何与广告传播活动相关的机构、组织或个体，都有参与广告治理活动的责任与义务。具体来说，五个治理主体在广告治理活动中扮演重要角色。

第一节　政府机构

政府承担着施法、行政等基本管理职能，是国家治理与社会治理第一责任人，也是广告治理的核心主体。政府机构在广告治理主体中的角色，分为法定机构与相关机构两种。

一　法定机构

《广告法》第 6 条规定："国务院市场监督管理部门主管全国的广告监督管理工作，国务院有关部门在各自的职责范围内负责广告管理相关工作。县级以上地方市场监督管理部门主管本行政区域的广告监督管理工作，县级以上地方人民政府有关部门在各自的职责范围内负责广告管理相关工作。"

（一）机构变迁

国务院市场监督管理部门为国家市场监督管理总局，地方市场监督管理部门为各地市场监督管理局。

国家市场监督管理总局根据党的十九届三中全会审议通过的《中共中央关于深化党和国家机构改革的决定》《深化党和国家机构改革方案》和

第十三届全国人民代表大会第一次会议批准的《国务院机构改革方案》设立，2018 年 4 月 10 日正式挂牌。国家市场监督管理总局前身为国家工商行政管理总局。

（二）职能部门

国家市场监督管理总局设办公厅、综合规划司、法规司、执法稽查局、登记注册局（小微企业个体工商户专业市场党建工作办公室）、信用监督管理司、竞争政策协调司、反垄断执法司、反垄断执法二司、价格监督检查和反不正当竞争局（规范直销与打击传销办公室）、网络交易监督管理司、广告监督管理司、质量发展局、产品质量安全监督管理司、食品安全协调司、食品生产安全监督管理司、食品经营安全监督管理司、特殊食品安全监督管理司、食品安全抽检监测司、特种设备安全监察局、计量司、标准技术管理司、标准创新管理司、认证监督管理司、认可与检验检测监督管理司、新闻宣传司、科技和财务司、人事司、国际合作司（港澳台办公室）等 31 个职能部门。

广告监督管理司专门负责广告治理工作。

各省、市、区县等市场监督管理局设广告监督管理处、广告监督管理科等对应部门，从事广告治理各项工作。

（三）主要职责

国家市场监督管理总局广告监督管理司主要职责为：（1）拟订广告业发展规划、政策并组织实施；（2）拟订实施广告监督管理的制度措施，组织指导药品、保健食品、医疗器械、特殊医学用途配方食品广告审查工作；（3）组织监测各类媒介广告发布情况；（4）组织查处虚假广告等违法行为；（5）指导广告审查机构和广告行业组织的工作。

2019 年 3 月，国家市场监督管理总局发布《关于深入开展互联网广告整治工作的通知》，是履行广告监管职责的典型体现。通知明确各级市场监管部门要认真贯彻落实习近平总书记关于"广告宣传也要讲导向"的重要指示精神，紧盯人民群众反映强烈的互联网虚假违法广告问题，突出重点领域，加大执法力度，压实互联网平台主体责任，着力祛除互联网广告市场"顽疾"。要强化广告导向监管。严肃查处涉及导向问题、低俗庸俗媚俗或者社会影响大的互联网违法广告，早发现、早处置，依法从快从重查处。聚焦重点媒介、重点广告问题。以社会影响大、覆盖面广的门户网站、搜索引擎、电子商务平台为重点，突出移动客户端和新媒体账户等互联网媒介，针对医疗、药品、保健食品、房地产、金融投资理财等关系人民群众身体健康和财产安全的虚假违法广告，加大案件查处力度。通知要求各部门加大广告监管执法力度，加大重点案件督办力度，加强互联网广告监测，加强协同监管。

二　相关机构

部分政府机构虽然不是法定广告治理部门，但在广告治理工作相应环节或方面承担相应职能，发挥重要作用。

（一）药品监督管理部门

《药品、医疗器械、保健食品、特殊医学用途配方食品广告审查管理暂行办法》第4条规定："各省、自治区、直辖市市场监督管理部门、药品监督管理部门（以下称广告审查机关）负责药品、医疗器械、保健食品和特殊医学用途配方食品广告审查，依法可以委托其他行政机关具体实施广告审查。"

国家考虑到药品监管的特殊性，单独组建国家药品监督管理局，由国家市场监督管理总局管理。市场监管实行分级管理，药品监管机构只设到省一级，药品经营销售等行为的监管由市县市场监管部门统一承担。

（二）卫生行政管理部门

《医疗广告管理办法》第3条规定："医疗机构发布医疗广告，应当在发布前申请医疗广告审查。未取得《医疗广告审查证明》，不得发布医疗广告。"第4条规定："卫生行政部门、中医药管理部门负责医疗广告的审查，并对医疗机构进行监督管理。"

当前我国卫生行政管理部门为各级卫生健康委员会。

国家卫生健康委员会是国务院组成部门，为正部级。各地卫生健康委员会归地方政府管理。

（三）新闻媒体管理部门

各级各类新闻媒体是广告发布的关键载体，在最终把关环节决定广告的品质。新闻媒体管理部门对媒体行业进行约束与指导，在广告治理中扮演重要角色。如广电管理部门制定的《广播电视广告播出管理办法》，即是广告治理的重要举措。

当前我国新闻媒体管理部门主要是新闻出版署与广播电视局。

2018 年 3 月，中共中央印发《深化党和国家机构改革方案》，明确指出，为加强党对新闻舆论工作的集中统一领导，加强对出版活动的管理，发展和繁荣中国特色社会主义出版事业，将国家新闻出版广电总局的新闻出版管理职责划入中央宣传部。中央宣传部对外加挂国家新闻出版署（国家版权局）牌子。2018 年 4 月 16 日，国家新闻出版署（国家版权局）正式揭牌，主管全国新闻出版事业与著作权管理工作。其主要职责是贯彻落实党的宣传工作方针，拟订新闻出版业的管理政策并督促落实，管理新闻出版行政事务，统筹规划和指导协调新闻出版事业、产业发展，监督管理出版物内容和质量，监督管理印刷业，管理著作权，管理出版物进口等。

为加强新闻舆论工作，加强对重要宣传阵地的管理，充分发挥广播电视媒体的作用，国务院机构改革方案提出在国家新闻出版广电总局广播电视管理职责的基础上组建国家广播电视总局，为国务院直属机构。2018 年 4 月 16 日，国家广播电视总局正式揭牌，其主要职责是贯彻党的宣传方针政策，拟订广播电视、网络视听节目服务管理的政策措施，加强广播电视阵地管理，把握正确的舆论导向和创作导向等。

（四）城市管理部门

某些形态广告（如户外广告）与城市环境息息相关，且具有很强的地方性，需要城市管理部门积极参与其治理，做好相应工作。《广告法》第 41 条规定："县级以上地方人民政府应当组织有关部门加强对利用户外场所、空间、设施等发布户外广告的监督管理，制定户外广告设置规划和安全要求。户外广告的管理办法，由地方性法规、地方政府规章规定。"

城市管理综合行政执法局（简称城管执法局）是负责城市管理执法的部门。城市管理执法人员属于行政执法类公务员，他们通过公务员考试并接受正规训练后，按照局、队的执法人员编制调配，其基本职责是贯彻实施国家及本区域有关城市管理方面的法律、法规及规章，治理和维护城市管理秩序。2021 年，《行政处罚法》修订确认了国家在城市管理领域推行建立综合行政执法制度与相对集中行政处罚权。

（五）网络管理部门

当前网络影响越来越大，互联网已成为广告传播的主要阵地。网络广告作为网络信息之一，需要接受网络管理部门的约束与指导。

当前我国网络管理部门主要是各级互联网信息办公室，简称网信办。国家互联网信息办公室成立于 2011 年 5 月，主要职责包括落实互联网信息传播方针政策和推动互联网信息传播法制建设，指导、协调、督促有关部门加强互联网信息内容管理，依法查处违法违规网站等。2018 年 3 月，国务院下发《国务院关于机构设置的通知》，规定"国家互联网信息办公室与中央网络安全和信息化委员会办公室，一个机构两块牌子，列入中共中央直属机构序列"。

（六）其他部门

其他可能参与广告治理的行政机构还有很多，比如交通管理部门、环境管理部门、通信管理部门、金融管理部门等。

欲达善治，必先善政。对政府机构而言，治理广告关键在于做好机构完善与职能优化。要从人员配备、办公设施、内部规章等方面进一步调整、部署，要避免多头管理或无人管理现象，要妥善处理好上下级之间、同级之间、与其他政府部门之间的关系等。

为进一步加强广告市场协同监管，严厉打击虚假违法广告，维护良好广告市场秩序，国家市场监管总局、中央宣传部、中央网信办、工业和信息化部、公安部、卫生健康委、人民银行、广电总局、银保监会、中医药局、药监局十一部门联合制定《整治虚假违法广告部际联席会议 2020 年工作要点》，是不同政府部门统筹协作参与广告治理的体现。

联席会议要求加强部门间沟通及信息共享，强化联合部署、联合约谈告诫、联合执法、联合调研，提升部际联席会议协调调度能力。健全完善重点案件联合督办机制，对重大违法案件实行统一挂牌督办。研究建立广告领域失信联合惩戒机制，推动形成一处违法、处处受限的广告信用监管格局。联席会议对不同部门进行了明确分工。

市场监管部门：发挥好整治虚假违法广告联席会议牵头单位作用，会同相关成员单位部署 2020 年整治虚假违法广告工作并牵头组织实施。会同有关部门研究解决整治虚假违法广告工作中遇到的突出问题。积极探索广告领域跨部门失信联合惩戒工作机制。

党委宣传部：组织新闻媒体持续深入做好整治虚假违法广告相关工作的宣传解读，协调新闻媒体曝光虚假违法广告典型案例，开展舆论监督。

网信办：配合市场监管等部门大力整治互联网违法违规广告信息，加强网上正面宣传引导，严厉查处发布虚假违法广告信息的网站平台。督促网站平台切实落实主体责任。促进网络空间更加清朗。

电信主管部门：加强 ICP 备案、域名和 IP 地址等互联网基础管理，强化技术能力和管控手段，完善违法违规网站处置流程，进一步提升违法违规互联网应用（网站、APP 等）处置能力。

公安机关：充分发挥打击犯罪职能，重点打击民生领域虚假广告犯罪。对行政机关移送的涉嫌虚假广告犯罪的案件，要依法及时查处。对阻碍行政机关开展广告监管执法工作，涉嫌违法犯罪的，依法及时查处。

卫生健康部门：落实"放管服"有关工作要求，加强事中事后监管，引导医疗机构诚信经营、公平竞争。加强医疗广告审查工作，继续做好市场监管部门移送案件的依法查处工作。

人民银行：联合各金融管理部门推动《关于进一步规范金融营销宣传行为的通知》落地实施。牵头研究金融广告治理工作面临的新情况、新问题。推动健全金融广告治理协作机制，构建完善违法违规金融广告案件联合处置长效机制。加强涉及金融广告的知识普及和消费者教育工作。

广电行政部门：督促指导广播电视播出机构、视听节目网站等单位履行广告发布审查职责，建立健全广告业务的承接登记、审核、档案管理等制度，严格规范广告发布行为。严肃查处播出机构、视听节目网站的违规行为。

银行保险监管部门：部署开展非法集资风险排查工作，将涉嫌非法集资广告资讯信息作为重点。在 P2P 网贷机构检查中，加强对广告宣传行为的检查。

中医药管理部门：加强中医医疗广告审查，规范中医医疗广告宣传行为。加大报刊虚假违法中医医疗广告监测力度，探索开展互联网虚假违法中医医疗广告监测工作，做好虚假违法中医医疗广告突发事件应对和重大案件督办工作。

药品监管部门：加强与市场监管等部门的沟通协作，对发现的违法广告，及时移交相关部门处理，对涉及严重失信的企业，实施联合惩戒。

第二节　新闻媒体

新闻媒体即从事信息采集、选择、加工、制作、传播等工作的专业化组织或机构，包括报社、电台、电视台、网站以及各类新型媒体机构等。

新闻媒体不像政府机构一样拥有公权力与强制性力量，但其影响巨大，在政治、经济、文化等多个面向，深刻、持久、广泛地影响着人类社会。从农业社会到工业社会再到信息社会，尤其是互联网时代，伴随信息价值越发凸显，媒体影响力与日俱增，传播效力愈发强大。不管是政党媒体，还是商业类、社会类媒体，其管理者与从业者都应当自觉扮演好守望者、引导者、传承者等诸多角色。

广告是新闻媒体承载的基本信息之一，广告经营是新闻媒体重要经济来源。在广告治理活动中，新闻媒体责无旁贷，需要结合自身功能与属性，积极承担相应责任。

一　及时公开违法案例

新闻传播是民众了解社会、监测环境的主要途径，也是传媒彰显价值、维持生存的基本手段。传媒在进行新闻报道时，主要基于新闻价值、社会价值与媒体价值三个标准。新闻价值即新闻本身具有的传播价值，如时新、重要、显著、接近、有趣等，决定了新闻能否吸引受众的兴趣。社会价值指新闻公开传播以后所产生的社会效果，有积极与消极之分，决定着新闻该不该传播，能不能报道。媒体价值指新闻是否适合媒体自身的定位与属性，决定了新闻需要不需要传播。

对于广告领域的违法现象，新闻媒体应在综合考虑新闻价值、社会价值、媒体价值的基础上，积极报道，以切实维护消费者权益，为规范市场经济、净化社会风气贡献力量。

二　积极做好媒体监督

媒体监督是针对社会上某些组织或个人的违法、违纪、违背民意的不良现象及行为，通过报道进行曝光和揭露，抨击时弊、抑恶扬善，以达到对其进行制约的目的。新闻舆论监督具备特有的公开曝光的形式，具有很强的公众震慑力。

除了报道新闻事实，积极进行媒体监督也是新闻媒体基本职责。新闻记者、新闻单位应恪守职业规范，利用自身传播资源，对广告领域违法、违规现象进行媒体监督，积极担负社会责任。

由中央广播电视总台和最高人民法院、最高人民检察院、中央网络安全和信息化委员会办公室、国家发展和改革委员会、工业和信息化部、公安部、司法部、交通运输部、农业农村部、商务部、国家卫生健康委员会、国家市场监督管理总局、国家药品监督管理局、中国消费者协会联合主办的"3·15"晚会，是媒体监督的典型案例。

三 主动引导社会舆论

"舆论"是英文"public opinion"的译词，通常指在一定范围内的多数人的意见；有时也特指新闻媒体发表的意见，人们常把媒体视为舆论的承载者。舆论引导是对社会舆论的评价和引导，用舆论对人的主观意向进行引导，进而影响人之后的行为。铁肩担道义，妙手著文章。新闻媒体是社会公器，有义务、有责任引领社会风气，在守法经营、理性消费、道德规范等方面主动引导舆论。对广告传播中暴露的典型问题与不良倾向，要积极关注，妥善引领。

四 切实遵守广告法规

新闻媒体同时也是广告载体与广告发布者，是广告活动重要参与者。从自身做起，严格遵守广告发布法律规范，杜绝违法广告、虚假广告、不良广告，亦是在为广告治理做贡献。

对新闻媒体而言，治理广告关键在于做好功能再造与伦理重塑。在以报刊、广电为主流媒体的传统时代，大众传媒拥有专业人员、专业设备与专业技术，是社会信息传播系统核心，在很大程度上"掌控"了公共话语权，对政治、经济、文化等各个领域产生影响。其基本功能，是信息的生产与传播；其基本伦理，是保证信息的真实、客观与公正。其他社会功能与职业伦理都围绕这两点展开。在以互联网为代表的信息技术驱动下，新闻媒体的基本功能不再仅仅是信息的生产传播，更多地体现为信息的萃取与整合，对网络空间中的各类信息进行有效的识别与批判。其基本伦理，则须进一步升华，在保证信息品质的同时，还要对信息产生的社会影响、舆论走向、观念建构等有更高要求。如此，传媒在参与广告治理时才能真正做好廓清真相、驳斥谬误、舆论引导等工作。

第三节　网络平台

网络平台指基于信息交互与网络链接，在网络空间中为特定社会活动提供运行环境与服务的组织或机构。

与普通百姓关联紧密的网络平台，主要有社交、商务、搜索、游戏、直播、金融等。各类网络平台满足了人们社交、购物、信息、娱乐、理财、教育等诸多需求，已成为网民登录网络空间的主要场域，在很大程度上影响着民众对外部世界的认知与判断，塑造着网民的价值观念、政治态度、意识形态、审美时尚、生活方式等，对国家、社会、个人意义重大。

我国《互联网广告管理暂行办法》第 15 条第 2 款规定："媒介方平台经营者、广告信息交换平台经营者以及媒介方平台成员，对其明知或者应知的违法广告，应当采取删除、屏蔽、断开链接等技术措施和管理措施，予以制止。"第 17 条规定："未参与互联网广告经营活动，仅为互联网广告提供信息服务的互联网信息服务提供者，对其明知或者应知利用其信息服务发布违法广告的，应当予以制止。"

当前，各类广告信息遍布各大网络平台，平台经营者与管理者须切实担负责任，积极参与广告治理。基于市场身份与社会属性，网络平台在广告治理中需要承担以下工作。

一　规则制定：以压力涵化惯习

网络平台类似交易市场，众多主体基于各自目的参与其中，必须确立合法有效的用户规则。这是网络平台最直接最有效的广告治理工具。

网络平台是新生事物，之前没有对应的规则体系，需要不断探索，不断完善。在法治社会，已有法规是制定用户规则的基本依据。除了广告类法规，网络安全类、民事权利类、商业秩序类法律法规都可以成为规则依据。在遵守相关法规的基础上，网络平台运营机构要结合自身属性，综合考虑社会效应与经济效益，并将社会效应放在首要位置，制定适当的用户规则。在此基础上，通过先知悉后签约、日常宣传、创新性传播（如趣味测试、有奖问答）等方式，做好用户规则的宣传教育，并通过各种手段保障规则的执行与落实。

百度制定的"百度搜索推广十大禁区"① 即属此类。

列入推广禁区的内容，客户绝对不允许将其作为推广链接中的物料，同时也不得在推广网站中涉及。新客户申请开通百度推广账户，若推广网站涉及禁止推广的内容，百度将拒绝合作。已签约客户的推广链接或推广网站涉及禁止推广的内容，经巡查发现或举报核实后，百度将对违规账户做封禁处理；情节严重的，百度将封禁客户名下的所有账户，永不合作。客户行为涉嫌刑事犯罪的，百度也将依法向公安机关进行举报。

禁区一：涉政治、宗教类违法信息。禁止客户直接、间接推广任何涉政治、民族、宗教类违法信息，禁止在推广内容中包含、掺杂、借用此类信息。

禁区二：非法医疗服务。禁止客户推广法律明令禁止从事的医疗活动及周边服务。

禁区三：非法及违禁药品。禁止客户推广任何未取得国家生产或销售许可的非法药品、药品替代物、管制药品及类似产品或服务。

禁区四：赌博信息类违法内容。禁止客户推广境内外赌博网站、赌博性质的游戏、赌博作弊工具、赌博方法等违法信息。

禁区五：违法代办服务。禁止客户推广办理虚假或非法证件、证明的产品或服务，禁止客户提供以获取证件为目的的作弊帮助服务。

禁区六：色情、暴力类违法内容。禁止客户推广违法或容易引起用户不适的色情、暴力等相关的产品或服务。

禁区七：网络违规作弊类。禁止客户使用作弊等手段破坏正常的网络

---

① 《百度搜索推广十大禁区》，http：//rules. baidu. com/overview？ read ＝readForbidden，最后访问日期：2021 年 11 月 9 日。

运营秩序，从而损害互联网平台、企业或他人的合法权。

禁区八：非法、违禁产品销售及相关服务。禁止客户推广国家明令禁止生产、销售的产品，禁止推广专门用于非法目的的商品，无论是提供此类产品的制成品或制作方法、购买渠道均在禁止之列。

禁区九：非法金融及票据服务。禁止客户推广破坏金融管理秩序、通过金融伪装进行诈骗、危害国家税收管理秩序的非法产品或服务。

禁区十：非法信息交易服务。禁止客户从事可能侵害个人隐私或损害市场经营秩序、政府管理秩序的信息买卖服务。

二　智慧管控：以技术清洁环境

智慧管控即通过大数据、人工智能、自动识别等各类信息传播技术，对网络空间广告传播进行管理与控制。

《网络安全法》第 10 条规定："建设、运营网络或者通过网络提供服务，应当依照法律、行政法规的规定和国家标准的强制性要求，采取技术措施和其他必要措施，保障网络安全、稳定运行，有效应对网络安全事件，防范网络违法犯罪活动，维护网络数据的完整性、保密性和可用性。"利用技术手段进行广告治理，对于网络平台既是权力又是义务，可以做且必须做。作为专业网络服务提供商，网络平台拥有技术设备与专业人员，且合法掌握各类用户真实信息，在技术治理方面拥有得天独厚的条件。

网络平台运用技术工具进行广告治理，需要做好三个方面的工作。一是技术工具研发与创新。网络平台需要基于现有信息传播技术与广告传播属性，直接或委托他人研发并不断完善专业治理工具。二是违法广告识别与锁定。违法广告形态各异，层出不穷，对其精准判别，是采取进一步治理行动的前提。三是对违规主体的治理与管控。在信息精准判别基础上，要对相关用户做好后续治理工作。若需要相关部门支持与参与，则要主动做好信息提供等配合工作。

技术能够提高社会治理的效率与水平，也可能带来各种问题。其以生产和赋权为特征的仁慈面孔有助于增进社会福祉，以侵入和约束为特征的阴暗面孔则潜藏着各种风险。网络平台运用技术工具进行广告治理，必须以正义为基石，以法治为准绳，避免侵权、失范、失控、越位等各种问题。

三 精准推送：以靶向滋养整体

精准推送指网络平台基于用户基本情况与信息接触轨迹，将违法广告情况、相关知识等信息精准推送至平台用户，达到澄清真相的目的。其理论依据与现实基础为精准治理与精准传播。

精准治理即以精准信息为基础，以个性化、针对性政策为手段，实现精准化目标的公共治理范式。该范式对公共治理的灵活性、靶向性、主动性提出更高要求，是中国场景下政府治理范式的进化。自中共十八届三中全会提出"推进国家治理体系和治理能力现代化"新目标以来，中国多地社会治理改革方案提出"精准化"目标，取代之前仅强调治理过程的"精细化"要求。在网络空间中，网络求助、网络诈骗等现象，都亟须精准治理有效介入。

精准传播即在传播对象、传播内容、传播方式等方面，实现针对性、个性化的精准信息传递。其基本范式不同于经典的"5W模式"，而是更为精细的"7R模式"：恰当的传播者（right communicator），通过合适的渠道（right methods），在合适的时间（right time），合适的场所（right place），向合适的受众（right audience），传播合适的信息（right information），获得适当的效果（right effect）。精准传播因应了新媒体时代的传播环境，具有积极意义。

网络平台运用精准推送治理违法广告，可从四个方面着手。一是选定推送对象。精准推送不是泛泛传播，而是针对特定用户进行信息沟通。二是确定推送内容。针对不同受众，进行个性化信息递送。三是明确推送目的。基于特定情况，确定具体的推送目的。四是优化推送方式。网络平台在运用常规途径进行信息推送的同时，要不断优化、创新，寻找效率更高、效果更佳的推送方法。

网络平台参与广告治理关键在于权责对等与秩序规范。任何新事物产生，都会经历野蛮生长与无序发展，在资本与技术裹挟中快速蓬勃的网络平台自不例外。因缺乏成熟模式与对应法规，社交、直播、论坛、网游等各类平台在为网民带来便利与利益同时，也滋生谣言丛生、舆论失当、误导欺诈等各类乱象。作为互联网经济核心主体，网络平台影响深远，收益巨大，亟须承担与权益对等的社会责任。在商业经营时必须做好内部管理，切实社会效益与经济效益并重以社会效益优先的社会主义市场经济基本原则。要不断发现问题，不断解决问题，运用多种手段构筑并维持良好的运营秩序与传播生态。唯有如此，平台才能真正在广告治理中有所作为。

第四节　社会团体

社会团体是指由中国公民自愿组成，为实现会员共同意愿，按照其章程开展活动的非营利性社会组织，如宗教、科技、文化、艺术、慈善事业等社会群众团体。成立社会团体需要符合一定条件，并依法申请登记。全国性的社会团体，由国务院的登记管理机关负责登记管理；地方性的社会团体，由所在地人民政府的登记管理机关负责登记管理；跨行政区域的社会团体，由所跨行政区域的共同上一级人民政府的登记管理机关负责登记管理。

社会团体是当代中国政治生活的重要组成部分。中国社会团体带有准官方性质，实际上附属在业务主管部门之下。

广告传播涉及不同主体利益，与不少代表相关群体权益的社会团体密切相关。具体来说，以下社会团体在广告治理中具有较大价值。

一　广告协会

中国广告协会是由广告主、广告经营者、广告发布者、广告代言人（经纪公司）、广告（市场）调查机构、广告设备器材供应机构等经营单位，以及地方性广告行业组织、广告教学及研究机构等自愿结成的行业性、全国性、非营利性社会组织，1983年成立。其宗旨是紧密围绕"提供服务、反映诉求、规范行为"的基本职能开展业务工作，并加强与其他广告及相关行业组织的交流与合作；按照《广告法》的规定，制定行业规范，加强行业自律，促进行业发展，引导会员依法从事广告活动，推动广告行业诚信建设；树立广告业良好的社会形象，为我国经济转型升级、优秀文化传播、社会和谐进步贡献力量。

广告协会作为广告业行业组织，对会员具有直接约束力。以多种形式参与广告治理活动，是其核心义务与首要责任。

2018年，中国广告协会发布《广告自律宣言》，倡导全行业积极培育和践行社会主义核心价值观，加强行业自律，承担社会责任，促进广告行业正向、健康、科学发展。

倡议广告主：作为广告活动的第一责任人，应承担广告主导责任，积极发挥在合法、规范、科学开展广告活动中的决定性作用；自觉遵守《广告法》等相关法律法规的规定，加强行业自律，不做违法、违规广告；在广告活动中，遵循市场规律，坚持诚实信用原则和公平竞争原则，尊重他人的广告创意及成果，维护良好的行业秩序；选用广告创意应当符合社会主义核心价值观和弘扬中华民族优秀传统文化的要求，不传播有悖公序良俗、不健康的内容；选用符合产品品牌调性的广告创意和代言人，追求广告效果与广告的艺术感、美誉度的统一；应当加强社会责任意识，积极参与公益活动，开展公益广告宣传，加大公益广告的投入力度，传递正能量。

倡议广告经营者：掌握《广告法》及相关法律法规，依法提供广告创意策划服务，引导广告主依法进行广告活动，拒绝做违法、违规广告创意；协助广告主制作符合社会主义核心价值观的广告，拒绝设计制作有悖公序良俗、不健康、格调不高的广告；从专业的角度，向广告主提供广告效果好、受众观感佳的广告方案，不盲从于广告主提出的不合理的广告创意；注重自主创意创新，不抄袭剽窃他人广告创意及成果，保证制作、服务质量，不提供粗制滥造的广告内容和服务；积极参与各类公益广告设计比赛；丰富公益广告的选题内容，紧扣时代脉搏；提高公益广告的制作水平，制作出能够深入人心的作品，充分发挥公益广告的作用。

倡议广告发布者：严格遵守《广告法》等相关法律法规的规定，建立和落实广告审查制度，对于发布广告的内容进行严格检查，守好广告发布的最后一关；传递正能量，拒绝发布有悖公序良俗、不健康、格调不高的广告；坚持诚实信用原则，不参与收视率、点击率造假，不购买造假收视率、点击率，不发布造假收视率、点击率，杜绝借造假数据哄抬广告发布费用的行为，维护良好的行业秩序；应当积极承担社会责任，参与公益广告宣传，增强公益广告的传播力和影响力，严格遵守《公益广告促进和管理暂行办法》，积极履行刊播公益广告的义务。广播电台、电视台按照新闻出版广电部门规定的条（次），在每套节目每日播出公益广告；报纸和期刊按规定的版面刊登公益广告；政府网站、新闻网站、经营性网站等应当每天在网站、客户端以及核心产品的显著位置宣传展示公益广告。

倡议广告代言人：维护党的领导和国家利益，不发表或传播损害党和国家形象的言论；遵纪守法，恪守职业道德，树立良好社会形象，不涉"黄赌毒"等违法和违反公序良俗的行为；自觉学习《广告法》及相关法律法规，依法从事代言活动，不做虚假代言，不违法、违规代言；遵循行业规律及市场准则，合理报价，依法纳税；商业代言秉承先体验、深了解、后代言原则，经得起市场及消费者考验；严格遵循契约精神，按照合同约定履约，按时完成商业合作中的各项工作；积极参与公益行动和公益广告拍摄，对社会公众负责，展示积极、正面、阳光的形象，传播社会主义核心价值观。

倡议互联网平台：严格遵循《广告法》及《互联网广告管理暂行办法》相关规定，提供符合要求的互联网信息服务；互联网信息服务提供者应当建立健全对违法广告的巡查制度，对明知或者应知的违法广告，应当采取删除、屏蔽、断开链接等技术措施和管理措施，予以制止；利用自身制作力量和平台资源优势，组织网民参与公益广告创意，组织有亲和力、吸引力和感染力的公益广告宣传活动，积极弘扬社会主义优秀文化思想。

二　消费者协会

中国消费者协会于 1984 年 12 月经国务院批准成立，消费者协会和其他消费者组织是依法成立的对商品和服务进行社会监督的保护消费者合法权益的社会组织。其宗旨是遵守宪法、法律、法规和国家政策，遵守社会道德风尚，代表消费者的利益，反映消费者的诉求，依靠消费者的力量，全心全意保护消费者合法权益；坚持依法维权，维护实质公平，深化改革创新，发挥桥梁纽带作用，凝聚各方力量，推动社会共治，促进消费者权益保护事业，服务国家经济社会健康发展。

当前全国县以上消费者协会达 3000 多个。在农村乡镇、城市街道设立的消协分会，在村委会、居委会、行业管理部门、高等院校、厂矿企业中设立的监督站、联络站等各类基层网络组织近 16 万个。中国消费者协会的经费由政府资助和社会赞助。

因广告与消费者之间的密切关系，绝大多数违法广告都会涉及消费者利益。消费者协会接受消费者投诉、积极参与广告治理是其应尽的义务。

案例 4-1

重庆巴南消委会接受消费者投诉参与广告治理

2018 年 8 月 10 日，重庆市巴南区一老年消费者贺某到重庆市巴南区消费者权益保障委员会（以下简称巴南区消委会）投诉称：他在大江菜市场附近接到一张健康体验卡，发卡人宣传可凭卡到指定地点（康欣体验馆）领取鸡蛋、挂面等赠品。贺某按卡片提示到康欣体验馆领取了挂面 1 斤。随后，贺某陆续领取了鸡蛋、大米、香油等赠品。在"康欣体验馆"店员引导下，贺某积极参与"康欣体验馆"健康课程，并购买了两套售价为 5000 元的净水器，附赠滤芯、空调被等商品。

贺某夫妻均是退休工人，收入不高，在没有经过夫妻双方商议的情况下，贺某单方作出了购买高价净水器的决定，因此引发了家庭矛盾。于是贺某找到巴南区消委会寻求帮助，要求"康欣体验馆"按照合理退费方式退还所交款项。

巴南区消委会受理投诉后，立即联合工商部门对"康欣体验馆"进行了调查。经查，"康欣体验馆"销售的净水器宣传资料存在夸大功效、绝对化用语、误导消费者等广告违法行为，构成虚假广告。由此，责成"康欣体验馆"退回已交净水器款项 10000 元。①

三 妇女联合会

中华全国妇女联合会成立于 1949 年 4 月 3 日，是全国各族各界妇女为争取进一步解放与发展而联合起来的群团组织，是中国共产党领导下的人

---

① 《违法广告诱导消费 老年人购买应理性》，https：//hjxt.cca.cn/cases/534.jhtml，最后访问日期：2021 年 12 月 1 日。

民团体，是党和政府联系妇女群众的桥梁和纽带，是国家政权的重要社会支柱。

中国妇女是建设新时代中国特色社会主义的重要力量。中华全国妇女联合会在新时代担负着团结引导各族各界妇女听党话、跟党走的政治责任，以围绕中心、服务大局为工作主线，以联系和服务妇女为根本任务，以代表和维护妇女权益、促进男女平等和妇女全面发展为基本职能。

妇女联合会实行全国组织、地方组织、基层组织和团体会员相结合的组织制度，在省、自治区、直辖市，设区的市、自治州，县（旗）、自治县、不设区的市和市辖区等建立地方组织，在乡镇、街道，行政村、社区，机关和事业单位、社会组织等建立基层组织，地方和基层组织接受同级党组织和上级妇女联合会双重领导。妇女联合会的最高领导机构是全国妇女代表大会和它所产生的中华全国妇女联合会执行委员会。

大量广告与女性利益密切相关，妇女联合会参与广告治理责无旁贷。

案例 4-2

合肥妇联批评房地产广告"一脱到底"

2018 年 12 月，一则流传于网络、名为"合肥最低房价盘'一脱到底'12 月 5 日正式开抢"的房地产广告画，被指涉嫌"性暗示"、侮辱女性，引发关注。涉事地产项目合作的销售公司表示已发布致歉说明，公布事件进展情况，承担监管不严的责任，并对该图片造成的不良后果，向社会公众道歉。涉事地产公司负责人表示："公司已委托律师事务所向销售公司发出《律师函》。该事件已致公司形象受损，令公司在业内和朋友圈'抬不起头'，目前还无法评估经济损失。"

合肥市妇联负责人赴楼盘所在地新站区市场监督管理局了解处理情况后表示，作为公民，女性的人格尊严不容侵犯，女性的形象不容随意贬损，这是不允许突破的法律和道德底线。任何侮辱、物化、消费女性的行为都会遭到反对和抵制。[①]

---

① 王蓓：《"合肥'一脱到底'房地产广告事件"续 涉事公司：是个人行为 合肥市妇联：女性的人格尊严不容侵犯》，《中国妇女报》2018 年 12 月 9 日。

四　残疾人联合会

中国残疾人联合会（简称中国残联）成立于1988年3月，是国家法律确认、国务院批准的由残疾人及其亲友和残疾人工作者组成的人民团体，是全国各类残疾人的统一组织。中国残联的宗旨是：弘扬人道主义思想，发展残疾人事业，促进残疾人平等、充分参与社会生活，共享社会物质文化成果。中国残联具有代表、服务、管理三种职能：代表残疾人共同利益，维护残疾人合法权益；团结帮助残疾人，为残疾人服务；履行法律赋予的职责，承担政府委托的任务，管理和发展残疾人事业。

中国残联的最高权力机构是全国代表大会，每5年举行一次。全国代表大会闭会期间，由其选举产生的主席团负责贯彻全国代表大会决议，领导全国残联工作。按照国家行政区划设立中国残联各级地方组织，社区居民委员会、村民委员会、残疾人集中的企业事业单位，建立残疾人协会或残疾人小组。

残疾人是社会上的一个特殊群体，他们或是生来有疾，或是后天不幸导致残疾，是社会生活中最困难的群体之一。不少残疾人不仅在生理上存在问题，在心理上也存在诸多问题，如自卑、敏感等。残疾人的身心健康保护尤为重要。

《广告法》第10条规定："广告不得损害未成年人和残疾人的身心健康。"当残疾人利益因广告传播而受损时，残疾人联合会应发挥自身功能，积极参与广告治理活动。

案例 4-3

必胜客虾球广告歧视盲人

2013年，在必胜客一则全长15秒的虾球广告中，一人问："你知道球为什么到处乱滚吗？""因为它是虾（瞎）球！"屏幕中显示一只虾滚成球形，戴着墨镜，手持盲杖，旁边有"虾？瞎？"的字样。

很多人看到这则广告并不在意，但当盲人们听到时却很难受，认为受到了歧视，且形象被标签化。"因为看不到，这些画面上的东西是周围的非视障人以某种或调侃或惊讶或愤怒的语气告诉盲人的。"

2013 年 6 月 5 日，几名北京的盲人相约赶到了必胜客崇文门新世界店门口，身穿印有"必胜客诚意道歉、消除影响"的 T 恤，手持"抵制必胜客虾球广告"漫画，要求必胜客诚意道歉。

"说乱滚的球就等于瞎球，还让虾球戴墨镜拄拐，这个广告不仅仅是对视障人士的直接侮辱和歧视，而且给公众留下了一个错误的盲人公众形象。"参与抗议的视障人士杨青风说道。

除了北京，山东青岛、河北石家庄也出现了盲人举牌抗议的行为。对此，必胜客在其官网和官方微博上作出回应："对虾球网络广告事件深表歉意，我们的确在创意上考虑不周，已全部撤除投放的广告。必胜客再次郑重道歉，恳请大家原谅。"

"作为广告，它强化了盲人在公众心目中的刻板印象、瞎子的称呼，是很有问题的。"中国社科院新闻与传播研究所研究员卜卫指出，所有公民都要学会尊重每一个人，不管这个人和你有多大差异，包括媒体和广告上用的词。比如，用"肢障"代替"瘸子"，用"盲人"代替"瞎子"，用"智障"取代"傻子"[1]。

五　其他社会团体

与广告治理可能产生关联的社会团体还有很多，包括未成年人保护类、环境保护类、野生动物保护类、宗教类、科学类等。

第五节　广告受众

广告受众即广告信息的接受者，包括通过各种媒介、在各种环境下、有意或无意接触到各种广告信息的个体。广告受众体现了显著的"大众"属性，集中表现为"多、杂、散、匿"。所谓"多"，指数量极大，成百成千甚至上万上亿；所谓"杂"，指形态多元，用户身份与特性包罗万象，

[1]　王卡拉：《必胜客虾球广告出现盲人形象 视障人士举牌抗议》，《新京报》2013 年 6 月 7 日。

各有不同；所谓"散"，指彼此间虽有各种连接与交集，但缺乏组织制度与权属关联，状态分散；所谓"匿"，指在现实中确有其人且真名实姓，但在广告参与中则大多数隐姓埋名，默默无闻。

广告受众数量众多，力量巨大，自身利益与广告传播紧密相关。广告受众提升公共意识，积极参与广告治理活动，才能真正实现"全民治理""全员治理"。

一　个体自律：以理性对抗盲信

个体自律指广告受众基于道德、法律、责任等社会准则，在广告传播参与过程中对自我言行的主动约束。个体自律的内容主要包括三类，即不扩散、勿轻信、慎行动。

做好个人自律，需要清醒的意识、较强的能力，还需要一定的方法。

自律意识指自我约束的内在动力与主观意愿，是广告受众实现自律的主体自觉。要具备一定的批判思维，对于媒介中流传的各类广告信息，要有质疑精神，不能照单全收。

自律能力指完成自我约束应具备的知识与素养，是实现自律的前提条件。主要包括三个方面。一是科学知识。掌握的科学知识越多，识别虚假广告的能力就越强。二是媒介素养。对传播媒介尤其是各类网络新媒体生产流程、传播特性、信息质量等方面的了解，有助于约束自身信息传播行为，并能够对相应信息作出更好的判断。三是道德理性。能够认识到违法广告对社会与他人产生的恶，并真诚地予以拒斥。能够预想到不当行为对自身产生的后果，并理智地予以规避。用道德理性，方能对抗冲动盲目。

自律方法指有效自我约束的方式与技能，是实现自律的科学工具。根据传播学理论，对违法广告的识别技巧，主要有以下几个。一是信源判断。以信息来源的客观性、公正性与权威性，作为推断信息可信度的基本标准。理性优先，不要盲目迷信信源的亲近性或喜好度。对于没有来源或者假借他人的信息，尤须警惕。二是信息审视。考察信息本身是否符合社会现实与科学常识，是否具有内在的逻辑理路，是否有张冠李戴、语句不通等低级错误。三是多方比照。对于把握不准又对自己影响较大的广告信息，可通过检索查证、问询他人等方法多方比照，判定真伪。

二 社群规范：以秩序优化氛围

广告受众虽然整体呈松散状态，但互相之间因情感、利益、爱好等各种原因彼此连接。除了现实中的家庭、邻里、亲友、同事等关系，不少人还在网络上组成论坛、群聊、部落等不同类型的网络群组，如粉丝群、家长群、家庭群、兴趣群、业主群、同事群、同学群、业务群等。网络群组跨越地域、交流便捷、成员庞杂，有时也会是违法广告集中扩散的重要场域。

在广告治理中，网络社群确立行为规范并有效遵循，效果直接，意义显著。2017年10月施行的《互联网群组信息服务管理规定》，对群组传播作出一系列规定，如："互联网群组建立者、管理者应当……规范群组网络行为和信息发布"，"互联网群组成员在参与群组信息交流时，应当遵守法律法规，文明互动、理性表达"，"互联网群组信息服务提供者和使用者不得利用互联网群组传播法律法规和国家有关规定禁止的信息内容"。这在法规层面上为社群规范提供了依据。

做好网络社群规范管理，首先要明确责任人。在现实社会中，基于内外部管理需要，达到一定规模或符合相关条件的组织或群体，一般都有明确的管理者。虚拟空间不是法外之地，网络社群同样如此。其成立与运行，要有明确的责任人与维护者，他们应切实负起责任。否则，无序与失范在所难免。其次，网络社群要设立有效的信息交往规范，祛除违法广告传播环境。社群规范设立不能主观武断，随意应付，须遵守三个基本原则。一是有理有据。规范要尊重公序良俗，遵守法律法规，得到绝大多数社群成员的认可。二是切实可行。规范条文不能流于空洞，过于宏大。要真正基于社群属性与成员特质，制定清晰具体、易于参照、切实可行的群体公约。三是约束机制。没有约束机制的规范，形同空文。管理者可根据社群属性，制定可行的惩戒条款。惩戒既包括线上，如澄清、致歉、禁言、踢除等，也包括线下，可结合社群属性予以明确并执行。对于在信息传播中严重违法违规者，管理者有义务向相关部门进行举报，并保留证据，配合调查。

三 广告自净：以真实驱除虚妄

自净即自我净化，指一定环境中污染物因自然作用含量降低。此处所谓广告自净，特指在一定传播环境下因参与者彼此互动等自然作用，违法广告与虚假广告逐渐消退的现象。在违法广告传播中，处于同一环境下的其他主体往往会发布问题并予以公布，使违法信息得以曝光。在网络论坛、微信群聊、微博评论等网络空间中，这一现象广泛存在。传播自净助推传播空间激浊扬清，对广告治理意义重大。净化不会凭空产生，需要众多广告受众在慎独、自律的同时，动手动脑，积极参与，共同努力，在力所能及的范围内，主动承担起维护传播环境的责任。

广告受众在参与传播净化行为时无须刻意而为，从自身出发、从身边做起即可。日常使用网络中，对于辟谣信息、预防宣传、澄清报道、科学知识等有益信息，网络用户应在自身节点辐射范围内，积极转发推广。在浏览新闻、亲友交流、放松娱乐时，碰巧接触到与自己生活经验、专业知识、擅长领域相关的违法广告，即可在网络评论、论坛交流、网络群组中，通过现身说法、专业分享、科学剖析等方式，祛除虚假，澄清真相。对于无法判断、真伪不明的各类信息，则可对亲友、同事等予以提醒。年轻、高学历、专业工作者等用户，应该主动扮演家庭、社区、亲友等网络社群中的"意见领袖"，避免涉及健康、安全、钱物等事项的违法广告危害小环境，伤害身边人。网络大V、名人、明星等影响力显著的重要广告受众，更应担负起与自身权益相称的责任。

对广告受众而言，参与广告治理关键在于提升素养与自我觉醒。提升素养即基于外在条件与个人意愿，在科学文化、社会常识、生活经验、媒介知识等方面，不断提升自身素养，装备内在"杀毒软件"，以增强识别、应对违法广告、虚假广告的本领。自我觉醒即从内心深处认识到违法广告、虚假广告巨大危害，时时警惕，处处小心，主动构筑心理"防火墙"与"隔离带"。有了全副武装的广告受众，广告群防群治才能够真正落实。

案例 4-4

网友揪出"四大神医"

2017 年，"神医专家"刘某使用多个身份在不同电视台"健康节目"中推销各种"药品"事件曝光。

2014 年至今，刘某先后以北大专家、蒙医第五代传人、祖传老中医、中华中医医学会镇咳副会长、东方咳嗽研究院副院长、中华中医医学会风湿分会委员、某医院退休老院长等身份推荐各种药品、保健品。由于刘某出现在电视画面中的身份完全不同，也被网友戏称为"虚假医药广告表演艺术家"。刘某推广的这些药品、保健品曾被河南、安徽、河北等地有关部门多次查处，电视台也曾被多次处罚。

除了刘某，变换姓名或身份在电视节目中卖药的另外三名"神医专家"也被网友揪出。

"神医"之一李某在不同的节目中不仅拥有中华医学会主任委员、全国方剂学专家的头衔，还拥有著名糖尿病医学专家、著名国医、糖尿病 DCR 疗法创始人、中医药科研委员会委员等头衔。他所推广的"产品"也多种多样，有号称比冬虫夏草的功效强几十倍的裸藻，有不用胰岛素不吃降糖药就能调理糖尿病的"DCR 代谢修复疗法"，还有可以治疗心脑血管疾病的"纳豆细胞再生疗法"，甚至还有可以减肚子的"一子三叶茶"。

王某不仅在节目中推销男性养生药片安第斯玛咖片、治疗糖尿病的"波尔特细胞用糖疗法"、治疗肝肾功能疾病的"九千堂化糖老方"，还能跨专业治疗冠心病、关节炎、肾病、脑血栓等疾病。王某有多个身份，他宣称自己是中华中医药学会专家、中医世家第六代传人、解放军 465 医院少校军医，不过在另一些节目中，他的名字又变了。

高某在节目中的头衔是北京中医药大学附属护国寺中医医院的主任医师、全国著名手诊专家，能看糖尿病、脑中风、心血管疾病、脾病、肝病、男性病。同时还自称是壮阳补肾专家、中国医学科学院教授，跨越了多个医疗领域。

北京青年报记者梳理了四人在各类电视节目中宣称的身份，他们所谓的就职单位有的不存在，有的则查无此人。[1]

---

[1] 王天琪、李铁柱：《"四大神医"是如何炼成的》，《北京青年报》2017 年 6 月 24 日。

本章小结

基于多元协同、社会共治的现代治理理念，政府机构、新闻媒体、网络平台、社会团体、广告受众五个主体在广告治理活动中扮演重要角色。

政府机构是广告治理核心主体，分为法定机构与相关机构两种。法定机构指国务院市场监督管理部门，相关机构主要包括药品监督管理部门、卫生行政管理部门、新闻媒体管理部门、城市管理部门、网络管理部门等。

新闻媒体在广告治理中，应从及时公开违法案例、积极做好媒体监督、主动引导社会舆论、切实遵守广告法规四个方面承担责任。

网络平台在广告治理中，应从规则制定、智慧管控、精准推送三个方面承担责任。

承担广告治理责任的社会团体，主要包括中国广告协会、中国消费者协会、中华全国妇女联合会、中国残疾人联合会等。

广告受众数量众多，可从个体自律、社群规范、广告自净三个方面参与广告治理活动。

思　考

1. 运用相关专业知识，对本章所列案例予以简要分析。
2. 思考政府机构在广告治理中的角色与职能。
3. 思考新闻媒体在广告治理中的角色与职能。
4. 思考网络平台在广告治理中的角色与职能。
5. 思考社会团体在广告治理中的角色与职能。
6. 思考广告受众在广告治理中的角色与职能。

延伸阅读

骆正林：《舆论传播——基本规律与引导艺术》，中国广播电视出版社，2015。

《微博客信息服务管理规定》。

《互联网群组信息服务管理规定》。

《互联网论坛社区服务管理规定》。

《互联网跟帖评论服务管理规定》。

《即时通信工具公众信息服务发展管理暂行规定》。

《互联网信息搜索服务管理规定》。

《互联网用户账号名称管理规定》。

第五章 广告治理策略

策略，即实现目标的工具与方法。对广告治理来说，主要包括广告治理工具与广告治理模式两个方面。

第一节 广告治理工具

伴随政府管理范式向社会治理范式转型，"治理工具"逐渐取代"政府工具"，成为主流学术概念与现实语汇，体现出鲜明的多元、协同、组合、统一的属性。所谓治理工具，即政府与其他主体在国家治理与社会治理中所运用的各类工具与手段。工欲善其事，必先利其器。治理工具的高效、恰适与不断创新，是人类社会各项治理工作达到预期目的的基本保障。

选择治理工具不能主观随意，一般以效能、效率、公平、可行性、合法性等为基本依据。广告治理工具既要符合一般治理工具的共性要求，又要适合广告的特殊属性，主要包括以下几种。

一 法律法规

法律法规是法治的基本工具。法治是人类政治文明重要成果，也是当前世界通行的主流治理模式。《宪法》明确规定：中华人民共和国实行依法治国，建设社会主义法治国家。中国共产党十八届四中全会《全面推进依法治国若干重大问题的决定》提出：坚持依法治国、依法执政、依法行政共同推进，坚持法治国家、法治政府、法治社会一体建设，实现科学立法、严格执法、公正司法、全民守法，促进国家治理体系和治理能力现代化。

广告治理所依据的法律法规，主要包括《广告法》、相关法律与相关规范性文件三个部分，第二章已有详述。

运用法律法规作为治理工具，关键要做好三个方面。一是与时俱进，不断完善法律法规体系。任何情况下，良法都是善治的前提。二是严格依法治理。法治不同于德治，更不同于人治，必须以严格的程序正义为前提。三是加强普法宣传。对广告主、广告经营者、广告发布者、广告代言人、消费者等相关主体，要积极进行广告法律法规的宣传教育，以增强守法观念与维权意识。

案例 5-1

"作业帮""猿辅导"被顶格处罚 250 万元

据新京报因虚构教师任教经历，引用不真实用户评价，虚假标价再打折扣促销，2021 年 5 月 10 日，"作业帮""猿辅导"均被北京市市场监管局处以警告和 250 万元顶格罚款的行政处罚。

针对群众反映强烈的校外教育培训机构乱象，国家市场监管总局价监竞争局会同北京市市场监管局开展联合行动，对小船出海教育科技（北京）有限公司（作业帮）和北京猿力教育科技有限公司（猿辅导）两家校外教育培训机构相关行为进行检查。5 月 10 日，北京市市场监管局对作业帮和猿辅导两家校外教育培训机构，均处以警告和250 万元顶格罚款的行政处罚。

经查，作业帮在其官方网站谎称"与联合国合作"、虚构教师任教经历、引用不真实用户评价。猿辅导在其网站谎称"班主任 1 对 1同步辅导"、"微信 1 对 1 辅导"、"您的 4 名好友已抢购成功……点我抢报"，虚构教师任教经历等不实内容。上述行为属于实施虚假或引人误解的商业宣传行为，违反了《反不正当竞争法》第 8 条第 1 款规定。

作业帮在其运营的 App、天猫作业帮直播课旗舰店、京东作业帮直播课旗舰店销售课程时，分别标示"1899 元、2399 元限时折扣""原价 3280 元，参考到手价 2580 元"等内容。猿辅导在其运营官网、天猫旗舰店销售课程时，分别标示"3999 元"、"原价 4000 元亲子节价 2099 元"等内容。经核实，相关课程均未以标示的划线价进行过交易，构成利用虚假的或者使人误解的价格手段诱骗消费者交易的行为，违反了《价格法》第 14 条第 4 项规定。

依据《反不正当竞争法》第 20 条，"经营者违反本法第八条规定对其商品作虚假或者引人误解的商业宣传，或者通过组织虚假交易等方式帮助其他经营者进行虚假或者引人误解的商业宣传的，由监督检查部门责令停止违法行为，处二十万元以上一百万元以下的罚款；情节严重的，处一百万元以上二百万元以下的罚款"；《价格法》第 40 条第 1 款，"经营者有本法第十四条所列行为之一的，责令改正，没收违法所得，可以并处违法所得五倍以下的罚款；没有违法所得的，予以警告，可以并处罚款"；《价格违法行为行政处罚规定》第 7 条，"经营者违反价格法第十四条的规定，利用虚假的或者使人误解的价格手段，诱骗消费者或者其他经营者与其进行交易的，责令改正，没收违法所得，并处违法所得 5 倍以下的罚款；没有违法所得的，处 5 万元以上 50 万元以下的罚款"，北京市市场监管局于 2021 年 5 月 10 日对作业帮和猿辅导两家校外教育培训机构，均处以警告和 250 万元顶格罚款的行政处罚。[①]

二　公序良俗

公序良俗是国家与社会健康运转所需的公共秩序与良善风俗，包括国家利益、公共利益、社会公德、商业道德、职业道德、传统习俗等多重意涵。我国有着深厚的传统文化积淀与显著的主流价值观念，公序良俗在民众生活与社会治理中扮演着极其重要的角色。

《民法典》多处提及公序良俗。如第 8 条："民事主体从事民事活动，不得违反法律，不得违背公序良俗。"第 10 条："处理民事纠纷，应当依照法律；法律没有规定的，可以适用习惯，但是不得违背公序良俗。"第

---

① 陈琳：《250 万！"作业帮""猿辅导"被顶格处罚》，《新京报》2021 年 5 月 10 日。

153 条第 2 款："违背公序良俗的民事法律行为无效。"第 1012 条："自然人享有姓名权，有权依法决定、使用、变更或者许可他人使用自己的姓名，但是不得违背公序良俗。"

广告传播涉及价值观念、行为方式、性别意识、消费理念等各个层面，与公序良俗密切相关。各方主体在对广告进行治理过程中，应有效利用公序良俗这一治理工具，弘扬真善美，打击假恶丑，积极维护市场秩序与社会环境。

广告治理需要着力弘扬的公序良俗，主要有以下几类。一是德行。道德不同于法律，是对人类行为规范的更高要求，包括公德与私德两个维度，涵盖商业、家庭、职业、邻里等多个领域。虽然具有时代性与地域性，但道德总体上有善恶之分，有先进与落后之别。二是情理。情理即人情与道理，是人类社会自古即有的社会准则。情理先于法律而存在，虽不具有法律的强制性，但对社会秩序有极大影响力。在法治社会，情理与法律并不矛盾，且互相促进。合乎情理的法律往往更易执行，效力更大，且会进一步优化社会情理。当前陪审制合议庭在世界多国诉讼制度中得到确认，正是情理在法治中的典型体现。三是习俗。不同国家、民族或者地区，因为文化传统与生活习惯相异，往往会形成特定的风俗习惯，涉及饮食起居、婚丧嫁娶、节庆礼仪等各个方面。中国历史悠久，地域广袤，民族众多，拥有众多不同的风俗习惯。"为政必先究风俗。""观风俗，知得失。"自古以来，中国政治文化即有尊重风俗的传统。广告传播常涉及各类风俗习惯，对其治理必须慎之又慎。

案例 5-2

李某代言女性内衣广告被罚 87 万元

2021 年 8 月 24 日，北京市海淀区市场监管局通过其官方微信公众号公布一批违法广告典型案例，其中第一例为"李某发布违法广告案"。

据案例介绍，公众人物李某在其个人微博号发布了品牌女性内衣广告。内容含有"一个让女性轻松躺赢职场的装备""我说没有我带不了的货，你就说信不信吧"等内容，附带当事人推介该商品的视频。女性立足职场，靠的是能力和努力，上述广告将"职场"与"内

衣"挂上关系，可以"躺赢职场"，是对女性在职场努力工作的一种
歧视，是对女性的不尊重行为，文案内容低俗，有辱女性尊严。经调
查，当事人发布上述广告没有收取单独的广告发布费。另当事人作为
公众人物在广告中利用自身的知名度为品牌女性内衣作推荐，属于广
告代言行为，且并未使用过该商品。

当事人上述广告发布行为，违反了《广告法》第 9 条第 7 项规
定，构成了发布违背社会良好风尚的违法广告的行为；同时，当事人
的代言行为，违反了《广告法》第 38 条第 1 款规定，构成了广告代
言人为其未使用过的商品作推荐、证明的行为。综上，北京市海淀区
市场监管局于 2021 年 6 月作出行政处罚：一是没收违法所得
225573.77 元；二是罚款 651147.54 元。①

三　财政政策

依法获得一定公共财富并对其进行合理分配，是现代政府的基本职能与
合法权力。所谓财政，即政府在财务、税收、金融等方面实施的各类政策，
亦即政府的收支行为。作为"看得见的手"，财政与市场这只"看不见的手"
一起，构成了现代社会经济运行的基本逻辑，在国家治理中不可或缺。

参与广告传播活动的广告主、广告经营者、广告发布者等是市场经济
基本主体，受财政政策影响巨大。广告治理适用的财政工具，主要有以下
几类。

一是国家投资。即国家作为投资方基于特定目的与相关协定，为一定
主体输送资金，以获得收益并促进社会发展。国家投资是市场经济重要类
型，也是国家治理基本手段。国家与地方政府投资建设违法广告检测平
台、广告产业园等，即是此类。

二是财政支持。即政府机关依照相应标准，对符合条件的特定主体进行
一定额度的财政支持，如优惠贷款、财政奖励、经济援助等。作为现代社会

---

① 《李某被罚没 87 万！》，https://baijiahao.baidu.com/s? id=1708993369409588448&wfr=
spider&for=pc，最后访问日期：2021 年 12 月 1 日。

重要治理工具,财政支持应用广泛,如贫困补助、科技奖励、文明城市、文明单位、助学贷款、生育奖励、经济适用房、廉租房等,在国家与社会多个领域发挥调节作用。在广告治理中,政府可以借鉴其他领域财政支持政策,通过制定相关标准,如广告发展模式、违法广告数量、公益广告质量等,对广告公司、新闻媒体、网络平台等各类主体,给予相应财政支持。

三是税收政策。税收即政府机构为了自身运营与公共产品提供,依据法律法规,以一定形式在特定环节向相关主体强制征收税负。税收是极其重要的政策工具,在公共财政收入、市场资源配置、收入分配调节、经济结构调整、国家权益保障等方面承担重要功能。当前中国政府在多个社会治理领域出台了相应税收政策,如在乘用车领域,针对不同排量、不同能源汽车制定不同税率;在房地产领域,针对不同面积、不同套数房产制定不同税率;在日常消费领域,烟酒、食品、奢侈品等制定不同税率等。在广告治理中,政府可以借鉴其他领域治理经验,巧妙利用税收政策,以促进广告行业健康发展。

2020年,国家市场监督管理总局根据《国民经济和社会发展第十三个五年规划纲要》以及国家促进服务业和文化产业发展有关规定,制定《广告产业发展"十三五"规划》。该规划旨在促进广告业科学、健康发展,以市场运作和产业政策相结合、创新引领和融合发展相结合、全面发展和重点突破相结合、监管监督和行业自律相结合为基本原则,以扩大产业规模、增强创新能力、提升社会效益、深化行业改革、优化发展环境为基本目标。规划制定的主要政策措施如下。

市场准入政策:落实商事制度改革要求,实行广告企业注册和广告发布许可实施的便利化,已经确定取消的广告领域行政许可事项,要全面落实到位。对广告创意、广告策划、广告设计、广告制作等国家鼓励类的广告企业,在企业名称、营业场所、集团登记等方面给予重点支持。

财税支持政策:积极争取和综合运用经济、文化、科技等现有资金渠道对广告业领域的支持。探索广告业领域的政府和社会资本合作模式。在广告业试点高新技术企业认定,对经认定为高新技术企业的广告企业,减按15%的税率征收企业所得税。广告企业发生的职工教育经费支出,不超过工资薪金总额8%的部分,准予在计算应纳税所得额时扣除。企业发生的符合条件的广告创意和设计费用，执行税前加计扣除政策。对广告服务出口免征增值税。对企业通过公益性社会团体或者县级以上人民政府及其部门，用于公益广告的捐赠支出投入，经核实认定为公益性捐赠后，依法享受税前扣除。落实广告领域文化事业建设费征收范围严格限定在媒介单位和户外广告经营单位的规定，减轻广告企业负担。

投融资政策：吸引国内外社会资本投资广告业，形成投资主体多元化的格局。支持符合条件的广告企业上市，鼓励企业发行非金融企业债务融资工具。支持金融机构创新金融产品和服务，增加适合广告业的融资品种，探索开展无形资产质押和收益权抵（质）押贷款等业务，选择广告业项目贷款开展信贷资产证券化试点。鼓励银行业金融机构支持广告业小微企业发展。积极引导私募股权投资基金、创业投资基金及各类投资机构投资广告业领域。鼓励、推进广告业进入文化创意和设计服务与相关产业融合发展投资基金，建立广告业的社会资本投资风险补偿机制，促进广告业保险产品和服务发展。鼓励广告行业组织在具备相关资质的广告企业与金融机构之间搭建合作平台。

相关支持政策：支持"互联网+广告"行动，有关产业支持政策予以重点倾斜。支持各地对广告业在用电、用水、用气、用热等方面给予优惠，对列入国家鼓励类的广告企业在供地安排上给予优先支持。落实《政府采购品目分类目录》，支持政府采购广告服务，落实政府采购支持中小企业的有关政策。结合城市功能发展，科学合理规划户外广告。支持具备条件的产业园区申报国家广告产业园区。

四　技术手段

技术变化是政府治理变革的最深刻动因，新技术革命是当代政府治理变革的基础推动力。[①] 现代科学技术自兴起以来，尤其是 19 世纪下半叶之后，表现出巨大威力，在社会各个层面乃至于对人类社会的整体走向产生

---

① 陈振明：《政府治理变革的技术基础——大数据与智能化时代的政府改革述评》，《行政论坛》2015 年第 6 期。

了深刻影响。技术治理的观念即源发于此，意在将威力巨大的科学技术应用于社会治理，以提升治理效能。

当前，伴随全球技术变革与互联网技术普及，中国正在从"总体—支配型"社会逐步过渡到"制度—技术型"社会①，社会治理逻辑从"总体—支配型"的管控行动逻辑迈向"技术—治理型"的共享共治逻辑。②广告传播与扩散为信息传播技术深度赋能，对其有效治理，必须以掌握并运用同等甚至更高水平的信息技术为前提。否则，仍以传统手段治理新兴事物，必然效果不彰。

广告治理中可以利用的典型技术，主要有以下几类。

一是新媒体技术。伴随传播革命的发展，各类新媒体层出不穷，网络论坛、社交媒介、自媒体、网络弹幕、网络直播、gif 动态图片、H5 在线制作等对普通民众的日常生活产生了深刻影响。在网络广告治理中，如果对其基本形态与生存环境不能准确掌握并有效利用，根本无从入手。

二是大数据技术。大数据（big data）即超量数据，伴随互联网的全球进展而出现，以海量、高速、多样、易变等为典型特征。以"一切皆可量化"的属性，大数据深刻影响着政治、经济、社会、文化等各个领域，改造并重塑着人们的工作状态、消费模式、社交形态、生活方式等方方面面。大数据带来巨大便利的同时，也引发人们对数据主宰一切的担忧。在网络广告生成与扩散中，大数据提供了直接的信息基础，影响着广告的传播路径，扮演着重要角色。熟悉大数据的基本原理，掌握并利用数据挖掘、算法推送、个体识别、用户定位等相关技术，对广告治理意义重大。

三是人工智能技术。人工智能（Artificial Intelligence，AI），即以"深度学习"为基本工作原理，利用机器完成过去专属人类的智能性活动。因谷歌（Google）研发的围棋软件阿尔法（Alpha Go）击败多名人类顶级选手，人工智能技术近年广受关注。伴随全球科技革命，人工智能技术应用越来越广泛，这成为各国政府与普通民众无法回避的课题。

---

① 文军、高艺多：《技术变革与我国城市治理逻辑的转变及其反思》，《江苏行政学院学报》2017 年第 6 期。

② 黄毅、文军：《从"总体-支配型"到"技术-治理型"：地方政府社会治理创新的逻辑》，《新疆师范大学学报》（哲学社会科学版）2014 年第 4 期。

当前，中国互联网在网民数量、上网时间、信息体量等量的积累方面已基本完成，亟须由粗放型发展转为精细化耕耘，人工智能技术将在其中扮演愈发重要的角色。在广告治理中，不断创新并有效利用各类人工智能技术，如信息识别、网络防御、决策管理、内容生成等，将收到事半功倍的效果。

四是精准传播技术。伴随中国治理体系与治理能力现代化进程，以个体化需求为基础、以针对式政策为回应的"精准治理"范式提上日程。由"精细化"到"精准化"，体现了当前政府社会治理理念的进一步转变。前述精准传播指以新的传播技术为基础的"7R 模式"。在广告治理中，利用精准传播技术，可以降低成本，提高效率，对相关用户进行更为精准的引导。

2020 年 12 月 2 日，广东省佛山市"广告智能大监管平台"上线启用。① 这是佛山市运用"互联网+市场监管"理念，在全国地级市中首创建立的广告智能大监管平台，构建起广告智慧监管新模式，标志着佛山市市场监管局运用智能技术推进社会治理模式，从线下转向线上线下融合。

该平台为佛山市市场监管局与广州中国科学院软件应用研究所联合开发，首次系统整合了国家、省、市已建的广告监管系统，对接全国互联网广告监测平台、移动互联网广告监测平台、广东省广告监管平台、佛山市户外广告监测系统，并运用"人工智能+广告监管"理念，实现多种形态广告监管的"一个平台全覆盖"。这意味着，广告监管人员通过这一平台，就能够实现户外广告、互联网广告、传统媒体全领域、全天候、全区域广告监管的全覆盖。除全领域覆盖外，平台还通过人工智能深度学习、大数据运用等信息化技术，着力实现智慧监管的四个核心目标：一是强效监管全流程，通过系统整合和优化流程，包括广告监测、案源发现、线索流转、现场监管、案件处理等环节，实现"一个平台管全程"；二是精准监管高标准，平台通过人工智能深度学习风险研判，全面提升监管精准度，促进广告监管的智能化、精准化；三是协同监管零缝隙，依托联席会议制度建立协同机制，覆盖市区镇街三级监管，推

---

① 陈晓莹、李青山：《广告智能大监管平台上线》，《中国消费者报》2020 年 12 月 9 日。

动监管跨部门无缝衔接，形成广告监管强大合力；四是智慧监管可视化，平台将建立高质量的广告数据资源库，实现大屏可视化及数据深度挖掘分析。

五 信息传播

信息即用来消除随机不确定性的东西。所谓信息传播工具，即治理主体通过提供及时、准确、有效的信息，消除民众或其他客体对广告传播的不确定性的顾虑，进而达到维护消费者权益、规范广告市场等治理目的。

广告治理可运用的信息传播工具，主要有以下几类。

一是信息公开。《政府信息公开条例》第6条规定："行政机关应当及时、准确地公开政府信息。行政机关发现影响或者可能影响社会稳定、扰乱社会管理秩序的虚假或者不完整信息的，应当在其职责范围内发布准确的政府信息予以澄清。"政府机关等主体开展广告治理，须依法做好信息公开工作。对于与百姓利益密切相关，或者受社会广泛关注的领域或事件，要第一时间传递真相，营造透明、开放的社会环境。

为构建以信用为基础的新型市场监管机制，强化市场主体信用监管，促进社会共治，维护公平竞争的市场秩序，2021年7月22日，国家市场监管总局通过《市场监督管理行政处罚信息公示规定》，明确市场监督管理部门对适用普通程序作出行政处罚决定的相关信息，应当记录于国家企业信用信息公示系统，并向社会公示。规定要求：市场监督管理部门公示行政处罚信息，应当遵循合法、客观、及时、规范的原则；公示的行政处罚信息主要包括行政处罚决定书和行政处罚信息摘要；市场监督管理部门应当按照本规定及时完善国家企业信用信息公示系统，提供操作便捷的检索、查阅方式，方便公众检索、查阅行政处罚信息。

二是新闻报道。新闻指对新近发生的事实的报道，包括消息、通讯、特写等多种文体。新闻传播是民众了解社会、监测环境的主要途径，也是传媒彰显价值、维持生存的基本手段。传媒组织秉承专业理念与职业精神，第一时间将民众欲知、应知，具备新闻价值与良好社会效果的各类新闻，如违法广告事件等，以富有吸引力的形式报道出来，对于广告治理大有裨益。民众及时了解事实真相，掌握事件来龙去脉，前因后果，知其然并知其所以然，便不会盲听轻信，或者以讹传讹。

三是知识传播。知识是人类对物质世界与精神世界不断探索的结果，是经过总结与凝练的对特定领域系统性的认识。知识并非一成不变，而是随着人类对世界的认知进程不断发展。对个体来说，生命的有限性与知识的无穷尽是一对永恒的矛盾，个人能够掌握的知识极其有限，不同个体拥有的知识量也参差不齐。伴随广播、电视等大众媒体而来的"知识鸿沟"，在互联网时代不但没有缩小，反而进一步放大。

知识传播中的科学精神与科学知识的传播应放在首位。科学是人类对自然、社会以及人类自身不断探索的结晶，是一种知识体系，也是一种方法、一种精神、一种伦理。要基于逻辑与实证，而不是信仰或臆测；要坚持求索，不为外在因素干扰；要有所为、有所不为，以益于国家与社会为基本准则。很多违法、虚假广告能够被人相信，一定程度上是因为民众缺乏必要的科学精神与科学知识。

健康类科学知识，尤须格外重视。随着中国经济持续发展，百姓生活日益富足，对饮食、保健、医药等与健康有关的问题的关注度越来越高，相关产业规模也越来越大。然而，因不少民众缺乏必要的健康知识，偏听偏信，以讹传讹，以及部分商家追求不当利益，虚假编造、主动炮制与健康相关的违法广告，且流传极广。相关治理主体尤其是新闻媒体要利用自身优势，有的放矢，积极做好健康类知识的推广与普及。

第二节　广告治理模式

广告治理模式指广告治理工作的一般方式或标准范式，是广告治理理念在治理活动中的直接体现。有效治理模式的形成有赖于科学理论与丰富实践的综合互动，并需要在现实应用中不断优化。

广告传播涉及领域广泛，参与主体复杂，对其治理既要有效统合治理主体、治理工具效能，又要充分调动各类参与者包括社会成员的积极性与能动性。行之有效的广告治理模式，可以概括为多元协同、多维融合、社会共律。

一　多元协同治理模式

协同治理是应对复杂性、系统性的治理危机而产生的一种治理理念，是对传统科层制的纵向线性治理模式的扬弃。它以协同和治理理论为基础，强调多元主体基于利益共同体需要采取集体行动，互相配合、相互协调、协同进步以达到协同治理优势。它是伴随着国家治理现代化进程而兴起的一种被实践证明为行之有效的治理方式，已经成为各国完善公共服务提供的趋势。

目前，中国已进入发展战略期、改革攻坚期和矛盾凸显期，各种社会矛盾集中、交织、叠加在一起，呈现复杂性、结构性和制度性特征。面对新形势新问题，国家治理理念和方式还存在不适应的情况，还存在分权化、部门化、碎片化的治理倾向，国家治理的效能被削弱。加快协同治理推进，极具现实意义。

广告治理多元协同模式，指政府机构、新闻媒体、网络平台、社会团体、广告受众等治理主体基于自身属性与优势，运用恰当、有效的治理工具，围绕统一、科学的治理目的，对广告行业开展综合治理活动（见图1）。

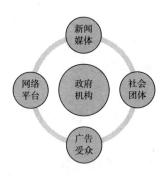

图 1　多元协同治理模式

不同主体在广告治理工作中处在不同地位，扮演不同角色。政府机构是国家治理与社会治理第一责任人，拥有强大行政资源与公共权力，在治理主体中处于核心位置，扮演"刚性"治理角色，承担统筹规划、出台政策、行政执行、强制惩处等诸多职责。新闻媒体属于社会信息系统，在民众中间有强大影响力与话语权，在广告治理中处于关键位置，是"柔性"治理角色的主要扮演者，承担批驳谬误、澄清真相、舆论引导、传播文化等多重职责。网络平台是市场经济语境下重要商业主体，也是网络空间各类服务主要提供者。因具备各类技术条件并与用户直接接触，网络平台在治理主体中属于把关者，处在枢纽位置，是"技术"治理角色的主要扮演者，承担规则制定、信息识别、精准防治等相应职责。社会团体既体现官方意志，又具有民间性质，是特定群体权益的代表，比普通民众有更大的力量，在广告治理中处于督导位置，承担监督、批判、引导等多重职责。广告受众数量众多，形态各异，是广告产生、传播的亲历者与见证者，在广告治理中处在基础位置，扮演群防群治的角色，承担传播净化、自我管理、影响他人的诸多职责。

二 多维融合治理模式

党的十九届四中全会《中共中央关于坚持和完善中国特色社会主义制度推进国家治理体系和治理能力现代化若干重大问题的决定》指出，要完善党委领导、政府负责、民主协商、社会协同、公众参与、法治保障、科技支撑的社会治理体系，建设人人有责、人人尽责、人人享有的社会治理共同体。

多维融合的本质，正在于人人尽责、人人享有。所谓多维融合，指在广告治理中，多元主体综合运用法律法规、公序良俗、财政政策、技术工具、信息传播等广告治理手段，以形成合力，化解难题，提升治理效能（见图2）。

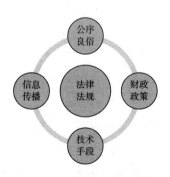

图2 多维融合治理模式

法律法规维度，指外部力量通过刚性规则对广告事务进行约束性治理，具有普遍性与强制性，是广告治理的核心维度。公序良俗维度，指相关主体通过适当手段，以公序良俗为治理工具，对广告市场参与者进行的柔性治理活动。因公序良俗的强大影响力与制约力，该维度具有极高治理效力。财政政策维度指政府机关通过财政政策手段对广告行业进行引导，以实现广告治理目的。该维度以奖惩机制为手段，能够充分激发相关主体的内在动力。信息传播维度指通过特定信息的有效供给实现广告治理目的。随着传播媒介日益发达，这一维度越发重要。技术工具维度指通过一定技术手段实现对广告及其相关事务的智慧管控。在技术治理的大背景下，这一维度前景广阔，尤须重视。

上述维度在广告治理中不能相互割裂、非此即彼，唯有相互融合、取长补短，才能真正实现有效治理。

三　社会共律治理模式

基于多元协同治理与多维融合治理的综合效用，广告治理将形成他律、自律与互律交互作用的社会共律模式（见图3）。

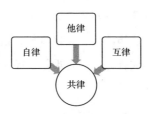

图3　社会共律治理模式

他律指外部力量对广告参与主体的制衡与治理，主要由政府机构、新闻媒体、社会团体、网络平台、广告受众通过规制、监督、智控、宣导等方式完成。自律指广告行业内部通过行业守则等规约对本行业实行自我约束，或者广告主、广告经营者、广告发布者等广告参与主体基于个体理性对自身行为的自我管控。互律指广告主、广告经营者、广告发布者、广告代言人等广告参与主体相互间所形成的彼此监督与约束，如广告经营者对广告主相关广告资料的把关与审核、广告发布者对广告经营者相关广告资料的把关与审核、广告代言人对广告主相关资料的把关与审核等。

为了更好地实现广告治理目的，并尽可能提高治理效率，必须形成有效的社会共律治理模式，他律、自律与互律缺一不可。

案例 5-3

市场监管领域重大违法行为举报最高奖励 100 万元

2021 年 7 月 30 日，国家市场监管总局、财政部联合印发《市场监管领域重大违法行为举报奖励暂行办法》（以下简称《暂行办法》），2021 年 12 月 1 日正式施行。《暂行办法》提高了奖励标准和奖励上限，明确 3 个等级举报奖励的具体金额分别为罚没款的 5%、3% 和 1%，最低奖励金额分别为 5000 元、3000 元和 1000 元，每起案件的举报奖励金额上限为 100 万元。

《暂行办法》明确，举报下列重大违法行为，经查证属实结案后，给予相应奖励：违反食品、药品、特种设备、工业产品质量安全相关法律法规规定的重大违法行为；具有区域性、系统性风险的重大违法行为；市场监管领域具有较大社会影响，严重危害人民群众人身、财产安全的重大违法行为；涉嫌犯罪移送司法机关被追究刑事责任的违法行为。

四　运行路径

多元协同、多维融合、社会共律等广告治理模式，须科学建构并切实应用才能彰显价值并不断完善，其运行路径主要包括顶层设计与基层探索两种方式。

顶层设计即自上而下的整体构思与系统谋划。中国改革开放 40 多年取得的巨大成就，与顶层设计与基层探索的良性互动密不可分。[①] 新时代的顶层设计坚持社会主义制度自我完善与发展，紧扣新矛盾与新问题，立足

① 洪向华：《顶层设计与基层探索何以良性互动》，《人民论坛》2018 年第 12 期。

于为全面深化改革搭建四梁八柱①，在中国国家治理与社会治理中发挥着尤为显著的作用。

对广告治理来说，顶层设计指党中央、国务院等以规范广告市场为出发点，动用相应政治资源，对广告治理模式与权力架构进行宏观指导与统筹部署。基于中国政治架构与现实国情，这一路径效率高，推进快，能够在短时间内实现预期目的。

通过顶层设计构建广告治理模式，主要包括四个方面工作。一是管理架构设置。最高权力机关自上而下设置广告治理机构，赋予其职权与功能，并确立其在政治系统的基本位置。这是基本组织保障，也是基本前提。二是明确目标任务。对广告治理要达到的基本目标、要完成的根本任务有宏观的部署与安排。三是推进相关政策。任何政策都意味着权力与利益的调整与分配，其执行过程难免出现曲折与阻力。在中国语境下，自上而下推动政策施行，会容易很多。四是协调各方关系。广告治理模式涉及多个主体，不同主体之间存在管理、服从、配合、协作等上下左右关系，可能会出现摩擦、冲突、失调等各种问题，需要更高权力层自上而下协调解决。

基层探索即"摸着石头过河"，由相关主体在具体实践中不断探寻最佳活动方式，或者对已有模式进行持续修正与完善。这一路径曾为中国革命与建设作出巨大贡献，当前依然发挥着不可替代的作用。

广告传播渗透于网络空间方方面面，对社会现实产生广泛辐射与深度影响。其主体繁复，形态多变，流传复杂，影响难料，人们对其规律尚未完全把握，在治理中会不断遭遇新问题，面对新挑战。政府部门、网络平台等相关组织及工作人员需要不断掌握新技巧，探寻新方法，对治理模式予以丰富与完善。因其直接接触治理实践，基层探索针对性强，灵活度高，往往能够产生新颖独特的方法与智慧。

通过基层探索完善广告治理模式，需要做好三个方面工作。一是主动发现问题，探索方法。在开展治理工作时，面对困难不回避，不退缩，以学习的态度积极应对，并不断吸取教训，积累经验，掌握技巧，尝试方

---

① 孙宇伟：《新时代全面深化改革顶层设计的三大规律基础》，《科学社会主义》2018年第1期。

法。二是横向延展，将具体方法提升为普遍经验。对于积累的具体方法不能用完即废，而应举一反三，触类旁通，从具体技巧中提炼普遍经验。普遍经验越多，整体治理水平越高。三是纵向通达，上层与下层良性互动。上情下达与下情上传是治国理政基本要求。基层部门要将治理实践中发现的问题、积累的经验及时向上级呈报，以求在更高层面集中智慧，为完善治理模式、优化顶层设计贡献力量。

《整治虚假违法广告部际联席会议工作制度》是顶层设计的典型体现。联席会议由国家市场监管总局、中央宣传部、中央网信办、工业和信息化部、公安部、卫生健康委、人民银行、广电总局、银保监会、中医药局、药监局等有关单位组成，国家市场监管总局为牵头单位。

联席会议根据工作需要定期或不定期召开，由牵头单位负责召集，成员单位可以根据需要提出召开联席会议的建议。联席会议主要通报、沟通各部门整治工作进展情况，部署阶段性整治工作，研究解决整治工作中的薄弱环节和突出问题，提出政策措施，确定重大事宜。联席会议联络办公室应当定期召开联络员会议，落实联席会议确定的具体工作任务，研究提出整治工作重点和具体整治措施，协调各部门工作进展，组织联合督导检查，部署查办重大虚假违法广告案件，并对整治工作进行总结。联席会议成员单位应在部际联席会议工作机制下，充分发挥各自职能作用，做好本部门相关日常监督管理工作，坚持齐抓共管、各尽其责、综合治理，制定实施推进治理广告问题的措施，及时向联络办公室和有关成员单位通报工作情况，加强部门协作配合，增强监管合力。

联席会议成员单位须建立四种工作机制。

一是信息沟通通报机制。联席会议成员单位之间要进一步完善信息通报制度，建立部门间沟通渠道，及时将查办案件，处理相关广告主、广告经营者和广告发布者，处理相关企业和产品，暂停产品销售以及吊销经营许可等重要监管信息通告相关部门；有关部门对通报或者移送的案件线索要及时交办，跟踪督办，反馈结果。

二是监管执法联动机制。部际联席会议成员单位要加强部门间工作衔接，充分利用各自的职能和手段，采取行政处理、经济处罚、刑事追责等多种措施，形成有效的综合监管合力，协同查办严重虚假违法广告涉及的广告主、广告经营者、广告发布者，实现行政执法与刑事司法的有效衔接，增强处罚措施的联动效能。

三是联合监督检查机制。牵头单位要会同有关行政主管部门，加大联合检查、联合督查、联合告诫、联合公告、联合办案力度；各部门要强化执法监督，落实属地监管职责，考核评价各地广告整治工作，对地方建立和落实联席会议制度情况和各部门发挥职能作用情况进行督查指导。

四是工作会商研究机制。牵头单位要根据工作需要或者其他部门提议，及时组织有关部门会商工作中出现的新情况、新问题，破解监管难题，研究制定标本兼治措施，针对具体问题，开展联合调研，研究提出有效解决深层次问题的政策及建议，完善广告监管体制机制，推动广告业健康发展。

本章小结

广告治理工具是政府与其他主体在广告治理中所运用的各类工具与手段，主要包括法律法规、公序良俗、财政政策、技术手段、信息传播五类。

广告治理模式指广告治理工作的一般方式或标准范式，可概括为多元协同、多维融合、社会共律。广告治理多元协同模式指政府机构、新闻媒体、网络平台、社会团体、广告受众等治理主体基于自身属性与优势，综合开展广告治理活动。广告治理多维融合模式指治理主体综合运用法律法规、公序良俗、财政政策、技术工具、信息传播等广告治理工具，以形成合力，提升效能。广告治理社会共律模式指他律、自律与互律交互作用，在广告治理中实现社会共律。

思　考

1. 运用相关专业知识，对本章所列案例予以简要分析。
2. 思考法律法规工具在广告治理中的角色与功能。
3. 思考公序良俗工具在广告治理中的角色与功能。
4. 思考财政政策工具在广告治理中的角色与功能。
5. 思考技术手段工具在广告治理中的角色与功能。

6. 思考信息传播工具在广告治理中的角色与功能。

7. 思考多元协同、多维融合、社会共律等广告治理模式的内涵与应用。

延伸阅读

陈振明：《公共政策分析导论》，中国人民大学出版社，2015。

〔美〕莱斯特·M. 萨拉蒙主编《政府工具：新治理指南》，肖娜等译，北京大学出版社，2016。

〔澳〕欧文·E. 休斯：《公共管理导论》，张成福、王学栋译，中国人民大学出版社，2004。

第六章　一般性广告规范

一般性广告规范，指符合《广告法》调整范围的商业广告活动，以及广告主、广告经营者、广告发布者、广告代言人等上述广告活动参与主体都必须遵守的广告规范，包括总则、内容准则、行为规范三个方面。

第一节　广告活动总则

总则指原则性、概括性的规则，一般位于法律法规条文的最前面。

《广告法》总则部分与广告活动规范相关的规定，主要有第3条"广告应当真实、合法，以健康的表现形式表达广告内容，符合社会主义精神文明建设和弘扬中华民族优秀传统文化的要求"，第4条第2款"广告不得含有虚假或者引人误解的内容，不得欺骗、误导消费者"，第5条"广告主、广告经营者、广告发布者从事广告活动，应当遵守法律、法规，诚实信用，公平竞争"。

综合上述条文并结合广告特性，广告活动总则主要包括四个方面。

一　真实

真实，即与客观事实相符合。真实是科学、历史、新闻、广告等诸多学科或领域需要遵守的基本准则，但不同学科或领域对真实又有不同要求。广告真实，主要包括四层含义。

（一）客观表达

广告内容要与实际相符合，广告语言、文字、画面、情节等表达形式要客观呈现所推销的商品或服务。如汽车油耗是百公里 10 升，不能说成百公里 5 升；手机内存是 2G，不能说成 3G；灯管使用寿命是 1000 小时，不能说成 2000 小时；鞋子是人造革的，不能说成牛皮的。

案例 6-1

宁波某汽车科技有限公司发布二手车违法广告案

宁波某公司为吸引消费者，增加交易机会，在 58 同城网发布低价二手车广告，内容为"玛莎拉蒂 Ghibli、2014 款 3.0T 标准版、30.98 万、低于市场价 34500 元"。经查证，该车源不存在。该公司行为违反了《广告法》第 4 条、第 28 条，属于发布虚假广告的行为。2021 年 7 月，宁波市江北区市场监管局作出行政处罚，责令当事人停止发布违法广告，罚款 4 万元。[①]

（二）完整、全面

广告内容要完整、全面，一分为二，使消费者对广告所推销的商品或服务有整体的把握。不能故意隐瞒缺陷，误导消费者。如药品不仅要说功能、主治，还要说毒、副作用；儿童用品不仅要说优点，还要说可能导致的危险。

（三）兑现承诺

公开发布的广告，等于广告主与不特定对象签署的要约，具有合同效力。广告中作出的承诺，要言出必践，说到做到。如：广告承诺商场所有商品在特定时间一律五折，就得按照五折出售；广告承诺汽车保修 20 万公里，就得按承诺兑现。

案例 6-2

重庆某网络科技有限公司虚假承诺案

2021 年，重庆某公司为推广其产品"Ulive 直播"App，委托广州

[①] 郑铁峰：《最高罚款 40 万元 宁波市场监管局公布十大典型违法广告案例》，《中国消费者报》2021 年 8 月 14 日。

某互联网广告代理公司在趣头条平台发布含有"好消息，小姐姐带你赚钱 0 门槛，每天投 30 赚了 700 元""10 分钟挣 800 元，无须任何押金，躺着就能赚钱！"的广告内容。经查证，内容不属实，违反《广告法》规定。2021 年 4 月，重庆市北碚区市场监管局责令消除影响，处罚款 8.1 万元。①

（四）合理夸张

夸张是中外广告常用的艺术手法。但夸张有其规则，即能够被公众识别和理解，明白其为夸张。若创作者知道是夸张，接收者以为是真相，则广告不真实。如广告中模特喝了某碳酸饮料飞了起来不会产生误解，若模特喝了该饮料皮肤变白，或告诉大家喝了该饮料能够长寿，则有问题；广告中模特使用某牙膏后能咬碎钢铁不会产生误解，若模特刷牙以后牙齿瞬间变得雪白，或告诉大家一天牙齿就能变白，则有问题。

案例 6-3
某牙膏广告 PS 美白效果被罚 603 万

"只需一天，牙齿就真的白了"，看了这样的广告之后小伙伴们是不是"Duang"地一下就精神了？2015 年 3 月 9 日，上海市工商局披露，因构成虚假广告，某双效炫白牙膏被处罚 603 万元。

"使用××双效炫白牙膏，只需一天，牙齿真的白了"，看到台湾艺人小 S（徐熙娣）作为代言人，在镜头前唇红齿白、巧笑嫣然，你动心了吗？

然而，根据上海市工商局的调查，画面中突出显示的美白效果是后期通过电脑修图软件过度处理生成的，并非牙膏的实际使用效果。因构成虚假广告，这一广告被工商部门依法处罚款 603 万元。

---

① 《四川省市场监督管理局 重庆市市场监督管理局 联合公开曝光 2021 年虚假违法广告典型案例》，http://scjgj.sc.gov.cn/scjgj/c104475/2021/7/20/be2aa5ddeb564106b3ec8ea340f00807.shtml，最后访问日期：2021 年 11 月 10 日。

据了解，这是国内虚假违法广告处罚案件中金额最大的之一。上海市工商局广告处负责人表示，这是行政部门根据《广告法》，按照广告费用的一定比例进行处罚的。

"牙膏的作用一般是清洁，偶尔有防酸或脱敏等功能，美白实际上是很难做到的。"一位业内人士表示，根据国家已经实施的《功效型牙膏》标准，必须出具"功效作用验证报告"才能宣传功效。

负责人介绍，广告中使用 PS 技术可以理解，但如果将过度 PS 技术用于广告标的，就属于违反规定，广告标的必须维持真实性的原则。"例如在汽车广告中，PS 蓝天白云好景色是没问题的；但在日化用品广告中，公然对标的物的实际效果造假，就必须付出法律的代价。"[①]

二　合法

合法，即与法律法规相符合。在法治社会，任何事物或行为都须合法，但不同事物或行为对合法又有具体要求。

广告合法包括五个方面，缺一不可。

（一）主体合法

广告主、广告经营者、广告发布者、广告代言人四个广告参与主体，无论其身份是法人、其他组织或者自然人，都须符合法律规定。广告主自行或者委托他人开展广告业务，应符合广告主经营范围，如药店不能发布医疗广告，饭店不能发布招生广告。广告经营者与广告发布者要守法经营，符合各项要求。广告代言人要符合各项相关要求，如必须 10 周岁以上、国家机关或国家机关工作人员不能做广告代言人等。

（二）商品合法

广告所推广的有形商品或无形商品（服务）应当符合法律规范，在国家许可范围内。

当前我国禁止私自生产、购买、持有、使用、运输、销售的违禁物品，主要有武器、弹药、爆炸物品（如炸药、雷管、导火索等）、剧毒物

---

① 《佳洁士因"只需 1 天牙齿变白"虚假广告被罚 603 万》，http：//www.rmzxb.com.cn/c/2015-03-10/462688.shtml，最后访问日期：2021 年 11 月 10 日。

品（如氰化钠、氰化钾等）、麻醉剂（鸦片、海洛因、吗啡等）和放射物品等。法律禁止提供的服务同样很多，如非法借贷、违规融资、卖淫嫖娼、人工代孕等。任何广告推广上述商品或服务，都不合法。

（三）表现合法

广告表现即广告的外在呈现，指商业信息转换为广告作品所运用的特定元素、方式与技巧，如人物、动物、事物、画面、音乐、情节等。广告表现应符合相关法律规定，如商业广告不能使用国旗、国歌、国徽，广告语言文字不能出现最好、最佳等。

（四）场景合法

场景指广告所处的场所或环境，如户外、场馆、楼宇、车厢、站台、网络、电视、广播等。若场景不合法，亦为违法广告。如大众媒介不能发布烟草广告，中小学校园不能发布商业广告，处方药广告只能发布于特定媒体等。

（五）程序合法

广告的发布程序要符合法律规定。法学界有句名言：正义不仅应实现，而且还应以人们看得见的方式实现（Justice must not only be done, but must be seen to be done）。如药品广告、医疗广告发布之前须经过相关部门审查，若未经审查，即使广告本身真实、合法，亦为违法广告。

三　公平

公平即公正平等、不偏不倚，指一定环境下的个体或组织遵守同一规则，处于同等地位，彼此平等相待。公平竞争是市场经济的基本原则，对经济发展、社会环境、公共道德等至关重要。

广告公平，主要包括以下几层含义。

（一）不得贬低对手

广告可以对不同事物进行客观比较，但不得以虚假、污蔑的方式贬低他人。

（二）不得恶性竞争

恶性竞争指公司运用远低于行业平均价格甚至低于成本的价格提供产品或服务，或使用不正当手段来获取市场份额的竞争方式。在广告活动中，广告参与主体不得进行任何方式的恶性竞争，广告传播亦不得提倡、助推、发布各种恶性竞争现象。

（三）不得制造垄断

《反垄断法》认定的垄断行为包括：经营者达成垄断协议；经营者滥用市场支配地位；具有或者可能具有排除、限制竞争效果的经营者集中。广告传播应倡导积极竞争，不得发布倡导、鼓励垄断类的信息。在广告市场中，相关主体亦不得违反市场秩序，采取垄断行为。

四 美好

美好与丑恶相对，具有美丽、积极、良善、快乐等多重含义。

广告作为公开传播的信息，数量多，影响大，范围广，须杜绝丑恶，弘扬美好。具体来说，应符合以下标准。

（一）有利于弘扬社会主义核心价值观

党的十八大提出，倡导富强、民主、文明、和谐，倡导自由、平等、公正、法治，倡导爱国、敬业、诚信、友善，积极培育和践行社会主义核心价值观。富强、民主、文明、和谐是国家层面的价值目标，自由、平等、公正、法治是社会层面的价值取向，爱国、敬业、诚信、友善是公民个人层面的价值准则，这24个字是社会主义核心价值观的基本内容。

（二）有利于坚定民族自信心，弘扬民族自豪感

民族自信心偏重理性，指一个民族由于认识到自己在世界民族之林中的地位、认识到自己对整个人类发展的崇高价值而产生的对自立于世界民族之林的能力及发展前途的信心，是一个民族的肯定的、积极的自我认识和自我评价。民族自豪感偏重感性，是一个民族基于富饶辽阔的疆土、悠久的历史、勤劳的人民、灿烂的文化、世代相传的民族美德等而产生的共同的心理倾向。

（三）有利于强化"四个自信"

四个自信即中国特色社会主义道路自信、理论自信、制度自信、文化自信。

道路自信是对发展方向和未来命运的自信，理论自信是对马克思主义理论特别是中国特色社会主义理论体系的科学性、真理性的自信，制度自

信是对中国特色社会主义制度具有制度优势的自信，文化自信是对中国特色社会主义文化先进性的自信。

（四）有利于引导健康生活方式

生活方式指不同的个人、群体或全体社会成员在一定社会条件制约和价值观念导向下所形成的满足自身生活需要的全部活动形式与行为特征的体系，包括消费方式、出行方式、饮食方式、娱乐方式等。广告传播要积极倡导理性消费、绿色出行、健康饮食等健康的生活方式。

（五）有利于推广科学、破除迷信

迷信指相信神灵鬼怪等超自然的事物存在，或者不分对象盲目地信仰崇拜。广告传播要积极传播科学知识、科学文化、科学精神，杜绝鬼神、风水，以利于弘扬科学破除迷信。

（六）有利于民族团结、社会和睦

民族团结是各民族之间的团结和各民族内部的团结。《宪法》第4条规定："中华人民共和国各民族一律平等。国家保障各少数民族的合法的权利和利益，维护和发展各民族的平等团结互助和谐关系。禁止对任何民族的歧视和压迫，禁止破坏民族团结和制造民族分裂的行为。"民族团结是各民族共同繁荣的前提，是祖国统一的基础。广告传播要尊重民族历史、习俗与文化，避免民族矛盾，利于民族团结。

第二节　广告内容准则

广告内容准则指广告信息本身应遵守的基本规则。所有商业广告都须遵守的内容准则，包括禁止性规范与义务性规范两类。

一　禁止性规范

禁止性规范是规定主体不得进行某种行为的规范。广告禁止性规范主要包括以下几条。

（一）广告不得使用或者变相使用中华人民共和国的国旗、国歌、国徽，军旗、军歌、军徽

国旗、国歌、国徽与军旗、军歌、军徽事关国家尊严与军队尊严，不

得应用于商业广告。这既是《广告法》的规定，也是《国旗法》、《国歌法》、《国徽法》、军事类法律法规的要求。广告创作与发布要严格恪守这一准则，避免违规使用，如将国旗作为背景图案、国歌作为背景音乐等。

案例 6-4

商业广告违法使用国旗、党徽

2021 年，成都某包装有限公司为营销推广定制业务，将带有中国共产党成立 100 周年庆祝活动标识内容和国旗图案的商品（茶杯礼盒、笔记本等）在某展会上进行展示，这一行为违反《广告法》第 9 条的规定。2021 年 5 月，成都市武侯区市场监管局责令停止发布违法广告，处罚款 20 万元。

2021 年，四川广元某国际旅行社有限责任公司为推销旅游业务，利用微信公众号发布含有中国共产党党徽、党旗及"爱我中华、重上井冈山""为庆祝 2021 年中国建党 100 周年特别策划团队活动，会员立减 200 元"等内容的广告，在"红色韶山"的图片中含有"建党 100 周年特别活动，赠送 598 元大礼包"等内容，违反《广告法》第 9 条的规定。2021 年 6 月，广元市市场监管局责令其停止发布违法广告，处罚款 2 万元。①

（二）广告不得使用或者变相使用国家机关、国家机关工作人员的名义或者形象

国家机关指从事国家管理和行使国家权力的机关，包括国家元首、立法机关、行政机关、监察机关、审判机关、检察机关、军事机关等。中国国家元首是中华人民共和国主席。国家权力机关指全国人民代表大会及其常务委员会、地方各级人民代表大会及其常务委员会和各专门委员会及其办事机构。国家行政机关包括：国务院及其所属各部、委各直属机构和办事机构；派驻国外的大使馆、代办处、领事馆和其他办事机构；地方各级人民政府及

---

① 《四川省市场监管局查处违法违规商业营销宣传行为典型案例》，https：//www.cqn.com.cn/ms/content/2021-07/15/content_8713356.htm，最后访问日期：2021 年 11 月 10 日。

其所属的各工作部门；地方各级人民政府的派出机构，如公安局派出所、乡镇工商所、税务所等；其他国家行政机关，如海关、商品检验局、劳改局（处）、公安消防队、看守所、监狱、基层税务所、财政驻厂员、市场管理所等。国家监察机关包括国家监察委员会与地方各级监察委员。国家审判机关包括最高人民法院、地方各级人民法院、专门人民法院和派出的人民法庭。国家检察机关包括最高人民检察院、地方各级人民检察院、专门人民检察院和派出机关。国家军事机关指管理国家军事事务的各级、各类部门。

国家机关工作人员即在上述机关中从事公务的人员。

案例 6-5

违法使用国家机关工作人员形象案

2021 年，河北省定州市某葡萄酒庄有限公司利用其微信公众号发布酒类广告，广告中含有利用国家机关工作人员形象做宣传的内容。定州市市场监管局责令其立即停止发布该违法广告，并处罚款 20 万元。①

（三）广告不得使用"国家级""最高级""最佳"等用语

中国地大物博，各类商品数量众多，且随时都在变化，此类极端用语既不科学又不客观。广告创作与发布要注意这一条款，避免出现"最好、最便宜、顶级、最优、最高"等相关用语。

案例 6-6

广西某环境科技有限公司违法广告案

2019 年 8 月 19 日，广西壮族自治区市场监督管理局网站公布 2019 年第一批典型互联网虚假违法广告案件。其中，广西某环境科技有限公司因发布违法广告被处罚。

该公司在其公司网站发布广告，其广告语有："目前看，该产品

---

① 《河北省市场监督管理局公布第四十七批市场监管领域违法典型案件》，http：//scjg. hebei. gov. cn/info/68779，最后访问日期：2021 年 11 月 10 日。

单位除醛量是同行最高的""产品的除醛效率高，精细化施工让甲醛与产品接触面积最大，让清除速度最高"等内容。其行为违反了《广告法》第9条"广告不得使用国家级、最高级、最佳等用语"之规定，原崇左市江州区工商局责令其停止发布该广告，并处罚人民币0.8万元。①

（四）广告不得损害国家的尊严或者利益，泄露国家秘密

国家尊严包括民族与人民的尊严，领域、领空、领海的尊严，政策法令的尊严，法律道德的尊严，政府的尊严等，每个公民都应自觉履行维护国家尊严的义务。国家利益就是满足或能够满足国家以生存发展为基础的各方面需要，并且对国家在整体上具有好处的事物。国家秘密是指关系国家的安全和利益，依照法定程序确定，在一定时间内只限一定范围的人员知悉的事项。

广告创作与发布要有国家意识与大局观念，不能心中只有私利，任性妄为，如将军事设施标注于广告图片等。

案例 6-7

广告损害国家利益，锡山一烤肉店被罚 25 万元

2018年5月22日，接举报，无锡市锡山区市场监督管理局执法人员到当事人唐某某经营的烤肉店现场检查发现，店堂内一块广告画面中央用灰色方块绘制了一幅简易的世界地图，地图上标注了中国杭州（Hangzhou，China）、韩国首尔（Seoul，Korea）、日本大阪（Osaka，Japan）、美国洛杉矶（La，USA）、澳大利亚墨尔本（Melbourne，Australia）等地名，同时附上了各国国旗。在地图中台湾地区所在的位置，当事人标注了台湾（Taiwan），同时标注了一面青天白日满地红的旗帜标志，这违背了一个中国原则，损害了国家民族利益。

《广告法》第9条规定"广告不得有下列情形……（四）损害国

---

① 《广西市场监管局公布2019年第一批典型互联网虚假违法广告案件》，https://www.cqn.com.cn/ms/content/2019-08/21/content_7448414.htm，最后访问日期：2021年11月10日。

家的尊严或者利益，泄露国家秘密"。依据《广告法》第57条相关规定，对当事人作出罚款25万元的行政处罚。①

（五）广告不得妨碍社会安定，损害社会公共利益

社会安定指整个社会运转有序，治安良好，生活舒适，氛围和谐。社会公共利益指特定范围内的广大公民所能享受的利益。此处所谓特定范围指各类不同区域，既包括全国范围，也包括地区性、社区性范围。

广告创作与发布要有社会观念与公共意识，不能为一己之私影响他人。

案例 6-8
占用绿化用地违规设置户外广告被查

2020年11月，临沂滨河西路一处楼盘在促销期间破坏周边绿化带，设置临时户外广告，临沂城管滨河景区一大队执法人员登门两次要求其自拆均"无动于衷"。执法人员责令其按照规定拆除违法户外广告，恢复被破坏的绿化带原貌。

11月9日，滨河景区一大队执法人员巡查到滨河西路罗庄段时，发现某房地产公司在绿化带内违规设置户外广告牌，破坏了绿化带，还严重阻碍了交通。执法人员当即根据广告牌上写的楼盘名称，前往楼盘销售中心联系到房地产公司相关负责人，宣讲相关法律法规，下达了"责令限期改正违法行为通知书"，责令其自行拆除广告招牌，并补种被破坏的草皮。

11月10日晚上，经夜间值班的执法人员确认，在责令限期改正的期限过后，占用绿化的户外广告牌依然存在。11月11日上午，执法人员决定对该广告业主立案查处，责令其拆除违法广告，恢复绿化带原貌。②

---

① 《广告损害国家利益，锡山一烤肉店被罚25万！》，https://www.sohu.com/a/274317421_100006124，最后访问日期：2021年11月10日。
② 魏英乐、翟晓静：《两次责令整改均未果，滨河一占用绿化用地违规设置户外广告被查》，《齐鲁晚报》2020年11月12日。

（六）广告不得危害人身、财产安全，泄露个人隐私

人身安全指人的生命、健康、行动自由、住宅、人格、名誉等方面受到法律保护的权利，属于人权范畴。财产安全指人所拥有的金钱、物资、房屋、土地等物质财富受到法律保护的权利，属于物权总称。个人隐私指公民个人生活中不愿为他人（一定范围以外的人）公开或知悉的秘密，且这一秘密与其他人及社会利益无关。

商业广告涉及食品、药品、医疗、金融、汽车等诸多领域的消费行为，天然与人身、财产安全相关。在互联网时代，个人隐私问题与广告传播关联紧密。在广告创作与发布中，这条准则极为重要。

案例 6-9

广告网页诱导泄露个人信息

2017 年 4 月，菏泽警方经受害者举报在广州抓获 6 名犯罪嫌疑人。犯罪嫌疑人声称自己可以代办大额度信用卡，在准确说出对方的各种信息后，骗取对方信任，然后索要高额的手续费。

他们到底是如何获取到这些人的真实信息的呢？

原来，他们的背后还有一家广告推广公司。推广公司根据犯罪嫌疑人的要求，制作非法的广告网页，并以代办信用卡为诱饵，诱骗网民填写个人信息。

通过对这家公司的调查，侦查人员了解到，如果要发布推广广告获得公民的信息就要先付现，而一条信息的价格大约是 50 元，如果确定合作需要先付款 4000 元。经过两个多月的连续侦查，警方最终击破了这个横跨全国三地的犯罪网络，包括涉嫌取款洗钱的团伙，涉嫌诈骗的团伙，以及涉嫌买卖公民信息的推广公司。[①]

（七）广告不得妨碍社会公共秩序或者违背社会良好风尚

社会公共秩序指为维护社会公共生活所必需的秩序，包括社会管理秩

[①]《紧急！已有 30000 多公民个人信息被贩卖，这几件事千万别做！》，https://baijiahao.baidu.com/s? id=1598630267774941676&wfr=spider&for=pc，最后访问日期：2021 年 11 月 10 日。

序、生产秩序、工作秩序、交通秩序、公共场所秩序等多个方面。公共秩序关系到人们的生活质量，也关系到社会的文明程度。社会风尚指特定社会中广大人民群众所思所想以及由此产生的社会风气或社会时尚。良好社会风尚包括勤俭节约、文明礼貌、绿色环保、尊老爱幼、全民健身等多个方面。

广告传播对社会公共秩序与社会风尚有直接、显著影响，对此必须重视。

案例 6-10

某鸭脖低俗广告被罚 60 万元

2017 年 12 月 22 日，长沙某食品营销有限公司因发布"有违社会良好风尚，不符合社会主义精神文明建设要求"广告被罚 60 万元。

该公司在 2017 年"双 11"之前在其天猫旗舰店上发布了一张海报，海报上一名穿短裤女子戴着镣铐躺在床上，并配有较为低俗的文字说明。虽然该海报遭网民投诉后被撤下，官方微博也同时刊出了致歉信，称系工作人员"手误"所致。但两天后，低俗内容又转移到其官方微信公众号推送的一篇广告上，有不少消费者提出质疑。[①]

（八）广告不得含有淫秽、色情、赌博、迷信、恐怖、暴力的内容

淫秽指下流的、污秽的。色情指以引起性兴奋为目的的展示或描述人类身体或人类性行为。赌博指拿有价值的东西做注码来赌输赢的游戏。迷信指相信神灵鬼怪等超自然的东西存在，或者不分对象盲目地信仰、崇拜。恐怖指由于生命受到威胁或接触到暴力、血腥的信息而引起的恐惧。暴力指导致或可能导致身体、性或心理伤害的明确的或象征性的行为。

上述内容都与"美好"这一广告总则相悖，必须杜绝。

[①]《某鸭脖广告低俗遭罚 60 万 企业营销除了吸睛还需道德操守》，http://industry.people.com.cn/n1/2017/1225/c413883-29726179.html，最后访问日期：2021 年 11 月 10 日。

案例 6-11

房地产广告出现风水内容

2021 年，广东省信宜市某房地产开发有限公司在户外发布"东方豪庭 百年风水宝地"的房地产广告，违反了《广告法》第 9 条"广告不得有下列情形……（八）含有淫秽、色情、赌博、迷信、恐怖、暴力的内容"的规定。2021 年 4 月，信宜市市场监督管理局对当事人作出责令停止发布违法广告，并处罚款的行政处罚。[①]

（九）广告不得含有民族、种族、宗教、性别歧视的内容

民族指在文化、语言、历史等方面与其他人群在客观上有所区分的群体，如汉族、蒙古族、维吾尔族等。种族也叫人种，指在体质形态（如肤色、发型等）上具有某些共同遗传特征的人群，如黄色人种、白色人种、黑色人种等。宗教是人类社会发展到一定阶段出现的文化现象，属于社会特殊意识形态，包括佛教、基督教、伊斯兰教等。性别是一个囊括了生物、社会、心理等学科的综合概念，包括生理性别（男、女）与社会性别（男性气质、女性气质）两个方面。

中华人民共和国各民族、种族、宗教、性别一律平等，广告中不得含有任何歧视内容。

（十）广告不得妨碍环境、自然资源或者文化遗产保护

环境、自然资源与文化遗产是中国乃至全人类珍贵财富，事关国家强盛与民众福祉。广告创作与发布在涉及此类问题时，必须认真对待，慎之又慎。

（十一）广告不得损害未成年人和残疾人的身心健康

《民法典》第 17 条规定"不满十八周岁的自然人为未成年人"。中国针对未成年人的法律有《未成年人保护法》《预防未成年人犯罪法》等。残疾人指肢体、语言、听力、精神、智力或多重存在长期缺损的人，这些缺损与各种障碍相互作用，或可阻碍残疾人与健全人一样在平等的基础上

---

① 《广东省茂名市市场监督管理局公布 2021 年上半年典型违法广告案件》，https：//www.samr. gov.cn/ggjgs/sjdt/gzdt/202107/t20210706_332303.html，最后访问日期：2021 年 11 月 10 日。

充分和切实地参与社会。

未成年人与残疾人属于人类社会弱势群体，广告主体必须予以保护。

案例 6-12

上海市场监管部门重拳打击损害未成年人利益违法广告行为

上海市场监管部门在 2015 年《广告法》修订后，加大涉未成年人广告的监测和执法力度，与市教委联合开展中小学校园商业广告专项检查，开展利用教育类 App 发布广告的专题监测，与宣传、网信等部门开展网络生态治理"清朗"行动和"软色情"广告专项整治，清理整治违规广告。2015 年以来，查处影响未成年人健康成长的各类违法广告案件 163 件，罚没 2438.5 万元。

近年来，上海市场监管部门先后查处了利用不满 10 周岁的未成年人进行广告代言、利用中小学生文具发布商业广告、利用红领巾进行商业广告宣传等一批存在不符合法规规定、可能引发未成年人模仿的不安全行为和损害未成年人身心健康等问题的违法广告案件。

2021 年，上海市场监管部门根据国家市场监管总局工作部署，开展广告监管领域"护苗助老"系列整治行动，严格按照《广告法》《未成年人保护法》等法律法规的规定，严肃查处利用科研单位、学术机构、教育机构、受益者作推荐证明的教育培训广告，重点打击假扮专家、教授误导学生的虚假违法广告，以及其他损害未成年人权益的违法广告行为，净化广告市场环境。[①]

（十二）广告不得贬低其他生产经营者的商品或者服务

通过污蔑、贬损等方式贬低其他生产经营者，违背公平竞争这一市场经济基本法则。贬低不是正当比较，而是无中生有、恶意贬抑，必须禁止。

---

① 《上海市场监管部门重拳打击损害未成年人利益违法广告行为》，https://www.cqn.com.cn/zj/content/2021-06/02/content_8698858.htm，最后访问日期：2021 年 11 月 10 日。

案例 6-13

违法广告贬低同行

2018 年，宁波某公司在某微信公众号、房产网上发布楼盘广告，含有"该楼盘是主内城区目前容积率最低的一块地块，将引进其最高端的府系产品线……""比其他板块具有更接地气的生活场……""约 125/143m^2 城心墅境，近在咫尺，步行 10 分钟可达……""可享受到本市最优质的实验小学、初中等教育资源"等内容。广告费用为 60000 元。

上述行为违反了《广告法》第 9 条、第 13 条及《房地产广告发布规定》第 4 条、第 18 条规定。根据《广告法》第 57 条、第 59 条，《房地产广告发布规定》第 21 条规定，责令当事人停止发布广告，罚款 41000 元。[①]

（十三）禁止在大众传播媒介或者公共场所发布声称全部或者部分替代母乳的婴儿乳制品、饮料和其他食品广告

母乳内含有乳铁蛋白、碳水化合物、蛋白质、脂肪、维生素、矿物质、脂肪酸和牛磺酸等多种营养物质，是婴儿成长最自然、最安全、最完整的天然食物。除此之外，哺喂母乳的亲密接触和亲子关系可刺激婴儿脑部及心智发育。自 1991 年开始，国际母乳喂养行动联盟确定每年 8 月 1 日至 7 日为"世界母乳喂养周"，使全社会积极鼓励和支持母乳喂养，拓宽母乳喂养的内涵，创造一种爱婴、爱母的社会氛围。

食品广告宣称部分或全部替代母乳，极不科学，会对消费者产生严重误导。

案例 6-14

宣传用语暗示奶粉可替代母乳被罚 20 万元

2016 年，某 App 因在广告语中宣扬奶粉营养成分和母乳无限接近

[①] 张海蛟：《保集控股半年两登黑榜：邯郸污染 宁波违法广告贬同行》，《经济日报》2018 年 12 月 27 日。

被上海市工商部门罚款 20 万元。

该 App 上销售的"德国爱他美 Aptamil Pre 初段婴儿奶粉"商品说明称其营养成分和母乳无限接近。

工商部门认为，"无限"一词表明其与母乳几乎毫无差别，该用语实则上是暗示其奶粉可以替代母乳，很有可能会误导广大新手爸爸妈妈，认为奶粉喂养和母乳喂养是一样的。①

（十四）除医疗、药品、医疗器械广告外，禁止其他任何广告涉及疾病治疗功能，并不得使用医疗用语或者易使推销的商品与药品、医疗器械相混淆的用语

疾病是一定病因作用下自稳调节紊乱而发生的异常生命活动，并引发一系列代谢、功能、结构的变化，表现为症状、体征和行为的异常。对疾病进行治疗，直接关涉人民群众生命健康，必须有严格的门槛与规范，非专业人士与专业产品不能为。

案例 6-15

非药品广告涉及疾病治疗功能

2021 年，广东茂名市某公司在其经营的网店，对销售的食品宣传"石方茶……溶石清石，石不再来"及"体内肝胆肾石，疼起来就没完……每天一杯溶石清带来好心情……新款石方茶养生养心，享受健康生活"等涉及疾病治疗功能的内容，违反了《广告法》第17 条的规定。2021 年 2 月，茂名市茂南区市场监督管理局对当事人作出责令停止发布违法广告、在相应范围内消除影响、并处罚款的行政处罚。②

---

① 罗水元：《宣传用语暗示奶粉可替代母乳"母婴之家"被罚 20 万元》，《青年报》2016 年6 月 14 日。
② 《广东省茂名市市场监督管理局公布 2021 年上半年典型违法广告案件》，https：//www.samr.gov.cn/ggjgs/sjdt/gzdt/202107/t20210706_332303.html，最后访问日期：2021 年 11 月 10 日。

二　义务性规范

义务性规范指规定相关主体必须进行某种行为的规范。广告义务性规范主要包括以下几种。

(一) 广告具有可识别性

广告应当具有可识别性，能够使消费者辨明其为广告。

大众传播媒介不得以新闻报道形式变相发布广告。通过大众传播媒介发布的广告应当显著标明"广告"，与其他非广告信息相区别，不得使消费者产生误解。广播电台、电视台发布广告，应当遵守国务院有关部门关于时长、方式的规定，并应当对广告时长作出明显提示。

案例 6-16

朋友圈发广告未标明"广告"字样被罚

2016 年，重庆市工商局万州区分局在广告监测中发现，万州一家餐馆使用微信公众号对外宣传点餐优惠活动，图文满满的内容页面中却未显著标明"广告"字样。随后，执法人员对当事人提供的微信公众号宣传内容进行截屏，并多次与当事人当面调查询问。

经查实，涉案餐馆于 2016 年 9 月 11 日起，在其微信公众号的广告宣传页面中未显著标明"广告"字样，其行为违反了《互联网广告管理暂行办法》第 7 条第 1 款的规定，属于发布的互联网广告不具有可识别性的违法行为。根据《互联网广告管理暂行办法》第 23 条、《广告法》第 59 条第 3 款等相关规定，执法人员责令该餐馆立即停止发布广告行为，并处以 1 万元罚款。[①]

(二) 商品介绍准确、清楚、明白

广告中对商品的性能、功能、产地、用途、质量、成分、价格、生产者、有效期限、允诺等或者对服务的内容、提供者、形式、质量、价格、

[①]　李静：《万州一餐馆在朋友圈上发广告 未标明"广告"字样被罚 1 万元》，http://news.cqnews.net/szb/2016-12/02/content_39720326.htm，最后访问日期：2021 年 11 月 10 日。

允诺等有表示的，应当准确、清楚、明白。

（三）明示内容清晰、显著

法律、行政法规规定广告中应当明示的内容，如忠告语、提示语、专利号等，应当显著、清晰表示。显著即明显、引人注目，不能颜色混淆、字体过小。清晰即清楚明白、一目了然，不能发音不清、字迹潦草。

（四）赠送信息符合规范

广告中表明推销的商品或者服务附带赠送的，应当明示所附带赠送商品或者服务的品种、规格、数量、期限和方式。

案例 6-17

"买一送一"须谨慎

四川渠县市场监督管理局在"春雷行动 2019 暨整治保健市场乱象百日行动"中，发现渠县三汇镇李某经营的服装门市、徐某经营的副食门市在经营场所内的宣传广告内容均含有"买一送一"字样，且未准确、清楚地标明赠送品的种类、规格等基本内容。

经进一步调查发现：李某经营的服装门市中只有部分精选服装"买一送一"，徐某经营的副食门市中只有矿泉水"买一送一"。当事人行为违反了《广告法》。渠县市场监督管理局依法责令以上两户经营者撤掉广告、停止违法行为，并处罚款共计 4000 元。[①]

（五）引证内容符合规范

广告使用数据、统计资料、调查结果、文摘、引用语等引证内容的，应当真实、准确，并表明出处。引证内容有适用范围和有效期限的，应当明确表示。

案例 6-18

发布违法化肥广告被处罚

河南安阳市某肥业有限责任公司在其公司网站发布化肥广告，广

---

① 叶洪波：《渠县市场监督管理局查处两起虚假违法广告行为》，http：//www.qx818.com/Item/95239.aspx，最后访问日期：2021 年 11 月 10 日。

告含有"草莓膨果叶面肥哪家好？央视上榜品牌×××""褚大哥使用×
××草莓膨果叶面肥，坐果率提升了一倍多"等内容，当事人无法证明
"草莓坐果率提升了一倍多"的实际功效以及该产品属于"央视上榜
品牌"，也无法提供实际使用效果的相关材料，这违反了《广告法》
第 28 条的规定。依据《广告法》第 55 条规定，2020 年 3 月，河南省
安阳市市场监管局对当事人作出行政处罚，责令停止发布，并处罚款
15000 元。①

（六）专利信息符合规范

广告中涉及专利产品或者专利方法的，应当标明专利号和专利种类。
未取得专利权的，不得在广告中谎称取得专利权。禁止使用未授予专利权
的专利申请和已经终止、撤销、无效的专利做广告。

专利指相关政府机构根据申请而颁发的一种文件，这种文件记载了发
明创造的内容，并在一定时期内对专利权人相关权利予以保障。设置专利
权，旨在保护专利权人合法权益，鼓励发明创造，推动发明创造的应用，
提高创新能力，促进科学技术进步和经济社会发展。

我国专利分为发明、实用新型和外观设计三种类型。发明，是指对产
品、方法或者其改进所提出的新的技术方案。实用新型，是指对产品的形
状、构造或者其结合所提出的适于实用的新的技术方案。外观设计，是指
对产品的整体或者局部的形状、图案或者其结合以及色彩与形状、图案的
结合所作出的富有美感并适于工业应用的新设计。发明专利权的期限为 20
年，实用新型专利权的期限为 10 年，外观设计专利权的期限为 15 年，均
自申请日起计算。

案例 6-19

专利信息不完备被处罚

2018 年 7 月，江苏无锡某贸易有限公司在其互联网平台销售"中

---

① 《河南安阳市某肥业有限责任公司发布化肥违法广告被处罚》，https://www.cqn.com.cn/
ms/content/2020-05/13/content_8603064.htm，最后访问日期：2021 年 11 月 12 日。

联小吊扇"时，产品图片中含有"专利驱蚊设计"宣传内容，但没有标明专利号及专利种类，被责令停止发布违法广告，并处罚款 1.5 万元。[①]

（七）广告信息符合行政许可规范

广告内容涉及的事项需要取得行政许可的，应当与许可的内容相符合。

行政许可，是指行政机关根据公民、法人或者其他组织的申请，经依法审查，准予其从事特定活动的行为，一般分为普通许可、特许、认可、核准、登记五类。

《行政许可法》第 12 条规定："下列事项可以设定行政许可：（一）直接涉及国家安全、公共安全、经济宏观调控、生态环境保护以及直接关系人身健康、生命财产安全等的特定活动，需要按照法定条件予以批准的事项；（二）有限自然资源的开发利用、公共资源配置以及直接关系公共利益的特定行业的市场准入等，需要赋予特定权利的事项；（三）提供公众服务并且直接关系公共利益的职业、行业，需要确定具备特殊信誉、特殊条件或者特殊技能等资格、资质的事项；（四）直接关系公共安全、人身健康、生命财产安全的重要设备、设施、产品、物品，需要按照技术标准、技能等资格、资质的事项；（五）企业或者其他组织的设立等，需要确定主体资格的事项；（六）法律、行政法规规定可以设定行政许可的其他事项。"

第三节 广告行为规范

广告行为规范指广告主、广告经营者、广告发布者、广告代言人等广告主体在广告参与行为中必须遵守的基本规范，概括如下。

一 依法订立书面合同

《广告法》第 30 条规定："广告主、广告经营者、广告发布者之间在

---

① 《市场监管总局公布 2018 年典型虚假违法互联网广告案件 30 件》，http://finance.people.com.cn/n1/2018/0724/c1004-30167080.html，最后访问日期：2021 年 11 月 12 日。

广告活动中应当依法订立书面合同。"

合同是民事主体之间设立、变更、终止民事法律关系的协议。书面合同是合同书、信件、电报、电传、传真等可以有形地表现所载内容的形式，以电子数据交换、电子邮件等方式能够有形地表现所载内容，并可以随时调取查用的数据电文，视为书面形式。

合同的内容由当事人约定，一般包括下列条款：当事人的姓名或者名称和住所；标的；数量；质量；价款或者报酬；履行期限、地点和方式；违约责任；解决争议的方法。当事人可以参照各类合同的示范文本订立合同。

当事人采用合同书形式订立合同的，自当事人均签名、盖章或者按指印时合同成立。在签名、盖章或者按指印之前，当事人一方已经履行主要义务，对方接受时，该合同成立。法律、行政法规规定或者当事人约定合同应当采用书面形式订立，当事人未采用书面形式但是一方已经履行主要义务，对方接受时，该合同成立。当事人采用信件、数据电文等形式订立合同要求签订确认书的，签订确认书时合同成立。

书面合同产生效力，须具备三个条件。一是合同各方具备相应的民事行为能力；二是合同是行为人真实的意思表示，不能有干扰、胁迫等其他因素；三是符合法律法规的强制性规定，不违背公序良俗。

二 如实提供媒介资料

《广告法》第36条规定："广告发布者向广告主、广告经营者提供的覆盖率、收视率、点击率、发行量等资料应当真实。"

覆盖率指一种媒介在特定地区能接触到媒介的人群占总人口的比例。收视率指某一时段内收看某电视频道（或某电视节目）的人数（或家户数）占电视观众总人数（或家户数）的百分比。点击率指网站页面上某一内容被点击的次数与被显示次数之比，反映了某一内容的受关注程度。发行量是报纸和杂志通过发行渠道发送给读者的报刊份数，是衡量报刊社会影响大小的重要参数。

上述资料以及未列出的其他相关资料是衡量媒介传播效果的重要指标，直接影响广告价格与广告效果，广告发布者必须如实提供。

三　合法使用他人形象

《民法典》第 990 条第 1 款规定："人格权是民事主体享有的生命权、身体权、健康权、姓名权、名称权、肖像权、名誉权、荣誉权、隐私权等权利。"第 991 条规定："民事主体的人格权受法律保护，任何组织或者个人不得侵害。"第 993 条规定："民事主体可以将自己的姓名、名称、肖像等许可他人使用，但是依照法律规定或者根据其性质不得许可的除外。"

《广告法》第 33 条规定："广告主或者广告经营者在广告中使用他人名义或者形象的，应当事先取得其书面同意；使用无民事行为能力人、限制民事行为能力人的名义或者形象的，应当事先取得其监护人的书面同意。"

名义指做某事时用来作为依据的名称或称号。形象指人的具体形态或姿态。

无民事行为能力人包括不满 8 周岁的未成年人和不能辨认自己行为的成年人，由其法定代理人代理实施民事法律行为。8 周岁以上的未成年人与不能完全辨认自己行为的成年人为限制民事行为能力人，实施民事法律行为由其法定代理人代理或者经其法定代理人同意、追认；但是，可以独立实施纯获利益的民事法律行为或者与其智力、精神健康状况相适应的民事法律行为。

父母是未成年子女的监护人。未成年人的父母已经死亡或者没有监护能力的，由下列有监护能力的人按顺序担任监护人：祖父母、外祖父母；兄、姐；其他愿意担任监护人的个人或者组织，但是须经未成年人住所地的居民委员会、村民委员会或者民政部门同意。民事行为能力或者限制民事行为能力的成年人，由下列有监护能力的人按顺序担任监护人：配偶；父母、子女；其他近亲属；其他愿意担任监护人的个人或者组织，但是须经被监护人住所地的居民委员会、村民委员会或者民政部门同意。没有依法具有监护资格的人的，监护人由民政部门担任，也可以由具备履行监护职责条件的被监护人住所地的居民委员会、村民委员会担任。

监护人的职责是代理被监护人实施民事法律行为，保护被监护人的人身权利、财产权利以及其他合法权益等。监护人依法履行监护职责产生的权利，受法律保护。监护人不履行监护职责或者侵害被监护人合法权益的，应当承担法律责任。

广告主或广告经营者依照程序使用他人名义与形象，必须以遵守法律法规为前提，如商业广告不能使用国家机关工作人员形象等。

案例 6-20

邓超、孙俪联合维权

2021 年 7 月 14 日，邓超和孙俪的官方工作室一同发出声明，就不少商家品牌通过网络或线下实体店发布关于二人担任其代言人或在产品宣传物料上使用二人肖像的事情辟谣，称均为虚假宣传，邓超和孙俪从未与这些品牌进行任何形式的商业合作，更从未向任何品牌或产品单独出售照片或肖像使用权。这属于严重侵权行为。工作室也警告侵权商业主体立即撤除所有侵权内容，工作室已经委托律师取证，并集中开展诉讼维权行动。工作室还附上了侵权照。[①]

四 依法查验证明文件

《广告法》第 34 条规定："广告经营者、广告发布者应当按照国家有关规定，建立、健全广告业务的承接登记、审核、档案管理制度。广告经营者、广告发布者依据法律、行政法规查验有关证明文件，核对广告内容。对内容不符或者证明文件不全的广告，广告经营者不得提供设计、制作、代理服务，广告发布者不得发布。"

广告证明文件指能够证明广告主体资质、所推广商品资质、广告真实性与合法性等情况的所有文件资料，如营业执照、单位证明、产品质量标准、获奖证书、专利证书、广告审查文件、生产经营许可证书等。

---

① 《"盗脸"严重，邓超孙俪工作室发布声明，对三十几家企业集体维权》，http://news.sohu.com/a/511063891_121252136，最后访问日期：2021 年 11 月 12 日。

广告经营者、广告发布者查验广告证明文件,既是其权利,又是其义务,有权查验且必须查验,否则需要承担相应责任。

五 依法进行广告代言

《广告法》第38条规定:"广告代言人在广告中对商品、服务作推荐、证明,应当依据事实,符合本法和有关法律、行政法规规定,并不得为其未使用过的商品或者未接受过的服务作推荐、证明。不得利用不满十周岁的未成年人作为广告代言人。对在虚假广告中作推荐、证明受到行政处罚未满三年的自然人、法人或者其他组织,不得利用其作为广告代言人。"

这条规定里面,"使用过"与"十周岁"是两个关键词,也是对广告代言人的两个核心规定。

伴随"粉丝经济"与"饭圈文化"不断发展,明星等参与的广告代言活动影响力越发显著。广告主体依法进行广告代言,对规范市场秩序、维护消费者权益意义重大。

案例 6-21

违规发布某奶粉广告罚款 10 万

2018 年,某牛奶贸易(上海)有限公司为对其经销的某奶粉进行宣传推广,邀请艺人参与网络直播活动,并通过其官方网站、微信公众号等自媒体使用该艺人及孩子的姓名和形象为其产品进行代言,而该艺人的孩子实际年龄未满 10 周岁。后被责令停止发布违法广告,并处罚款 10 万元。

北京志霖律师事务所律师指出,《广告法》禁止利用未满 10 周岁的未成年人作为广告代言人,主要是为了保护儿童权益,防止儿童过早参与商业活动,防止儿童因过多光环、利益束缚而扭曲成长路径,也为了防止对其他未成年人产生不良示范效应。①

---

① 《市场监管总局:××奶粉违规发布广告罚款 10 万》,https://www.cqn.com.cn/ms/content/2018-07/26/content_6087398.htm,最后访问日期:2021 年 11 月 12 日。

六 未成年人区别对待

《广告法》第 39 条规定："不得在中小学校、幼儿园内开展广告活动，不得利用中小学生和幼儿的教材、教辅材料、练习册、文具、教具、校服、校车等发布或者变相发布广告，但公益广告除外。"

《广告法》第 40 条规定："在针对未成年人的大众传播媒介上不得发布医疗、药品、保健食品、医疗器械、化妆品、酒类、美容广告，以及不利于未成年人身心健康的网络游戏广告。针对不满十四周岁的未成年人的商品或者服务的广告不得含有下列内容：（一）劝诱其要求家长购买广告商品或者服务；（二）可能引发其模仿不安全行为。"

案例 6-22

红领巾印商业广告 菏泽万达被处罚

2018 年 9 月 28 日，有媒体报道称，山东省菏泽市开发区丹阳路小学向小学生们发放的红领巾上，竟然印有"菏泽万达广场"广告，除此之外，发放的学生帽上也印有该广告。相关负责人表示这是交通安全进校园活动发放的，学校发现后很快全部收回。

经查，菏泽万达广场商业管理有限公司为迎接菏泽万达广场开业，经菏泽万达广场商业管理有限公司原市场推广副经理王某某批准，由菏泽万达广场商业管理有限公司原市场推广主管姜某与山东博奥文化发展有限公司（另案处理）员工宋某联系后，以每条 2 元的价格定制了 2000 条红领巾、以每顶 5.45 元的价格定制了 2000 顶小黄帽，广告费用共计 14900 元。并分别在红领巾、小黄帽上标注"菏泽万达广场 11 月 16 日盛大开业"等字样及商标图案进行宣传，于 2018 年 9 月 25 日下午 3 时许在菏泽开发区丹阳路小学举办的"交通安全进校园"活动中，将印有"菏泽万达广场 11 月 16 日盛大开业"等字样及商标图案的 300 条红领巾、300 顶小黄帽，由菏泽万达广场商业管理有限公司原市场推广主管姜某等人对活动现场的小学生进行了发放。

2018 年 9 月 29 日，菏泽市经济开发区网站发布消息称，菏泽市开发区丹阳路小学红领巾、小黄帽印制广告事件引起媒体关注。对此，开发区党工委高度重视，责成丹阳街道党工委会同有关部门进行调查。经查，丹阳路小学校长吕咏梅对此事负有直接责任和领导责任。根据《中国共产党纪律处分条例》有关规定，给予其党内严重警告处分。同时，要求各学校深刻汲取教训，严禁商业广告进校园。

2018年9月29日下午，万达通报红领巾印广告事件。万达商管集团积极配合政府相关部门调查处置，并对相关责任人给予严肃处理：解除菏泽万达广场管理公司总经理等3名主要责任人劳动关系，对济南区域总经理等3名上级管理人员和菏泽万达广场招商营运副总经理等5名相关责任人给予取消年终晋级资格和扣除岗位工资的处罚。

2018年10月20日，菏泽市经济开发区市场监督管理局对菏泽万达广场商业管理有限公司利用红领巾、小黄帽在丹阳路小学发布商业广告处以344700元罚款，并责令其停止发布违法广告，在相应范围内消除影响。①

七　广告发布责任重大

《广告法》第45条规定："公共场所的管理者或者电信业务经营者、互联网信息服务提供者对其明知或者应知的利用其场所或者信息传输、发布平台发送、发布违法广告的，应当予以制止。"

公共场所指人群经常聚集、供公众使用或服务于人民大众的活动场所，是人们生活中不可缺少的组成部分，包括住宿与交际场所（饭店、酒店、咖啡馆等）、洗浴与美容场所（公共浴室、理发店、美容院等）、文化娱乐场所（影剧院、游戏厅、音乐厅等）、体育与游乐场所（体育馆、公园等）、购物场所（商场、书店等）、文化交流场所（展览馆、图书馆等）、就诊与交通场

---

① 《红领巾印商业广告 山东菏泽万达广场被重罚34万》，http：//www.ce.cn/xwzx/gnsz/gdxw/201810/20/t20181020_30580664.shtml，最后访问日期：2021年11月12日。

所（候诊室、候车室等）、公共交通工具（汽车、地铁等）。

电信业务经营者指的是通过电信网络向公众提相关信息业务（如电话业务、数据业务、电话卡业务等）的经济组织，如中国移动、中国联通等。

互联网信息服务提供者指以互联网为技术基础为用户提供各种各类网络服务（如购物、社交、学习、游戏等）的经济组织，如腾讯、百度等。

上述三类主体是广告业务的重要受益者，也具有对广告进行治理的相关条件，责任重大。

八　发送广告许可在先

《广告法》第 43 条规定："任何单位或者个人未经当事人同意或者请求，不得向其住宅、交通工具等发送广告，也不得以电子信息方式向其发送广告。以电子信息方式发送广告的，应当明示发送者的真实身份和联系方式，并向接收者提供拒绝继续接收的方式。"

消费者在市场经济中处于主体地位，拥有拒绝干扰权、信息选择权、隐私保护权等诸多权利。广告主体随意向消费者发送广告，实质上是对消费者各项权利的侵犯。

案例 6-23

未经消费者同意发送广告被处罚

2020 年，宁波等 12 家房地产企业为促进房地产项目销售，在未经消费者（接收人）同意或者请求的情况下，委托广告经营企业（另案处理）以彩信形式向不特定消费者的手机号码发送房地产项目广告，违反了《广告法》第 43 条第 1 款的规定。依据《广告法》第 63 条第 1 款的规定，2020 年 9 月，宁波市市场监管局作出行政处罚，责令停止违法行为，并各处罚款 2 万元，共计罚款 24 万元。[①]

---

① 《浙江省市场监管局公布 2020 年第四批虚假违法广告典型案件》，https://www.cqn.com.cn/ms/content/2020-11/23/content_8646777.htm，最后访问日期：2021 年 11 月 12 日。

九　广告收费明码标价

《广告法》第35条规定："广告经营者、广告发布者应当公布其收费标准和收费办法。"

明码标价是市场经济基本法则。《价格法》第13条规定："经营者销售、收购商品和提供服务，应当按照政府价格主管部门的规定明码标价，注明商品的品名、产地、规格、等级、计价单位、价格或者服务的项目、收费标准等有关情况。"

中国商品市场价格制定主要有市场调节价、政府指导价和政府定价三种类型。市场调节价是绝大多数商品的定价方式，指由经营者自主制定，通过市场竞争形成的价格。政府指导价，是指依照法律规定，由政府价格主管部门或者其他有关部门，按照定价权限和范围规定基准价及其浮动幅度，指导经营者制定的价格。政府定价，是指依照法律规定，由政府价格主管部门或者其他有关部门，按照定价权限和范围制定的价格。

广告定价类型属于市场调节价，由广告参与主体自主制定。

十　从事广告须有资质

《广告法》第29条规定："广播电台、电视台、报刊出版单位从事广告发布业务的，应当设有专门从事广告业务的机构，配备必要的人员，具有与发布广告相适应的场所、设备。"第32条规定："广告主委托设计、制作、发布广告，应当委托具有合法经营资格的广告经营者、广告发布者。"第37条规定："法律、行政法规规定禁止生产、销售的产品或者提供的服务，以及禁止发布广告的商品或者服务，任何单位或者个人不得设计、制作、代理、发布广告。"

上述3条，关键词都在资质。第29条强调的是广播电台、电视台、报刊出版单位开展广告业务，需要具备相应条件，并依法依规进行登记。第32条说的是广告主开展业务，被委托方必须具有相关资质。第37条强调的是广告所推广的商品或者服务，必须具有生产、经营、推广等方面的合法资质。

十一 禁止任何不当竞争

《广告法》第31条规定："广告主、广告经营者、广告发布者不得在广告活动中进行任何形式的不正当竞争。"

所谓不正当竞争行为，是指经营者在生产经营活动中，违反法律规定，扰乱市场竞争秩序，损害其他经营者或者消费者的合法权益的行为，如混淆他人商标、贿赂相关单位或人员、侵犯他人商业秘密、有奖销售违法违规、损害对手商业信誉等。

广告主、广告经营者、广告发布者在广告活动中，应当遵循自愿、平等、公平、诚信的原则，遵守法律和商业道德。

本章小结

一般性广告规范指商业广告活动与广告参与主体都须遵守的广告规范，包括总则、内容准则、行为规范三个方面。

广告活动总则包括真实、合法、公平、美好四个方面。

广告内容准则包括禁止性规范与义务性规范两大类，禁止性规范共14条，义务性规范共7条。

广告行为规范主要包括依法订立书面合同、如实提供媒介资料、合法使用他人形象、依法查验证明文件、依法进行广告代言、未成年人区别对待、广告发布守土有责、发送广告许可在先、广告收费明码标价、从事广告须有资质、禁止任何不当竞争等几个方面。

思 考

1. 结合现实，阐述真实、合法、公平、美好等广告活动总则的基本含义与现实表现。

2. 思考广告内容禁止性规范在广告传播中的应用。

3. 思考广告内容义务性规范在广告传播中的应用。

4. 结合现实，思考商业广告如何合法使用他人形象。

5. 结合现实，思考商业广告如何合法使用广告代言人。

延伸阅读

《中华人民共和国广告法》。

《中华人民共和国未成年人保护法》。

《中华人民共和国反不正当竞争法》。

《中华人民共和国反垄断法》。

《中华人民共和国行政许可法》。

《中华人民共和国价格法》。

第七章 特殊行业广告规范

一些行业因其商品或服务的特殊性，在开展广告业务的时候，除了遵守一般性广告规范，还须遵守行业性广告规范。特殊行业主要有医疗、"三品一械"、农药、兽药、烟草、酒类、教育培训、房地产等。

第一节 医疗广告规范

医疗即医学专业人员对疾病进行治疗的行为，直接关涉生命健康。医疗广告，是指利用各种媒介或者形式直接或间接介绍医疗机构或医疗服务的广告，其治理依据主要是《广告法》《医疗广告管理办法》以及其他相关法规。

医疗广告规范主要包括以下几点。

一 医疗广告行政审查

医疗机构发布医疗广告，应当在发布前申请医疗广告审查，依法取得医疗广告审查证明。医疗机构应当按照医疗广告审查证明核准的广告成品样件内容与媒体类别发布医疗广告。审查不合格，未取得医疗广告审查证明，不得发布医疗广告。

案例 7-1

成都某医院违法医疗广告案

当事人在360搜索平台上发布的"华西主任领衔坐诊，每天都有专家号，成都××医院市区医保单位，医保报销，享受成都好的医疗服务""1 医 1 患 1 诊室""充分保护个人隐私，点击妇科咨询"等医疗广告未经广告审查机关审查批准，违反了《广告法》第 46 条"发布医疗、药品、医疗器械、农药、兽药和保健食品广告，以及法律、行政法规规定应当进行审查的其他广告，应当在发布前由有关部门（以下称广告审查机关）对广告内容进行审查；未经审查，不得发布"、《互联网广告管理暂行办法》第 6 条"医疗、药品、特殊医学用途配方食品、医疗器械、农药、兽药、保健食品广告等法律、行政法规规定须经广告审查机关进行审查的特殊商品或者服务的广告，未经审查，不得发布"的规定。2021 年 4 月，武侯区市场监管局作出行政处罚，责令当事人停止发布互联网医疗广告，在相应范围内消除影响，罚款 129 万元。①

医疗机构在其法定控制地带标示仅含有医疗机构名称、标识、联系方式的自设性户外广告，无须申请医疗广告审查。

（一）审查机构

卫生行政部门、中医药管理部门负责医疗广告的审查，并对医疗机构进行监督管理。

医疗机构发布医疗广告，应当向其所在地省级卫生行政部门申请。

中医、中西医结合、民族医医疗机构发布医疗广告，应当向其所在地省级中医药管理部门申请。

省级卫生行政部门、中医药管理部门应当自受理之日起 20 日内对医疗广告成品样件内容进行审查。卫生行政部门、中医药管理部门需要请有关专家进行审查的，可延长 10 日。省级卫生行政部门、中医药管理部门应在核发医疗广告审查证明之日起 5 个工作日内，将其抄送本地同级工商行政管理机关。

（二）提交文件

医疗机构申请发布医疗广告，须提交以下材料：

（1）医疗广告审查申请表；（2）医疗机构执业许可证副本原件和复印

---

① 《成都市市场监督管理局公布 10 大典型违法医疗广告案例》，https://www.cqn.com.cn/ms/content/2021-07/20/content_8714945.htm，最后访问日期：2021 年 12 月 3 日。

件，复印件应当加盖核发其医疗机构执业许可证的卫生行政部门公章；（3）医疗广告成品样件，电视、广播广告可以先提交镜头脚本和广播文稿。

对审查合格的医疗广告，省级卫生行政部门、中医药管理部门发给医疗广告审查证明，并将通过审查的医疗广告样件和核发的医疗广告审查证明向社会公布；对审查不合格的医疗广告，应当书面通知医疗机构并告知理由。

（三）有效期限

医疗广告审查证明的有效期为 1 年。到期后仍需继续发布医疗广告的，应重新提出审查申请。

医疗广告内容需要改动或者医疗机构的执业情况发生变化，与经审查的医疗广告成品样件内容不符的，医疗机构应当重新提出审查申请。

省级卫生行政部门、中医药管理部门应对已审查的医疗广告成品样件和审查意见予以备案保存，保存时间自医疗广告审查证明生效之日起至少 2 年。

（四）废止情况

有下列情况之一的，省级卫生行政部门、中医药管理部门应当收回医疗广告审查证明，并告知有关医疗机构：（1）医疗机构受到停业整顿、吊销医疗机构执业许可证的；（2）医疗机构停业、歇业或被注销的；（3）其他应当收回医疗广告审查证明的情形。

医疗机构篡改医疗广告审查证明内容发布医疗广告的，省级卫生行政部门、中医药管理部门应当撤销医疗广告审查证明，并在 1 年内不受理该医疗机构的广告审查申请。省级卫生行政部门、中医药管理部门撤销医疗广告审查证明后，应当自作出行政处理决定之日起 5 个工作日内通知同级工商行政管理机关，工商行政管理机关应当依法予以查处。

（五）其他

医疗广告审查申请表、医疗广告审查证明的格式由国家卫生健康委员会、国家中医药管理局规定。

案例 7-2

杭州某医院有限公司发布虚假违法广告案

2021 年 8 月 3 日，浙江省杭州市上城区市场监管局依法对杭州某医院有限公司在经营活动中发布虚假违法广告的违法行为作出罚款

84.9 万元的行政处罚。

经查,当事人为了吸引顾客,增加客流量,先后在"99 医院库"网站发布含有"杭州××医院一级公立医院;别名:杭州××生殖感染专科医院;性质:公立/综合医院""杭州××生殖感染专科医院特色科室为浙江省性病防治监测中心"等内容的广告。事实上,当事人系私立医院,并非生殖感染专科医院和浙江省性病防治监测中心。同时,当事人在"百度"平台上发布含有"杭州××医院正规吗,在线解答疾病问题……在线医生提醒,在线 1 对 1 咨询"等内容的广告,点击广告链接,进入聊天咨询软件页面,便于诊疗需求者进行下一步的咨询。通过上述手段,当事人向公众展现其提供性病等疾病诊疗活动的内容。当事人发布的医疗广告均与当事人取得的《医疗广告审查证明》中的广告"成品样件"不一致,其行为违反了《医疗广告管理办法》第 17 条和《广告法》第 28、46 条等规定,杭州市上城区市场监管局依法对当事人作出行政处罚。①

二　医疗广告内容准则

医疗广告在内容方面需要遵守以下规则。

1. 不得含有表示功效、安全性的断言或者保证。

2. 不得说明治愈率或者有效率。

3. 不得与其他药品、医疗器械的功效和安全性或者其他医疗机构比较。

4. 不得利用广告代言人作推荐、证明。

5. 不得涉及医疗技术、诊疗方法、疾病名称、药物。

6. 不得含有淫秽、迷信、荒诞的内容。

7. 不得使用解放军和武警部队名义。

8. 不得利用患者、卫生技术人员、医学教育科研机构及人员以及其他

---

① 《市场监管总局发布 2021 民生领域案件查办"铁拳"行动第六批典型案例》,https://www.cqn.com.cn/zgzlb/content/2021-11/18/content_8753619.htm,最后访问日期:2021 年 12 月 3 日。

社会社团、组织的名义、形象作证明。

9. 医疗广告应当标注医疗机构第一名称和医疗广告审查证明文号。

上述规定是由医疗行业的特殊性质所决定的。未成年人缺乏科学常识与判断力，若在少儿读物上发布医疗广告，可能会产生严重误导。医疗方法需要根据患者情况专门拟订，随意比较极不负责。明星等广告代言人有大量粉丝，任其代言医疗广告，可能会导致情感左右理智，违背科学精神。

案例 7-3

河南许昌某眼科医院有限公司违法广告案

当事人通过其微信公众号发布含有中国人民解放军三军仪仗队持枪行进动态画面、"激光近视手术是国家军检认可，国家体委、军委、教委等五部联合下文，通过准分子激光矫正近视后，可以参加各类考试和当兵"等内容的医疗广告，通过官网发布以童星形象代言宣传图片、"××眼科集团角膜库，手术成功率90%左右"等内容的医疗广告，违反了《广告法》第9、16、28、38条的规定。2019年1月，许昌市工商行政管理局魏都分局作出行政处罚，责令停止发布违法广告，并处罚款10万元。①

三 医疗广告行为规范

医疗广告应遵守的行为规范，主要有以下几条。

1. 戒毒治疗方法不得发布医疗广告。

2. 针对未成年人的大众传播媒介上不得发布医疗广告。

3. 非医疗机构不得发布医疗广告。

4. 医疗机构不得以内部科室名义发布医疗广告。

5. 不得以介绍健康、养生知识等形式变相发布医疗广告。

6. 广告经营者、广告发布者发布医疗广告，应当由其广告审查员查验

---

① 《国家市场监督管理总局公布2019年第一批典型虚假违法广告案件》，https://www.
samr.gov.cn/xw/zj/201905/t20190508_293472.html，最后访问日期：2021年12月3日。

《医疗广告审查证明》，核对广告内容。

7. 有关医疗机构的人物专访、专题报道等宣传内容，可以出现医疗机构名称，但不得出现有关医疗机构的地址、联系方式等医疗广告内容；不得在同一媒介的同一时间段或者版面发布该医疗机构的广告。

案例 7-4

甘肃某互联网医院有限公司虚假广告案

2021 年 5 月 11 日，甘肃省兰州市七里河区市场监管局依法对甘肃某互联网医院有限公司发布虚假广告的违法行为作出罚款 80 万元的行政处罚。

2021 年 3 月 17 日，七里河区市场监管局根据举报线索，对甘肃某互联网医院有限公司下属中医诊所（以下简称"中医诊所"）进行现场检查，发现大量的"产品介绍—宁耳组方""产品介绍—活肺组方"广告宣传资料，资料中印有"古方古法采药炮制"等字样。经查，该公司在"中华网"健康栏目中发布的《兰州××中医馆——线上诊疗先驱》一文中宣传"年就诊量十万余"；在"兰州热线"资讯栏目发布的"兰州首家开通线上问诊互联网医院——××中医院"① 一文中宣传"特约全国中医药院士、国医大师以及省内外优秀中医专家坐诊"等内容。同时，该公司客服人员以网络咨询的方式向患者宣传"保证永不复发；我们使用的是 200 多年的秘方调理""在我们这里看诊的十几万患者里，很少有复发的""平均治愈率在 95% 以上""保证永不复发；有着十几万的康复案例"等内容。该公司的广告宣传与事实不符，严重误导社会公众。当事人上述行为违反了《广告法》第 16、28 条有关规定，属于发布虚假广告的违法行为。七里河区市场监管局依法对当事人作出行政处罚。②

---

① 不同名称为虚假广告原文随意编造所致。
② 《甘肃某互联网医院发布虚假广告 被罚 80 万元》，https://www.cqn.com.cn/ms/content/2021-12/29/content_8769332.htm，最后访问日期：2021 年 12 月 3 日。

第二节　三品一械广告规范

"三品一械"指药品、医疗器械、保健食品、特殊医学用途配方食品。

药品指用于预防、治疗、诊断人的疾病，有目的地调节人的生理机能并规定有适应证或者功能主治、用法和用量的物质，包括中药、化学药和生物制品等。

医疗器械指直接或者间接用于人体的仪器、设备、器具、体外诊断试剂及校准物、材料以及其他类似或者相关的物品，主要包括医疗设备和医用耗材。

保健食品指适宜于特定人群食用，具有调节机体功能，不以治疗疾病为目的，并且对人体不产生任何急性、亚急性或慢性危害的食品。

特殊医学用途配方食品指为满足进食受限、消化吸收障碍、代谢紊乱或者特定疾病状态人群对营养素或者膳食的特殊需要，专门加工配制而成的配方食品，包括适用于 0 月龄至 12 月龄的特殊医学用途婴儿配方食品和适用于 1 岁以上人群的特殊医学用途配方食品。

"三品一械"虽非同一行业，但均关乎消费者生命健康，且有众多需要厘清之处，在现实广告治理中，须格外关注。其治理依据主要是《广告法》《药品、医疗器械、保健食品、特殊医学用途配方食品广告审查管理暂行办法》以及其他相关法规。

一　"三品一械"广告行政审查

未经审查不得发布药品、医疗器械、保健食品和特殊医学用途配方食品广告。

（一）申请主体

药品、医疗器械、保健食品和特殊医学用途配方食品注册证明文件或者备案凭证持有人及其授权同意的生产、经营企业为广告申请人。

申请人可以委托代理人办理药品、医疗器械、保健食品和特殊医学用途配方食品广告审查申请。

（二）审查机构

国家市场监督管理总局负责组织指导药品、医疗器械、保健食品和特殊医学用途配方食品广告审查工作。

各省、自治区、直辖市市场监督管理部门、药品监督管理部门（以下称广告审查机关）负责药品、医疗器械、保健食品和特殊医学用途配方食品广告审查，依法可以委托其他行政机关具体实施广告审查。

药品、特殊医学用途配方食品广告审查申请应当依法向生产企业或者进口代理人等广告主所在地广告审查机关提出。医疗器械、保健食品广告审查申请应当依法向生产企业或者进口代理人所在地广告审查机关提出。

（三）提交文件

申请药品、医疗器械、保健食品、特殊医学用途配方食品广告审查，应当依法提交广告审查表、与发布内容一致的广告样件，以及下列合法有效的材料：（1）申请人的主体资格相关材料，或者合法有效的登记文件；（2）产品注册证明文件或者备案凭证、注册或者备案的产品标签和说明书，以及生产许可文件；（3）广告中涉及的知识产权相关有效证明材料。经授权同意作为申请人的生产、经营企业，还应当提交合法的授权文件；委托代理人进行申请的，还应当提交委托书和代理人的主体资格相关材料。

（四）申请流程

申请人可以到广告审查机关受理窗口提出申请，也可以通过信函、传真、电子邮件或者电子政务平台提交药品、医疗器械、保健食品和特殊医学用途配方食品广告申请。

广告审查机关收到申请人提交的申请后，应当在5个工作日内作出受理或者不予受理决定。申请材料齐全、符合法定形式的，应当予以受理，出具《广告审查受理通知书》。申请材料不齐全、不符合法定形式的，应当一次性告知申请人需要补正的全部内容。

广告审查机关应当对申请人提交的材料进行审查，自受理之日起10个工作日内完成审查工作。经审查，对符合法律、行政法规和本办法规定的广告，应当作出审查批准的决定，编发广告批准文号。

对不符合法律、行政法规和本办法规定的广告，应当作出不予批准的决定，送达申请人并说明理由，同时告知其享有依法申请行政复议或者提起行政诉讼的权利。

经审查批准的药品、医疗器械、保健食品和特殊医学用途配方食品广告，广告审查机关应当通过本部门网站以及其他方便公众查询的方式，在10个工作日内向社会公开。公开的信息应当包括广告批准文号、申请人名称、广告发布内容、广告批准文号有效期、广告类别、产品名称、产品注册证明文件或者备案凭证编号等内容。

（五）有效期限

药品、医疗器械、保健食品和特殊医学用途配方食品广告批准文号的有效期与产品注册证明文件、备案凭证或者生产许可文件最短的有效期一致。

产品注册证明文件、备案凭证或者生产许可文件未规定有效期的，广告批准文号有效期为2年。

（六）废止情况

申请人有下列情形的，不得继续发布审查批准的广告，并应当主动申请注销药品、医疗器械、保健食品和特殊医学用途配方食品广告批准文号：（1）主体资格证照被吊销、撤销、注销的；（2）产品注册证明文件、备案凭证或者生产许可文件被撤销、注销的；（3）法律、行政法规规定应当注销的其他情形。广告审查机关发现申请人有前款情形的，应当依法注销其药品、医疗器械、保健食品和特殊医学用途配方食品广告批准文号。

（七）其他

"三品一械"广告审查涉及的文书格式范本由国家市场监督管理总局统一制定。

二　"三品一械"广告内容准则

"三品一械"广告既有共同性内容准则，又有各自不同的具体准则。

（一）共同准则

1. 不得使用或者变相使用国家机关、国家机关工作人员、军队单位或者军队人员的名义或者形象，或者利用军队装备、设施等从事广告宣传。

2. 不得使用科研单位、学术机构、行业协会或者专家、学者、医师、药师、临床营养师、患者等的名义或者形象作推荐、证明。

3. 不得违反科学规律，明示或者暗示可以治疗所有疾病、适应所有症状、适应所有人群，或者正常生活和治疗病症所必需等内容。

4. 不得引起公众对所处健康状况和所患疾病产生不必要的担忧和恐惧，或者使公众误解不使用该产品会患某种疾病或者加重病情的内容。

5. 不得含有"安全""安全无毒副作用""毒副作用小"；明示或者暗示成分为"天然"，因而安全性有保证等内容。

6. 不得含有"热销、抢购、试用""家庭必备、免费治疗、免费赠送"等诱导性内容，"评比、排序、推荐、指定、选用、获奖"等综合性评价内容，"无效退款、保险公司保险"等保证性内容，怂恿消费者任意、过量使用药品、保健食品和特殊医学用途配方食品的内容。

7. 不得含有医疗机构的名称、地址、联系方式、诊疗项目、诊疗方法以及有关义诊、医疗咨询电话、开设特约门诊等医疗服务的内容。

8. 应当显著标明广告批准文号。

9. 应当显著标明的内容，其字体和颜色必须清晰可见、易于辨认，在视频广告中应当持续显示。

（二）药品广告特殊准则

1. 药品广告的内容应当以国务院药品监督管理部门核准的说明书为准。药品广告涉及药品名称、药品适应证或者功能主治、药理作用等内容的，不得超出说明书范围。

2. 药品广告应当显著标明禁忌、不良反应。

3. 处方药广告还应当显著标明"本广告仅供医学药学专业人士阅读"。处方药（Rx），是指凭借有处方权的医生所开具出来的处方，才能从药房购买的药物。这种药通常具有一定的毒性及其他潜在的影响，用药方法和时间都有特殊要求，必须在医生指导下使用。

4. 非处方药广告还应当显著标明非处方药标识（OTC）和"请按药品说明书或者在药师指导下购买和使用"。非处方药（OTC），是指患者自己根据药品说明书，自选、自购、自用的药物。这类药毒副作用较少、较轻，而且也容易察觉，不会引起耐药性、成瘾性，与其他药物相互作用也小，在临床上使用多年，疗效肯定。非处方药主要用于病情较轻、稳定、诊断明确的疾病。

5. 不得含有表示功效、安全性的断言或者保证，如保证治愈、绝对安全等。

6. 不得说明治愈率或者有效率。治愈率与有效率都是统计学名词，且需要根据科学进展而不断调整。缺乏医学知识的患者凭此购药，风险极大。

7. 不得与其他药品、医疗器械的功效和安全性或者其他医疗机构比较。

8. 不得利用广告代言人作推荐、证明。

案例 7-5

重庆大渡口区某药店违法广告案

2021年，当事人为推销"脾氨肽口服冻干粉"药品，在销售场所张贴的广告含有"国药准字、疗效保证、双向调节、迅速起效、全国三甲医院首选免疫功能调节剂、唯一国药准字双向免疫调节剂"等内容，涉及处方药品在大众媒体发布广告和药品广告含有表示功效的保证，违反《广告法》第15、16条的规定。2021年6月，重庆市大渡口区市场监管局责令改正违法行为，处罚款2万元。①

（三）医疗器械广告特殊准则

1. 医疗器械广告的内容应当以药品监督管理部门批准的注册证书或者备案凭证、注册或者备案的产品说明书内容为准。医疗器械广告涉及医疗器械名称、适用范围、作用机理或者结构及组成等内容的，不得超出注册证书或者备案凭证、注册或者备案的产品说明书范围。

2. 推荐给个人自用的医疗器械的广告，应当显著标明"请仔细阅读产品说明书或者在医务人员的指导下购买和使用"。

3. 医疗器械产品注册证书中有禁忌内容、注意事项的，广告应当显著标明"禁忌内容或者注意事项详见说明书"。

4. 不得含有表示功效、安全性的断言或者保证。

5. 不得说明治愈率或者有效率。

---

① 《大渡口区市场监管局查获两起违法广告案 被川渝两地市场监督部门列为典型案例发布》，http://scjgj.cq.gov.cn/zz/ddkq/zwxx_146775/bmdt_146776/202111/t20211118_9993847.html，最后访问日期：2021年12月3日。

6. 不得与其他药品、医疗器械的功效和安全性或者其他医疗机构比较。

7. 不得利用广告代言人作推荐、证明。

案例 7-6

广东某医疗器械有限公司违法广告案

当事人在公司的微信公众号上发布的推文广告中出现了"专供出口""SGS 认证""粤西地区最大的口罩生产企业""中国国药 KN95 口罩指定制造商""日产 KN95／一次性口罩 400 万以上""大量出口德国、美国等西方国家"等虚假不实的内容，违反了《广告法》第 28 条的规定。2021 年 3 月，茂名市电白区市场监管局对当事人作出责令停止发布违法广告、在相应范围内消除影响、并处罚款的行政处罚。①

（四）保健食品广告特殊准则

1. 保健食品广告的内容应当以市场监督管理部门批准的注册证书或者备案凭证、注册或者备案的产品说明书内容为准，不得涉及疾病预防、治疗功能。保健食品广告涉及保健功能、产品功效成分或者标志性成分及含量、适宜人群或者食用量等内容的，不得超出注册证书或者备案凭证、注册或者备案的产品说明书范围。

2. 保健食品广告应当显著标明"保健食品不是药物，不能代替药物治疗疾病"。

3. 保健食品广告应当显著标明保健食品标志、适宜人群和不适宜人群。

案例 7-7

天津某健康信息咨询有限公司违法广告案

当事人在广告宣传册中发布含有"××原花青素对各种细胞病变引起的疾病有如下功效：减缓动脉粥样硬化的形成，延缓心脑血管

---

① 《广东省茂名市市场监督管理局公布 2021 年上半年典型违法广告案件》，https://www.cqn.com.cn/ms/content/2021-07/02/content_8708627.htm，最后访问日期：2021 年 11 月 19 日。

疾病的发生，延缓老年痴呆的发生，并改善老年痴呆的临床症状。××原花青素是迄今为止纯度最高、生物活性最强的纯植物自由基清除剂"等内容的保健食品广告。相关保健食品广告未经有关部门审查，内容包含绝对化用语，涉及疾病预防、治疗功能，并且未按照规定显著标明"本品不能代替药物"。当事人行为违反了《广告法》第 4 条第 1 款，第 9 条第 1 款第 3 项，第 18 条第 1 款第 1、2 项，第 46 条等法律规定。依据《广告法》第 55 条第 1 款，第 57、58 条的规定，2019 年 5 月，天津市南开区市场监管局作出行政处罚，责令停止发布违法广告，并处罚款 20 万元。①

（五）特殊医学用途配方食品广告特殊准则

1. 特殊医学用途配方食品广告的内容应当以国家市场监督管理总局批准的注册证书和产品标签、说明书为准。特殊医学用途配方食品广告涉及产品名称、配方、营养学特征、适用人群等内容的，不得超出注册证书、产品标签、说明书范围。

2. 特殊医学用途配方食品广告应当显著标明适用人群。

3. 特殊医学用途配方食品广告应当显著标明"不适用于非目标人群使用""请在医生或者临床营养师指导下使用"。

三 "三品一械"广告行为规范

"三品一械"广告应遵守的行为规范，主要有以下几条。

1. 广告主、广告经营者、广告发布者应当严格按照审查通过的内容发布"三品一械"广告，不得进行剪辑、拼接、修改。

2. 已经审查通过的广告内容需要改动的，应当重新申请广告审查。

3. 麻醉药品、精神药品、医疗用毒性药品、放射性药品、药品类易制毒化学品，以及戒毒治疗的药品、医疗器械不得发布广告。

---

① 《国家市场监督管理总局公布 2019 年虚假违法食品、保健食品广告典型案件》，http://scjgj.sc.gov.cn/scjgj/c104474/2019/12/13/52ef42d8ad094f9ab0ef64d630a80e18.shtml，最后访问日期：2021 年 11 月 19 日。

4. 军队特需药品、军队医疗机构配制的制剂不得发布广告。

5. 医疗机构配制的制剂不得发布广告。

6. 依法停止或者禁止生产、销售或者使用的药品、医疗器械、保健食品和特殊医学用途配方食品。

7. 处方药和特殊医学用途配方食品中的特定全营养配方食品广告只能在国务院卫生行政部门和国务院药品监督管理部门共同指定的医学、药学专业刊物上发布。

8. 不得利用处方药或者特定全营养配方食品的名称为各种活动冠名进行广告宣传。

9. 不得使用与处方药名称或者特定全营养配方食品名称相同的商标、企业字号在医学、药学专业刊物以外的媒介变相发布广告，也不得利用该商标、企业字号为各种活动冠名进行广告宣传。

10. 特殊医学用途婴儿配方食品广告不得在大众传播媒介或者公共场所发布。

11. 针对未成年人的大众传播媒介上不得发布医疗、药品、保健食品、医疗器械广告。

第三节 农药兽药广告规范

农药指在农业生产中，为保障、促进植物和农作物的成长，用来防治危害农林牧业生产的有害生物（害虫、害螨、线虫、病原菌、杂草及鼠类）和调节植物生长的化学药品，如杀虫剂、杀菌剂、杀螨剂、除草剂、脱叶剂、植物生长调节剂等。兽药指用于预防、治疗、诊断动物疾病或者有目的地调节动物生理机能的物质，如血清制品、疫苗、诊断制品、抗生素、生化药品、外用杀虫剂。农药、兽药间接关涉民众健康，意义重大，其广告治理依据主要是《广告法》《农药广告审查发布规定》《兽药广告审查发布规定》以及其他相关法规。

一 农药广告规范

（一）农药广告审查

发布农药广告，应事先由省级以上农业行政主管部门进行审查。

（二）农药广告准则

1. 农药广告不得含有表示功效、安全性的断言或者保证。

2. 农药广告不得利用科研单位、学术机构、技术推广机构、行业协会或者专业人士、用户的名义或者形象作推荐、证明。

3. 农药广告不得说明有效率。

4. 农药广告不得含有违反安全使用规程的文字、语言或者画面。

5. 农药广告不得贬低同类产品，不得与其他农药进行功效和安全性对比。

6. 农药广告中不得含有评比、排序、推荐、指定、选用、获奖等综合性评价内容。

7. 农药广告中不得使用直接或者暗示的方法，以及模棱两可、言过其实的用语，使人在产品的安全性、适用性或者政府批准等方面产生误解。

8. 农药广告中不得滥用未经国家认可的研究成果或者不科学的词句、术语。

9. 农药广告中不得含有"无效退款""保险公司保险"等承诺。

10. 农药广告的批准文号应当列为广告内容同时发布。

案例 7-8

上海某科技有限公司违法广告案

当事人在其公司网站首页发布广告，宣传其售卖的肥料为"全球最好的硝化抑制剂""全球最佳氮肥管理剂""农业部唯一认证可合法生产的氮肥增效剂"，同时在广告中使用国家机关工作人员名义，违反了《广告法》第9条第2、3项的规定。依据《广告法》第57条第1项规定，2020年1月，上海市松江区市场监管局作出行政处罚，责令停止发布违法广告，并处罚款50000元。①

---

① 《国家市场监督管理总局公布2020年第二批典型虚假违法广告案件》，https://www.samr.gov.cn/xw/zj/202005/t20200513_315166.html，最后访问日期：2021年11月19日。

案例 7-9

辽宁某生物科技有限公司违法广告案

当事人在其开设的网店中发布了"××牌杀虫水乳剂"广告，该广告中含有"专注防治 140 种害虫，专注花卉果蔬虫害，一喷全灭"等表示功效断言的违法内容，违反了《广告法》第 21 条的规定。依据《广告法》第 58 条规定，2020 年 3 月，辽宁省新民市市场监管局作出行政处罚，责令停止发布虚假违法广告，在相应范围内消除影响，并处罚款 3886.85 元。[①]

二 兽药广告规范

（一）兽药广告审查

发布兽药广告，应事先由省级以上农业行政主管部门进行审查。

（二）兽药广告内容准则

1. 兽药广告不得含有表示功效、安全性的断言或者保证。

2. 兽药广告不得利用科研单位、学术机构、技术推广机构、行业协会或者专业人士、用户的名义或者形象作推荐、证明。

3. 兽药广告不得说明有效率。

4. 兽药广告不得含有违反安全使用规程的文字、语言或者画面。

5. 兽药广告不得贬低同类产品，不得与其他兽药进行功效和安全性对比。

6. 兽药广告中不得含有"最高技术""最高科学""最进步制法""包治百病"等绝对化的表示。

7. 兽药广告中不得含有评比、排序、推荐、指定、选用、获奖等综合性评价内容。

8. 兽药广告不得含有直接显示疾病症状和病理的画面，也不得含有"无效退款""保险公司保险"等承诺。

[①] 《国家市场监督管理总局公布 2020 年第二批典型虚假违法广告案件》，https：//www.samr.gov.cn/xw/zj/202005/t20200513_315166.html，最后访问日期：2021 年 11 月 19 日。

9. 兽药广告中兽药的使用范围不得超出国家兽药标准的规定。

10. 兽药广告的批准文号应当列为广告内容同时发布。

（三）兽药广告行为规范

1. 兽用麻醉药品、精神药品以及兽医医疗单位配制的兽药制剂不得发布广告。

2. 所含成分的种类、含量、名称与兽药国家标准不符的兽药不得发布广告。

3. 临床应用发现超出规定毒副作用的兽药不得发布广告。

4. 国务院农牧行政管理部门明令禁止使用的，未取得兽药产品批准文号或者未取得《进口兽药注册证书》的兽药不得发布广告。

案例 7-10

江苏泰州市某动物药业有限公司违法广告案

当事人在公司网站发布的广告含有"在全国兽药中第一家通过质量管理体系"等内容，但未能提供相关证明材料，该广告属虚假广告。依据《广告法》第 55 条规定，2020 年 1 月，江苏省兴化市市场监管局责令当事人停止发布违法广告，在相应范围内消除影响，并处罚款 18000 元。[①]

案例 7-11

山东临沂某兽药销售有限公司违法广告案

当事人通过网店销售兽药产品，其发布的广告中含有"高效安全无毒"等表明功效、安全性的断言、保证内容，违反了《广告法》第 21 条第 1、2 项，第 28 条第 2 款第 3、5 项有关规定。依据《广告法》第 55 条、第 58 条第 1 款第 4 项规定，2020 年 4 月，山东省蒙阴县市场监管局作出行政处罚，责令当事人停止发布违法广告，并处罚款 7000 元。[②]

---

① 《国家市场监督管理总局公布 2020 年第二批典型虚假违法广告案件》，https：//www.samr.gov.cn/xw/zj/202005/t20200513_315166.html，最后访问日期：2021 年 11 月 19 日。

② 《国家市场监督管理总局公布 2020 年第二批典型虚假违法广告案件》，https：//www.samr.gov.cn/xw/zj/202005/t20200513_315166.html，最后访问日期：2021 年 11 月 19 日。

第四节　烟草酒类广告规范

烟草即烟草制品，包括卷烟、雪茄烟、烟丝、复烤烟叶等。酒类指酒精度（乙醇含量）达到一定量的含酒精饮料。二者有一定成瘾性，影响身体健康，且会产生诸多间接危害，其治理依据主要是《广告法》以及其他相关法规。

一　烟草广告规范

烟草广告指烟草制品生产者或者经销者发布的，含有烟草企业名称、标识，烟草制品名称、商标、包装、装潢等内容的广告。其基本规范有以下几点。

1. 禁止在大众传播媒介或者公共场所、公共交通工具、户外发布烟草广告。大众传播媒介指专业化组织运用专业化手段，超越时间与空间距离，对广大受众传播信息的媒介形态，包括报纸、电视、广播、电影、期刊、互联网等。公共场所指人群经常聚集、供公众使用或服务于人民大众的活动场所，是人们生活中不可缺少的组成部分，包括住宿与交际场所、洗浴与美容场所、文化娱乐场所、体育与游乐场所、购物场所、文化交流场所、就诊与交通场所等，如宾馆、理发店、体育场、商场、图书馆、候车室、医院等。

2. 禁止向未成年人发送任何形式的烟草广告。

3. 禁止利用其他商品或者服务的广告、公益广告，宣传烟草制品名称、商标、包装、装潢以及类似内容。

4. 烟草制品生产者或者销售者发布的迁址、更名、招聘等启事中，不得含有烟草制品名称、商标、包装、装潢以及类似内容。

案例 7-12

四川自贡某 KTV 发布烟草广告被处罚

2018 年，四川自贡市自流井区工商和质监局接到举报，某大型 KTV 包间点歌屏暗含烟草广告。执法人员在现场发现，该 KTV 各包间均张贴有某烟草公司的宣传广告，此外每个包间的点歌屏一开机，也会出现该公司香烟的宣传图，进入待机时，烟草广告宣传语和香烟的实体宣传图会滚动播放。

上述行为违反了《广告法》第 22 条"禁止在大众传播媒介或者公共场所、公共交通工具、户外发布烟草广告"的规定。两家公司对违法事实供认不讳，依法接受相关处罚。①

案例 7-13

深圳某科技有限公司网站发布电子烟广告被处罚

深圳某科技有限公司于 2019 年 10 月 21 日至 2019 年 12 月 24 日在其官网首页及产品系列里对电子雾化棒进行相关宣传，如"点亮呼吸换弹雾化烟""新一代尼古丁盐（解瘾不伤身）""去焦油，无二手烟（减少身体负担）""真烟口感（细腻绵柔）"等。

当事人销售的电子雾化棒属于烟草制品，其利用互联网发布烟草广告的行为违反了《广告法》，深圳市市场监管局责令当事人立即停止发布违法广告，对当事人处 200000 元罚款的行政处罚。②

二 酒类广告规范

酒类广告指含有酒类商品名称、商标、包装、制酒企业名称等内容的广告。其基本规范有以下几点。

1. 不得诱导、怂恿饮酒或者宣传无节制饮酒。

2. 不得出现饮酒的动作。

3. 不得表现驾驶车、船、飞机等活动。

4. 不得明示或者暗示饮酒有消除紧张和焦虑、增加体力等功效。

5. 不得在针对未成年人的大众传播媒介上发布。

---

① 《自贡某大型 KTV 包间点歌屏暗含烟草广告被官方查处》，腾讯网，2018-03-22，https：//cd.qq.com/a/20180322/005618.htm，最后访问日期：2021 年 11 月 19 日。

② 《深圳某科技有限公司违法发布烟草广告案》，http：//amr.sz.gov.cn/xxgk/qt/ztlm/zfgs/shgk/sh_xz/yasf/content/post_8310237.html，最后访问日期：2021 年 11 月 19 日。

案例 7-14

四川某酒业有限公司违法广告案

当事人生产并在湖南津市市某商行销售酒精度为 45％vol 的两种浓香型白酒，其瓶身和外包装纸盒上均标注有"要轻松，喝××"的广告语，且在其经营场所竖立手持标注"要轻松，喝××"字样的卡通人物宣传盾牌，其行为构成发布暗示饮酒有消除紧张和焦虑的功效的违法广告行为。2020 年 5 月 20 日，津市市市场监督管理局依法对当事人作出行政处罚，责令立即停止上述违法行为，并处罚款70000 元。[①]

案例 7-15

酒类广告中出现饮酒动作受罚

四川自贡经营者王某为推销白酒，委托某互联电子商务有限公司制作发布广告，该公司在应知酒类广告中不能出现饮酒动作的情况下，仍利用微信平台发布出现饮酒动作的酒类广告，违反了《广告法》的相关规定。2017 年 7 月，市场监管部门对某互联电子商务有限公司的违法行为处以罚款，广告主王某也另案受到处罚。[②]

第五节　房地产广告规范

房地产广告，指房地产开发企业、房地产权利人、房地产中介服务机构发布的房地产项目预售、预租、出售、出租、项目转让以及其他房地产项目介绍的广告。居民私人及非经营性售房、租房、换房广告，不属于房地产广告。

房地产广告治理依据主要是《广告法》《房地产广告发布规定》以及其他相关法规。

---

① 《这些字眼不能用！四川一酒业公司发布违法广告被罚 7 万元》，https://new.qq.com/rain/a/20201102A0A9B900，最后访问日期：2021 年 11 月 19 日。

② 刘仕明：《酒类广告中出现饮酒动作受罚》，自贡网，2017-06-01，https://www.zgm.cn/html/a/2017/0601/141633.html，最后访问日期：2021 年 11 月 19 日。

一　房地产广告内容准则

房地产广告内容方面的准则，主要有以下几条。

1. 房源信息应当真实，面积应当表明为建筑面积或者套内建筑面积。建筑面积指的是建筑物外墙（柱）勒脚以上各层外围水平投影面积之和，包括阳台、挑廊、地下室、室外楼梯等。套内建筑面积，指的是套内房屋使用空间的面积，包括套内房屋使用面积、套内墙体面积、套内阳台建筑面积三部分。具体到每套房子，建筑面积等于套内建筑面积与公摊面积之和。二者面积相差不小，广告传播需要明示。

2. 不得含有升值或者投资回报的承诺。房子是商品，价格会有涨有跌，此类承诺既不合法，又不符合实际。

3. 不得以项目到达某一具体参照物的所需时间表示项目位置。从甲地到乙地所需时间由路况、交通工具等多种因素决定，"几分钟车程"等说法不准确、不清楚。

4. 不得违反国家有关价格管理的规定。房地产广告发布需要遵守《价格法》，以及政府部门对房地产行业价格管理的相关规定。

5. 不得对规划或者建设中的交通、商业、文化教育设施以及其他市政条件作误导宣传。广告发布须实事求是，不能让消费者对地铁出口、商业布局、孩子入学政策等产生误解，更不能故意欺骗。

6. 房地产预售、销售广告，必须载明开发企业名称、预售或者销售许可证书号。如由中介服务机构代理销售，须载明该机构名称。

7. 房地产广告不得含有风水、占卜等封建迷信内容，对项目情况进行的说明、渲染，不得有悖社会良好风尚。

8. 房地产广告中涉及所有权或者使用权的，所有或者使用的基本单位应当是有实际意义的完整的生产、生活空间。

9. 房地产广告中对价格有表示的，应当清楚表示为实际的销售价格，明示价格的有效期限。

10. 房地产广告中的项目位置示意图，应当准确、清楚，比例恰当。示意图模糊不清，消费者无法作出准确判断。比例失当，如刻意增大绿地、公园面积，减小其他部分，则侵犯公众知情权，违背广告真实性原则。

11. 房地产广告中涉及的交通、商业、文化教育设施及其他市政条件等，如在规划或者建设中，应当在广告中注明。

12. 房地产广告涉及内部结构、装修装饰的，应当真实、准确。

13. 房地产广告中不得利用其他项目的形象、环境作为本项目的效果。

14. 房地产广告中使用建筑设计效果图或者模型照片的，应当在广告中注明。

15. 房地产广告中不得出现融资或者变相融资的内容。

16. 房地产广告中涉及贷款服务的，应当载明提供贷款的银行名称及贷款额度、年期。

17. 房地产广告中不得含有广告主能够为入住者办理户口、就业、升学等事项的承诺。

18. 房地产广告中涉及物业管理内容的，应当符合国家有关规定；涉及尚未实现的物业管理内容，应当在广告中注明。

19. 房地产广告中涉及房地产价格评估的，应当表明评估单位、估价师和评估时间；使用其他数据、统计资料、文摘、引用语的，应当真实、准确，表明出处。

案例 7-16

四川万源某房地产开发有限公司违法广告案

当事人为宣传项目楼盘，利用广告牌发布含有"多条公交线路抵达全城，3 分钟可以到达火车站，5 分钟可以到达老城商圈""万源市唯一无内部商业的品质住宅""优质的住宅，上风上水""不论河东河西我要中央宝地，不管东风西风我始终占上风，房子上风上水人生顺风顺水"等内容，违反《广告法》规定。2021 年 1 月，万源市市场监管局责令停止发布违法广告，处罚款 5 万元。①

---

① 《四川省市场监督管理局、重庆市市场监督管理局联合公开曝光 2021 年虚假违法广告典型案例》，http://scjgj.sc.gov.cn/scjgj/c104475/2021/7/20/be2aa5ddeb564106b3ec8ea340f00807.shtml，最后访问日期：2021 年 11 月 19 日。

二　房地产广告行为规范

（一）特定情况房地产项目不得发布广告

凡下列情况，不得发布广告：在未经依法取得国有土地使用权的土地上开发建设的；在未经国家征用的集体所有的土地上建设的；司法机关和行政机关依法裁定、决定查封或者以其他形式限制房地产权利的；预售房地产，但未取得该项目预售许可证的；权属有争议的；违反国家有关规定建设的；不符合工程质量标准，经验收不合格的；法律、行政法规规定禁止的其他情形。

（二）发布房地产广告，应当具有或者提供真实、合法、有效的证明文件

应当具有或提供的证明文件，主要包括：房地产开发企业、房地产权利人、房地产中介服务机构的营业执照或者其他主体资格证明；房地产主管部门颁发的房地产开发企业资质证书；自然资源主管部门颁发的项目土地使用权证明；工程竣工验收合格证明；发布房地产项目预售、出售广告，应当具有地方政府建设主管部门颁发的预售、销售许可证证明；出租、项目转让广告，应当具有相应的产权证明；中介机构发布所代理的房地产项目广告，应当提供业主委托证明；确认广告内容真实性的其他证明文件。

案例 7-17

广东高州某投资有限公司违法广告案

2021 年，当事人委托他人设计制作发布的某房地产印刷品广告中出现"城市双轴，核爆地段""独立产权+保底收益+高比分红高回报高增值""投资自用资产翻番""城市壹号资产……全新 App 商业模式，投资收益一手掌握""复式 loft 产权物业+酒店托管＝投资王中王……签约保收益，即买即收租"等含有升值或投资回报的内容，违反《广告法》规定。2021 年 5 月，广东高州市市场监管局对当事人作出责令停止发布违法广告、在相应范围内消除影响、并处罚款的行政处罚。[①]

[①] 《广东省茂名市市场监督管理局公布 2021 年上半年典型违法广告案件》，https://www.cqn.com.cn/ms/content/2021-07/02/content_8708627.htm，最后访问日期：2021 年 11 月 19 日。

第六节　其他行业广告规范

《广告法》对教培类、投资类、农产类广告也做了具体规范。

一　教培类广告规范

教育、培训广告需要遵守以下规范。

1. 不得对升学、通过考试、获得学位学历或者合格证书，或者对教育、培训的效果作出明示或者暗示的保证性承诺。

2. 不得明示或者暗示有相关考试机构或者其工作人员、考试命题人员参与教育、培训。

3. 不得利用科研单位、学术机构、教育机构、行业协会、专业人士、受益者的名义或者形象作推荐、证明。

案例 7-18

重庆某软件开发有限公司违法广告案

当事人通过公司网站，发布含有"能有效提高学生记忆单词的效率 10 倍以上；能让熟悉键盘操作的小学生在 20 小时的有效时间内记牢小学 3~6 年级单词，初中生在 30 小时的有效时间内记完初中单词，高中生则可以在 40 小时的有效时间内记完高中 3000 个单词"的内容，对教育、培训的效果作出明示的保证性承诺，违反《广告法》第 24 条的规定。2021 年 6 月，重庆市大足区市场监管局责令停止发布违法广告，在相应范围内消除影响，并处罚款 1 万元。①

案例 7-19

成都某教育咨询有限公司违法广告案

当事人为推销网络课程，通过公司官网发布含有"消防工程师

---

① 《四川省市场监督管理局、重庆市市场监督管理局联合公开曝光 2021 年虚假违法广告典型案例（第一批）》，http://scjgj.sc.gov.cn/scjgj/c104475/2021/7/20/be2aa5ddeb564106b3ec8ea340f00807.shtml，最后访问日期：2021 年 11 月 19 日。

2021 企业定向取证班""健康管理师通关取证〔三级〕""2021 年健康管理师无忧畅学、通关取证班、巅峰保证班"等内容，违反《广告法》第 24 条的规定。2021 年 5 月，四川天府新区市场监管局责令停止发布违法广告，在相应范围内消除影响，并处罚款 10 万元。①

二 投资类广告规范

招商等有投资回报预期的商品或者服务广告，应当遵守以下规范。

1. 对可能存在的风险以及风险责任承担有合理提示或者警示。现实中常见的"股市有风险，入市须谨慎"，即属于此类提示。

2. 不得对未来效果、收益或者与其相关的情况作出保证性承诺，明示或者暗示保本、无风险或者保收益等，国家另有规定的除外。

3. 不得利用学术机构、行业协会、专业人士、受益者的名义或者形象作推荐、证明。

案例 7-20

上海某金融信息服务工作室发布违法广告案

2021 年 6 月 9 日，静安区市场监管局对上海某金融信息服务工作室发布违法广告的违法行为，依法作出责令停止发布广告、责令广告主在相应范围内消除影响、罚款 160000 元整的行政处罚。

静安区市场监管局于 2021 年 5 月 14 日对上海某金融信息服务工作室开展调查，发现当事人分别于 2020 年 11 月 1 日至 2021 年 4 月 8 日期间在其微信公众号发布标题为《急！大涨 8 倍重大市场红利机不可失！》等 4 篇文章。文章旨在宣传该公司城市合伙人项目，目的是招募在当地城市的代理分销商，代理分销付费理财教育课程，从而获得高额佣金回报。当事人广告主要内容有："××合伙人在 2020 年下半

---

① 《四川省市场监督管理局、重庆市市场监督管理局联合公开曝光 2021 年虚假违法广告典型案例（第一批）》，http://scjgj. sc. gov. cn/scjgj/c104475/2021/7/20/be2aa5ddeb564106b3 ec8ea340f00807. shtml，最后访问日期：2021 年 11 月 19 日。

年，不到 6 个月的时间创造了 50 多万的总业绩，营收达到 17 万"
"某个合伙人分发一个晚上的产品，6 位数营收。坐在家中，动动手
指，仅此而已"。广告内容没有对可能存在的风险进行提示，并存在
暗示保证收益的内容。上述 4 篇广告均由其微信公众号编辑团队自行
撰稿发布，无广告费用产生。

当事人的上述行为，违反了《广告法》第 25 条第 1 项的规定，
静安区市场监管局依据《广告法》第 58 条第 1 款第 7 项的规定，依
法对当事人作出行政处罚。①

三　农产类广告规范

农作物种子、林木种子、草种子、种畜禽、水产苗种和种养殖广告关
于品种名称、生产性能、生长量或者产量、品质、抗性、特殊使用价值、
经济价值、适宜种植或者养殖的范围和条件等方面的表述应当真实、清
楚、明白。该类广告需要遵守的规范主要有以下几种。

1. 不得作科学上无法验证的断言。

2. 不得有表示功效的断言或者保证。

3. 不得对经济效益进行分析、预测或者作保证性承诺。

4. 不得利用科研单位、学术机构、技术推广机构、行业协会或者专业
人士、用户的名义或者形象作推荐、证明。

案例 7-21

福建某水产养殖有限公司违法广告案

当事人在公司官网发布虾苗养殖广告有："年养两茬，成活率
80%""适合夏季饲养，成活率 80%""成活率高达 95%""亩产可达
1500 斤左右"等内容。当事人无法提供上述广告内容引用数据的出

---

① 《上海市市场监管局公布 2021 民生领域案件查办"铁拳"行动第六批典型案例》，
https://www.samr.gov.cn/zfjcj/dxal/202112/t20211208_337894.html，最后访问日期：2021
年 11 月 19 日。

处,其行为违反了《广告法》规定。2020 年 12 月,漳浦县市场监管局作出行政处罚,责令停止发布违法广告,消除不良影响,并处罚款 15000 元。[①]

案例 7-22

山东济宁市金乡县某农资门市部违法广告案

当事人通过互联网发布的种子广告中含有"比其他品种早红 15 天"等对经济效益做预测、保证性承诺等内容,违反了《广告法》第 27 条第 1 款第 3、4 项规定。依据《广告法》第 58 条规定,2020 年 3 月,山东省金乡县市场监管局作出行政处罚,责令当事人停止发布违法广告,并处罚款 5000 元。[②]

本章小结

一些行业因其商品或服务的特殊性,除了遵守一般性广告规范,还须遵守行业性广告规范。特殊行业主要有医疗、"三品一械"、农药、兽药、烟草、酒类、教育培训、房地产等。

医疗广告,是指利用各种媒介或者形式直接或间接介绍医疗机构或医疗服务的广告,其治理依据主要是《广告法》《医疗广告管理办法》以及其他相关法规。

"三品一械"指药品、医疗器械、保健食品、特殊医学用途配方食品。"三品一械"广告治理依据主要是《广告法》《药品、医疗器械、保健食品、特殊医学用途配方食品广告审查管理暂行办法》以及其他相关法规。

农药兽药广告治理依据主要是《广告法》《农药广告审查发布规定》《兽药广告审查发布规定》以及其他相关法规。

---

① 《福建省市场监管局公布 2021 年第一批虚假违法广告典型案例》,https://www.cqn.com.cn/ms/content/2021-03/09/content_8671464.htm,最后访问日期:2021 年 11 月 19 日。

② 《山东济宁市金乡县开发区某农资门市部发布种子违法广告被处罚》,https://www.cqn.com.cn/ms/content/2020-05/13/content_8603068.htm,最后访问日期:2021 年 11 月 19 日。

烟草广告与酒类广告的治理依据主要是《广告法》以及其他相关法规。

房地产广告，指房地产开发企业、房地产权利人、房地产中介服务机构发布的房地产项目预售、预租、出售、出租、项目转让以及其他房地产项目介绍的广告。房地产广告治理依据主要是《广告法》《房地产广告发布规定》以及其他相关法规。

思　考

1. 运用相关法的知识，对本章所列案例予以简要分析。
2. 结合现实，列举并思考医疗广告常见的违规现象。
3. 结合现实，列举并思考药品广告常见的违规现象。
4. 结合现实，列举并思考保健食品广告常见的违规现象。
5. 结合现实，列举并思考烟草广告常见的违规现象。
6. 结合现实，列举并思考酒类广告常见的违规现象。
7. 结合现实，列举并思考房地产广告常见的违规现象。

延伸阅读

《医疗广告管理办法》。

《药品、医疗器械、保健食品、特殊医学用途配方食品广告审查管理暂行办法》。

《农药广告审查发布规定》。

《兽药广告审查发布规定》。

《房地产广告发布规定》。

第八章　特定媒体广告规范

部分媒体因其信息形态与传播方式的特殊性，在发布广告业务的时候，除了遵守一般性广告规范，还须遵守特定媒体广告规范。具有代表性的特定广告媒体，主要包括互联网媒体、广播电视媒体与户外媒体三种。

第一节　互联网广告规范

互联网已成为广告传播主要载体，影响深广。互联网广告治理目的在于规范互联网广告活动，保护消费者的合法权益，促进互联网广告业的健康发展，维护公平竞争的市场经济秩序，主要依据《广告法》《互联网广告管理暂行办法》以及其他相关法规。

一　基本概念

互联网广告治理涉及的基本概念，包括以下几个。

（一）互联网广告

互联网广告，是指通过网站、网页、互联网应用程序等互联网媒介，以文字、图片、音频、视频或者其他形式，直接或者间接地推销商品或者服务的商业广告。主要包括：

1. 推销商品或者服务的含有链接的文字、图片或者视频等形式的广告；

2. 推销商品或者服务的电子邮件广告；

3. 推销商品或者服务的付费搜索广告；

4. 推销商品或者服务的商业性展示中的广告，法律、法规和规章规定经营者应当向消费者提供的信息的展示依照其规定；

5. 其他通过互联网媒介推销商品或者服务的商业广告。

（二）互联网广告发布者

互联网广告发布者指为广告主或者广告经营者推送或者展示互联网广告，并能够核对广告内容、决定广告发布的自然人、法人或者其他组织。

互联网广告发布者身份既可以是法人或其他组织，也可以是自然人。互联网用户在个人社交媒介、自媒体为他人发布广告，属于互联网广告发布者，必须承担应有法律责任。

案例 8-1

利用微信朋友圈发布教育培训违法广告案

某教育科技有限公司徐州分公司经理戴某自行设计一篇招生广告，并安排公司有关员工在个人"微信朋友圈"发布，广告中含有"荣誉墙：丰县护理岗招聘 109 人，其中 90 人经我公司培训！19 年全县第一经我公司培训，全县前 10 名 8 人经我公司培训……"等内容。因上述广告内容属于教育培训广告利用受益者的名义作推荐、证明情形，违反了《广告法》第 24 条第 3 项规定，2021 年 3 月，徐州市丰县市场监管局对当事人作出罚款 40000 元的处罚决定。①

（三）广告需求方平台

广告需求方平台（DSP，Demand Side Platform）是指整合广告主需求，为广告主提供发布服务的广告主服务平台。广告需求方平台的经营者是互联网广告发布者、广告经营者。

广告需求方平台能够为广告主提供跨媒介、跨平台、跨终端的广告投放，能够通过数据整合、分析实现基于受众的精准投放，支持实时竞价购买，并且可以实时监控不断优化。一般可以分为垂直型平台与综合型平

---

① 《江苏省市场监管局公布 8 起教育培训违法广告典型案例》，https://www.cqn.com.cn/ms/content/2021-08/10/content_8721960.htm，最后访问日期：2021 年 11 月 19 日。

台，前者提供展示广告、搜索广告、社交广告其中一种媒介的广告投放，后者实现展示广告、搜索广告、社交广告、移动广告等的跨平台、跨媒介的整合式的广告投放。

鉴于广告需求方平台在互联网广告传播中的枢纽地位，对其进行规范与治理，尤为必要。

（四）媒介方平台

媒介方平台是指整合媒介方资源，为媒介所有者或者管理者提供程序化的广告分配和筛选的媒介服务平台。

媒介方平台在传统媒体时代已经产生。基于互联网技术而产生的新型媒介平台效率更高，整合程度更深，对相关网络媒介的影响更大。对其进行规范与治理，对净化网络空间同样极为关键。

（五）广告信息交换平台

广告信息交换平台是提供数据交换、分析匹配、交易结算等服务的数据处理平台。

广告信息交换平台类似商品竞价信息系统，如股票交易软件、期货交易软件等。该平台为互联网广告交易提供技术、信息等相关服务，某种程度上既是展示者，又是把关者，遵守法规、积极参与广告治理责无旁贷。

二 各方义务

（一）互联网广告主应当对广告内容的真实性负责

广告主可以通过自设网站或者拥有合法使用权的互联网媒介自行发布广告，也可以委托互联网广告经营者、广告发布者发布广告。广告主发布互联网广告需具备的主体身份、行政许可、引证内容等证明文件，应当真实、合法、有效。互联网广告主委托互联网广告经营者、广告发布者发布广告，修改广告内容时，应当以书面形式或者其他可以被确认的方式通知为其提供服务的互联网广告发布者、广告经营者。

（二）互联网广告发布者与经营者应当依法查验广告文件

互联网广告发布者、广告经营者应当按照国家有关规定建立、健全互联网广告业务的承接登记、审核、档案管理制度，审核查验并登记广告主的名称、地址和有效联系方式等主体身份信息，建立登记档案并定期核实更新；应当查验有关证明文件，核对广告内容，对内容不符或者证明文件不全的广告，不得设计、制作、代理、发布；应当配备熟悉广告法规的广告审查人员，有条件的还应当设立专门机构，负责互联网广告的审查。

（三）互联网广告程序化购买参与主体须各司其职

互联网广告可以以程序化购买广告的方式，通过广告需求方平台、媒介方平台以及广告信息交换平台等所提供的信息整合、数据分析等服务进行有针对性的发布。

通过程序化购买广告方式发布的互联网广告，广告需求方平台经营者应当清晰标明广告来源。

广告需求方平台经营者、媒介方平台经营者、广告信息交换平台经营者以及媒介方平台的成员，在订立互联网广告合同时，应当查验合同相对方的主体身份证明文件、真实名称、地址和有效联系方式等信息，建立登记档案并定期核实更新。

媒介方平台经营者、广告信息交换平台经营者以及媒介方平台成员，对其明知或者应知的违法广告，应当采取删除、屏蔽、断开链接等技术措施和管理措施予以制止。

（四）互联网信息服务提供者责任

未参与互联网广告经营活动，仅为互联网广告提供信息服务的互联网信息服务提供者，对其明知或者应知利用其信息服务发布违法广告的，应当予以制止。

案例 8-2

某电商未依法制止违法广告活动案

某电商网站上的第三方商家在网店中发布保健品广告，宣传"对脂肪肝、肝炎、肝纤维化、肝硬化等问题具有辅助改善作用""抗肝纤维化、抗肝中毒，促进肝细胞修复和再生""修复受损软骨、刺激新软骨的生成，改善发炎"等内容，并使用不规范地图。当事人作为互联网信息服务提供者明知或应知以上情形，未依法履行制止义务。当事人行为违反了《广告法》第 45 条的规定。依据《广告法》第 64

条的规定，2019 年 6 月，上海市虹口区市场监督管理局作出行政处罚，处罚款 66 万元。[①]

三　广告规范

互联网广告在广告内容与行为方面的准则，主要有以下几条。

（一）互联网广告必须遵循一般性广告规范

互联网广告属于《广告法》所界定的广告范畴，适用《广告法》所有规定。本书第六章"一般性广告规范"，如广告应具有可识别性、不得使用国旗、不得使用最高级、广告参与方应签订书面合同等，互联网广告都应遵循。

本条规范是广告治理应有之义，本无须赘述。此处提及，意在强调与澄清。

案例 8-3

广东中山某文化传播有限公司违法广告案

当事人在明知演唱会当晚邓某某只演唱 4 首歌曲的情况下，仍在大麦网（网址：www.damai.cn）"ALL IN 2 VIP 演唱会"门票销售网页中发布"G.E.M 邓某某当晚倾力献唱《倒数》、《我的秘密》、《泡沫》、《睡公主》、《A.I.N.Y》、《多远都要在一起》等多首专属金曲"的广告内容，与实际情况不符，对消费者购买演唱会门票的行为产生实质性影响，违反了《广告法》第 4 条第 1 款、第 28 条的规定。2019 年 5 月，中山市市场监管局作出行政处罚决定，对当事人罚款 20 万元。[②]

---

① 《国家市场监督管理总局公布 2019 年虚假违法食品、保健食品广告典型案件》，http：//scjgj. sc. gov.cn/scjgj/c104474/2019/12/13/52ef42d8ad094f9ab0ef64d630a80e18. shtml，最后访问日期：2021 年 11 月 19 日。

② 《广东省市场监督管理局发布 2019 年上半年互联网违法广告典型案例》，http：//amr. gd. gov.cn/gkmlpt/content/2/2577/mmpost_2577628. html#2963，最后访问日期：2021 年 11 月 19 日。

（二）付费搜索广告应当与自然搜索结果明显区分

付费搜索，即通过付费的方式使推广信息在搜索结果中排名靠前，其主要原理是机器根据推广客户的出价与推广内容质量度的乘积决定推广信息是否展现及展现位置。付费搜索是一种被互联网公司广泛采用的推广模式，一般采用按点击进行付费。

自然搜索，顾名思义就是在搜索引擎里找到与搜索引擎请求最相关的匹配页面的方法。自然搜索结果仅仅跟搜索请求的相关程度有关，跟点击付费没有任何关系。

此条规范，意在区隔互联网空间中的商业信息与公共资讯，以保障互联网用户各项权益。

（三）利用互联网发布、发送广告，不得影响用户正常使用网络

正常使用网络，如浏览信息、收发邮件、放松娱乐等，是互联网用户的基本权益。若商业广告影响用户行为，本质上是少数人利益对多数人利益的侵犯，违背了社会利益高于经济利益的基本法则。

（四）在互联网页面以弹出等形式发布的广告，应当显著标明关闭标志，确保一键关闭

弹出式广告指人们正常使用网络，如浏览某网页时，屏幕自动弹出的网络广告，包括图片、视频、动画等。弹出式广告能够主动吸引用户注意力，有一定传播效果，但因为对用户的过度打扰，在国内外都颇有争议。

本条规范需要强调的，一是显著标明，二是一键关闭。显著标明，就不能模模糊糊、似有似无；一键关闭，就不能重复诱导、不停弹出。

案例 8-4

江苏无锡某口腔医院违法广告案

当事人在自设网站页面中以弹出形式发布含有"在线咨询平台"等内容的广告，对该弹窗弹出时间设置为 6 秒，即点击窗口右上角的关闭标志后，该窗口将在 6 秒后以弹出的形式出现在同一浏览页面中，且内容与前次出现的窗口内容完全一致。当事人在网站页面以弹出形式发布的广告无法确保一键关闭，违反了《广告法》第 44 条规定。

2019年1月，无锡市滨湖区市场监督管理局作出行政处罚，责令当事人改正违法行为，并处罚款5000元。[①]

（五）不得以欺骗方式诱使用户点击广告内容

此条规范是《广告法》第4条"广告不得含有虚假或者引人误解的内容，不得欺骗、误导消费者"在互联网广告中的具体体现。

（六）未经允许，不得在用户发送的电子邮件中附加广告或者广告链接

提供电子邮件等网络信息服务的互联网经营者，具有专业的技术手段与信息设备，须恪守法规，严格自律。

（七）互联网广告活动不得恶意侵犯其他主体正当利益

不得提供或者利用应用程序、硬件等对他人正当经营的广告采取拦截、过滤、覆盖、快进等限制措施；不得利用网络通路、网络设备、应用程序等破坏正常广告数据传输，篡改或者遮挡他人正当经营的广告，擅自加载广告；不得利用虚假的统计数据、传播效果或者互联网媒介价值，诱导错误报价，谋取不正当利益或者损害他人利益。

（八）禁止利用互联网发布处方药和烟草的广告

《广告法》第15条规定，处方药只能在国务院卫生行政部门和国务院药品监督管理部门共同指定的医学、药学专业刊物上做广告。互联网不属于上述专业刊物。第22条第1款明确："禁止在大众传播媒介或者公共场所、公共交通工具、户外发布烟草广告，禁止向未成年人发送任何形式的烟草广告。"这是对互联网算不算大众媒介、能不能发布烟草广告的明确认定。

案例8-5

某品牌香烟发布网络广告被罚100万元

某跨国公司（中国）企业管理有限公司2015年4月27日在微信公众平台申请注册名为"×迷聚乐部"的公众号。该公众号于2015年

[①] 《一批互联网违法广告被处罚，来看8个典型案例》，https://www.yangtse.com/content/718212.html，最后访问日期：2021年11月19日。

8 月 19 日发布"世界上你最爱的十款卷烟大排名""No.1 品牌名称：××，极高的品质和勇于冒险的自由精神""看来全球的烟民中很多是×迷"等内容，同时配有该品牌香烟烟盒图片；于 2015 年 11 月 20 日发布"大牌驾到！原来他也是×迷""金装××是社交界的宠儿，在一些社交场合经常会见到其身影，这也正是明星×××需要经常经历的场合""完全诠释了该明星所代表的卓越领导风范"等内容，同时配有该明星兜揣万宝路烟盒的图片；于 2016 年 5 月 5 日发布"在这些刺激和快感面前，男人永远是个孩子"等内容，同时配有印有该品牌商标的雅马哈摩托车及由万宝路香烟烟盒拼成的哈雷摩托车的图片。

北京朝阳工商分局执法人员在调查工作中调取了以下证据材料：微信公众平台中账号情况的页面截图，腾讯公司的调查函回函（证明烟草广告的发布主体）；方圆公证处出具的公证书、微信公众号中三期烟草广告内容的截图（证明烟草广告的存在及发布媒介）；当事人提交的一份说明函及三份附件（关于三期烟草广告内容来源的说明，证明当事人存在发布烟草广告的行为）。

当事人通过微信公众平台发布含有烟草广告的行为，违反了《互联网广告管理暂行办法》第 5 条第 2 款"禁止利用互联网发布处方药和烟草的广告"的规定。办案机构依据《互联网广告管理暂行办法》第 21 条转致《广告法》第 57 条第 4 项进行查处。鉴于当事人在不到 1 年的时间内多次发布法律明确禁止的烟草广告，符合从重处罚情形，最终朝阳工商分局对其作出罚款 100 万元的处罚决定。[①]

四　治理规范

市场监督管理部门查处、治理互联网广告，须遵循以下规范。

---

① 黄晓莉：《微信发布 3 篇文章换来百万罚单——对一起违法发布烟草广告案的分析与思考》，https://www.sohu.com/a/207228753_99916761，最后访问日期：2021 年 11 月 20 日。

（一）管辖机构

对互联网广告违法行为实施行政处罚，由广告发布者所在地市场监督管理部门管辖。广告发布者所在地市场监督管理部门管辖异地广告主、广告经营者有困难的，可以将广告主、广告经营者的违法情况移交广告主、广告经营者所在地市场监督管理部门处理。

广告主所在地、广告经营者所在地市场监督管理部门先行发现违法线索或者收到投诉、举报的，也可以进行管辖。

对广告主自行发布的违法广告实施行政处罚，由广告主所在地市场监督管理部门管辖。

（二）合法权限

市场监督管理部门在查处违法广告时，可以行使下列职权：对涉嫌从事违法广告活动的场所实施现场检查；询问涉嫌违法的有关当事人，对有关单位或者个人进行调查；要求涉嫌违法当事人限期提供有关证明文件；查阅、复制与涉嫌违法广告有关的合同、票据、账簿、广告作品和互联网广告后台数据，采用截屏、页面另存、拍照等方法确认互联网广告内容；责令暂停发布可能造成严重后果的涉嫌违法广告。

市场监督管理部门依法行使规定职权时，当事人应当协助、配合，不得拒绝、阻挠或者隐瞒真实情况。

（三）数据凭证

工商行政管理部门对互联网广告的技术监测记录资料，可以作为对违法的互联网广告实施行政处罚或者采取行政措施的电子数据证据。

案例 8-6

江苏某商务咨询有限公司违法广告案

当事人在自设网站和微信公众号发布广告，宣传其网络借贷中介平台，广告含有"累计投资金额 1.8617 亿元，为用户赚取 1224.64 万元，注册人数 8113 人，安全运营时间 707 天""券商、上市公司、国企三种股东背景""7%-11.3% 历史年化率、9.0%、12.0% 等预期年化率""连续三年获评《证券时报》'中国最受欢迎互联网金融平台'"等虚假内容，违反了《广告法》第 4 条，第 28 条第 1 款，第 2 款第 2、3 项规定。2019 年 5 月，扬州市广陵区市场监督管理局作出行政处罚，责令停止发布涉案违法广告，并处罚款 5 万元。[①]

第二节　广播电视广告规范

广播电视是传统大众媒体的典型代表，具有生动形象、专业权威、覆盖广阔等诸多优势。广播电视广告是传统广告形态的典型代表，影响力大，历史悠久，很多品牌成功都得益于此。

广播电视广告治理，旨在规范广播电视广告播出秩序，促进广播电视广告业健康发展，保障公民合法权益，主要依据《广告法》《广播电视广告播出管理办法》以及其他法律法规。

一　播出管理机构

广播电视行政部门对广播电视广告播出活动实行属地管理、分级负责。

国务院广播电视行政部门负责全国广播电视广告播出活动的监督管理工作。

县级以上地方人民政府广播电视行政部门负责本行政区域内广播电视广告播出活动的监督管理工作。

广播电台、电视台（含广播电视台）等广播电视播出机构的广告播出活动，包括公益广告和商业广告（含资讯服务、广播购物和电视购物短片广告等），以及广播电视传输机构的相关活动，都须接受广播上述部门的管理。

---

① 《一批互联网违法广告被处罚，来看 8 个典型案例》，https://www.yangtse.com/content/718212.html，最后访问日期：2021 年 11 月 20 日。

需要明确的是，广播电视行政部门对广播电视广告的管理，主要体现在播出环节。这与市场监督管理部门对广告行使管理权并不矛盾。

案例 8-7

国家广播电视总局关于延边卫视频道、宁夏广播电视台影视频道广告播出严重违规问题的通报

各省、自治区、直辖市广播电视局，新疆生产建设兵团文化体育新闻出版广电局，中央广播电视总台办公厅、电影频道节目中心、中国教育电视台：

2018 年 9 月，总局下发《关于开展广播电视广告专项整治工作的通知》，在全国范围内开展广播电视广告专项整治工作。整治中，总局于 12 月 14 日下发《关于立即停止播出"北合堂大肚子灸"等违规广告的通知》，12 月 19 日下发《关于江西广播电视台公共·农业频道广告严重违规问题的通报》，同时强调要求各地各相关机构要切实规范广播电视广告播出秩序，坚决整治广告违规问题。近日，总局抽查发现，延边卫视频道、宁夏广播电视台影视频道无视总局管理要求，仍然大量播出存在严重违法违规问题的广告，具体情况为：

延边卫视频道 2018 年 11 月 5 日、12 日、19 日、26 日和 12 月 3 日、10 日、25 日多次出现广告违规问题，集中表现在："动力健养生内裤""雅鹿超强蓄热裤"等购物短片广告夸张夸大宣传，超时超量播出，"绑古舒牌血竭喷""首康清脂保健贴""脂肪抑制酶品牌产品"等医药广告夸张夸大宣传，超时严重，同时还存在宣传治愈率有效率、以专家患者形象做疗效证明等问题。总局已多次责成吉林省局督促延边卫视就相关问题进行整改，但延边卫视广告违规问题不但未整改到位还屡次反弹、性质严重。

宁夏广播电视台影视频道无视总局《关于江西广播电视台公共农业频道广告严重违规问题的通报》，2018 年 12 月 21 日～26 日以养生节目形式，继续播出上述《通报》中明确禁播的"顺势衍宗丹"涉性广告，用语低俗，大肆宣传服用后提升性功能、性体验等内容。同

时，该频道 12 月 12 日、13 日、17 日、20 日还多次违规播出"九九固精丹""帝皇强肾汤""八宝强肾汤"等多个涉性广告。该频道广告播放违规性质恶劣，严重损害广播电视媒体形象。

为严肃纪律，坚决查处违规行为，切实维护广播电视宣传和播出秩序，根据《广播电视管理条例》《广播电视广告播出管理办法》《广播电视播出机构违规处理办法（试行）》及总局相关管理规定，总局决定：

一、责令延边卫视频道立即停止违规播放广告行为。责成吉林广播电视局给予延边卫视频道暂停商业广告播出 30 日的行政处罚，并督促其对相关责任人进行严肃处理，对存在的问题作出深刻检查，提出切实整改措施。吉林局须对整改情况进行验收核查，验收合格后，方可恢复商业广告播出。

二、责令宁夏广播电视台影视频道立即停止违规播放广告行为。责成宁夏回族自治区广播电视局给予宁夏影视频道暂停频道播出 30 日的行政处罚，并督促宁夏广播电视台对相关责任人进行严肃处理，对存在的问题作出深刻检查，提出切实整改措施。宁夏局须对整改情况进行验收核查，验收合格后，方可恢复频道播出。

三、责成吉林局、宁夏局切实履行属地管理职责，全面加强对辖区广告播出的监管工作，发现问题及时处理纠正。同时，要及时通报当地市场监管、药监等部门，对涉及的相关违法违规广告主和广告经营企业，依法予以查处。

各级广播电视播出机构要吸取教训，引以为戒，切实落实意识形态工作责任制，全面履行媒体的职责使命，严格遵守广播电视广告播出的相关法律法规，坚决纠正各类广告违规问题，坚决杜绝违规问题反弹。

各级广电行政部门要切实履行属地管理职责，坚决做到守土有责、守土负责、守土尽责，全面承担起广告播出监管责任，对管理中发现的违规问题，要敢于亮剑，对情节严重的违规播出机构，要坚决做到从严执法、从严查处、从严追责。

请各省级广播电视行政部门将此通报及时转发辖区内所有播出机构，督促抓好落实。①

国家广播电视总局

2019 年 1 月 3 日

二　广告内容规范

广播电视广告内容规范，既体现一般性广告规范的基本要求，又体现广播电视媒体的独特属性，在此一并列出。需要强调的是，《广告法》及其他法规所规定的一般性广告规范，以及医疗、药品等行业性广告规范，对广播电视广告完全适用。

（一）广播电视广告是广播电视节目的重要组成部分，应当坚持正确导向，树立良好文化品位，与广播电视节目相和谐。

案例 8-8

国家广播电视总局办公厅关于停止播出

"美容贷"及类似广告的通知

各省、自治区、直辖市广播电视局，新疆生产建设兵团文化体育广电和旅游局，中央广播电视总台办公厅、电影频道节目中心、中国教育电视台：

近期发现，一些"美容贷"广告以低息甚至无息吸引青年，诱导超前消费、超高消费，涉嫌虚假宣传、欺骗和误导消费者，造成不良影响。为此，广电总局决定，自即日起，各广播电视和网络视听机构、平台一律停止播出"美容贷"及类似广告。

各广播电视和网络视听机构、平台要高度重视，增强"四个意识"、坚定"四个自信"、做到"两个维护"，严格落实意识形态工作

---

① 《国家广播电视总局关于延边卫视频道、宁夏广播电视台影视频道广告播出严重违规问题的通报》，http：//www.nrta.gov.cn/art/2019/1/4/art_113_40142.html，最后访问日期：2021 年 11 月 20 日。

责任制和广告宣传也要讲导向的要求，抓紧组织进行核查清理，确保上述要求落到实处，维护人民群众利益，营造良好传播环境。

各地各单位核查清理的情况，请于 10 月 15 日前报广电总局传媒司。①

国家广播电视总局办公厅

2021 年 9 月 27 日

（二）时政新闻类节（栏）目不得以企业或者产品名称等冠名。

（三）有关人物专访、企业专题报道等节目中不得含有地址和联系方式等内容。

（四）除福利彩票、体育彩票等依法批准的广告外，不得播出其他具有博彩性质的广告。

（五）广播电视广告禁止含有下列内容：

1. 反对宪法确定的基本原则的；

2. 危害国家统一、主权和领土完整，危害国家安全，或者损害国家荣誉和利益的；

3. 煽动民族仇恨、民族歧视，侵害民族风俗习惯，伤害民族感情，破坏民族团结，违反宗教政策的；

4. 扰乱社会秩序，破坏社会稳定的；

5. 宣扬邪教、淫秽、赌博、暴力、迷信，危害社会公德或者民族优秀文化传统的；

6. 侮辱、歧视或者诽谤他人，侵害他人合法权益的；

7. 诱使未成年人产生不良行为或者不良价值观，危害其身心健康的；

8. 使用绝对化语言，欺骗、误导公众，故意使用错别字或者篡改成语的；

9. 商业广告中使用、变相使用中华人民共和国国旗、国徽、国歌，使用、变相使用国家领导人、领袖人物的名义、形象、声音、名言、字体或

---

① 《国家广播电视总局办公厅关于停止播出"美容贷"及类似广告的通知》，http：//www.nrta.gov.cn/art/2021/9/27/art_113_58040.html，最后访问日期：2021 年 11 月 21 日。

者国家机关和国家机关工作人员的名义、形象的；

10. 药品、医疗器械、医疗和健康资讯类广告中含有宣传治愈率、有效率，或者以医生、专家、患者、公众人物等形象做疗效证明的；

11. 法律、行政法规和国家有关规定禁止的其他内容。

（六）禁止播出下列广播电视广告：

1. 以新闻报道形式发布的广告；

2. 烟草制品广告；

3. 处方药品广告；

4. 治疗恶性肿瘤、肝病、性病或者提高性功能的药品、食品、医疗器械、医疗广告；

5. 姓名解析、运程分析、缘分测试、交友聊天等声讯服务广告；

6. 出现"母乳代用品"用语的乳制品广告；

7. 法律、行政法规和国家有关规定禁止播出的其他广告。

案例 8-9

青海省广播电视台发布违法广告被处罚

2019 年 8 月 7 日，青海省市场监管局发布的一份行政处罚书显示，青海省广播电视台因违法发布减肥广告，被罚款 135000 元。

该处罚书指出，经调查查明，青海某有限责任公司系青海省广播电视台台属、台控、台管的全资公司，负责青海新闻综合频道除时政新闻节目以外的所有节目、广告及衍生产品（产业）的生产、营销、代理、发布业务。该公司于 2019 年 3 月 10 日与西安某信息科技有限公司签订《广告代理合同》，合同规定 2019 年 3 月 25 日至 4 月 25 日发布保健贴广告 50 次，广告每播一次定价 750 元，广告费用按实际播出次数计算。青海卫视自 2019 年 3 月 26 日开播至 4 月 11 日停播，其间共发布该保健贴广告 30 次，按合同计算应收广告费 22500 元，已开出广告费发票金额为 22500 元。

该保健贴广告以"不管是贪吃型大肚子、产后型大肚子、中年发福大肚子，还是老年三高大肚子，只要在肚脐上贴一贴，快的三星期，最多三个月大肚子没有了，粗胳膊粗腿都不见了，身材苗条又好看，三高人群肚子小了、指标正常了，身体变好了，减掉大肚子苗条又健康；胆固醇脂肪肝，都正常了；一些像三高心脑血管的疾病，就可以好转，直至消失"等内容，极力宣传"老伏膏消肚子贴"疾病治疗功能功效。

青海省市场监管局认为，青海省广播电视台发布的该保健贴广告，违反了《广告法》第 17 条规定，依据《广告法》第 58 条第 3 款"广告经营者、广告发布者明知或者应知有本条第一款规定违法行为仍设计、制作、代理、发布的，由市场监督管理部门没收广告费用，并处广告费用一倍以上三倍以下的罚款，广告费用无法计算或者明显偏低的，处十万元以上二十万元以下的罚款；情节严重的，处广告费用三倍以上五倍以下的罚款，广告费用无法计算或者明显偏低的，处二十万元以上一百万元以下的罚款，并可以由有关部门暂停广告发布业务、吊销营业执照"的规定，对其作出如下处罚：没收广告费用 750 元×30 次 = 22500 元；并处以五倍罚款 112500 元，合计 135000 元。①

三　广告播出规范

广播电视广告播出应当合理编排，坚持以人为本，遵循合法、真实、公平、诚实信用的原则。广告主、广告经营者不得通过广告投放等方式干预、影响广播电视节目的正常播出。具体播出规范，包括以下几点。

（一）商业广告控制总量、均衡配置

广播电视广告播出不得影响广播电视节目的完整性。除在节目自然段的间歇外，不得随意插播广告。播出机构每套节目每小时商业广告播出时长不得超过 12 分钟。其中，广播电台在 11：00 至 13：00 之间、电视台在 19：00 至 21：00 之间，商业广告播出总时长不得超过 18 分钟。在执行转播、直播任务等特殊情况下，商业广告可以顺延播出。播出电视剧时，不

---

① 《青海省广播电视台违法发布"老伏膏消肚子贴"减肥广告被罚款 135000 元》，https：//www.cqn.com.cn/ms/content/2019-08/08/content_7397036.htm，最后访问日期：2021 年 11 月 20 日。

得在每集（以 45 分钟计）中间以任何形式插播广告。播出电影时，插播广告参照电视剧规定执行。

（二）保证公益广告播出

播出机构每套节目每日公益广告播出时长不得少于商业广告时长的 3%。其中，广播电台在 11：00 至 13：00 之间、电视台在 19：00 至 21：00 之间，公益广告播出数量不得少于 4 条（次）。

（三）禁止挂角广告

挂角广告指在电视屏幕角落或边缘出现的，上浮于正常播出节目画面的一种广告形式，直接影响观众收看电视的效果。除电影、电视剧剧场或者节（栏）目冠名标识外，禁止播出任何形式的挂角广告。

（四）规范冠名标识

电影、电视剧剧场或者节（栏）目冠名标识不得含有下列情形：单独出现企业、产品名称，或者剧场、节（栏）目名称难以辨认的；标识尺寸大于台标，或者企业、产品名称的字体尺寸大于剧场、节（栏）目名称的；翻滚变化，每次显示时长超过 5 分钟，或者每段冠名标识显示间隔少于 10 分钟；出现经营服务范围、项目、功能、联系方式、形象代言人等文字、图像的。电影、电视剧剧场或者节（栏）目不得以治疗皮肤病、癫痫、痔疮、脚气、妇科、生殖泌尿系统等疾病的药品或者医疗机构作冠名。

（五）保证转播质量

转播、传输广播电视节目时，必须保证节目的完整性。不得替换、遮盖所转播、传输节目中的广告；不得以游动字幕、叠加字幕、挂角广告等任何形式插播自行组织的广告。

（六）境外媒体遵守法律

经批准在境内落地的境外电视频道中播出的广告，其内容应当符合中国法律、法规和《广播电视广告播出管理办法》的规定。

（七）尊重公众生活习惯

播出商业广告应当尊重公众生活习惯。在 6：30 至 7：30、11：30 至 12：30 以及 18：30 至 20：00 的公众用餐时间，不得播出治疗皮肤病、痔疮、脚气、妇科、生殖泌尿系统等疾病的药品、医疗器械、医疗和妇女卫生用品广告。

（八）控制酒类广告

播出机构应当严格控制酒类商业广告，不得在以未成年人为主要传播对象的频率、频道、节（栏）目中播出。广播电台每套节目每小时播出的烈性酒类商业广告，不得超过 2 条；电视台每套节目每日播出的烈性酒类商业广告不得超过 12 条，其中 19：00 至 21：00 之间不得超过 2 条。

（九）保证未成年人权益

在中小学生假期和未成年人相对集中的收听、收视时段，或者以未成年人为主要传播对象的频率、频道、节（栏）目中，不得播出不适宜未成年人收听、收视的商业广告。

（十）不得隐匿台标

播出电视商业广告时不得隐匿台标和频道标识。

案例 8-10

宁夏回族自治区广播电视台发布违法广告案

当事人在其宁夏影视频道发布含有"专治男人肾虚的老方子，1400 年秘藏独家发行，30 天前列腺疾病统统不见""全国成功治愈不育症、前列腺疾病患者达 3000 多万人""中华补肾第一药、皇家太医院秘传 500 年"等内容的保健食品等广告，且未履行审核责任，违反了《广告法》第 16、17、18、34 条的规定。2019 年 2 月，宁夏回族自治区市场监督管理厅作出行政处罚，责令停止发布违法广告，并处罚款 5 万元。①

四　广告行为规范

（一）播出机构从事广告经营活动应当取得合法资质，非广告经营部门不得从事广播电视广告经营活动，记者不得借采访名义承揽广告业务

---

① 《国家市场监督管理总局公布 2019 年第一批典型虚假违法广告案件》，https：//www.samr.gov.cn/xw/zj/201905/t20190508_293472.html，最后访问日期：2021 年 11 月 20 日。

（二）播出机构应当建立广告经营、审查、播出管理制度，负责对所播出的广告进行审查

（三）播出机构应当加强对广告业务承接登记、审核等档案资料的保存和管理

（四）药品、医疗器械、医疗、农药、兽药等须经有关行政部门审批的商业广告，播出机构在播出前应当严格审验其依法批准的文件、材料，不得播出未经审批、材料不全或者与审批通过的内容不一致的商业广告

案例 8-11

山西运城市广播电视台发布违法医疗广告案

当事人在其新闻综合频道发布含有"胃肠病健康联合普查通知，运城禹都胃肠中心，联合北京消化病医院，开展胃肠健康大普查，运城独家采用美国阿帕奇胃肠影像诊断仪，不插管，一目了然，安全无痛苦，轻松查胃肠"等内容的医疗广告，该广告未取得医疗广告审查证明。当事人作为广告发布者未核对广告内容。当事人行为违反了《广告法》第 30、34、46 条的规定。2018 年 10 月，运城市工商局作出行政处罚，责令停止发布违法广告，并处罚款 5 万元。①

五 播出管理规范

县级以上人民政府广播电视行政部门应当加强对本行政区域内广播电视广告播出活动的监督管理，建立、完善监督管理制度和技术手段；应当建立公众举报机制，公布举报电话，及时调查、处理并公布结果；在对广播电视广告违法行为作出处理决定后 5 个工作日内，应当将处理情况报上一级人民政府广播电视行政部门备案。

因公共利益需要等特殊情况，省、自治区、直辖市以上人民政府广播电视行政部门可以要求播出机构在指定时段播出特定的公益广告，或者作

---

① 《国家市场监督管理总局公布 2019 年第一批典型虚假违法广告案件》，https://www.samr.gov.cn/xw/zj/201905/t20190508_293472.html，最后访问日期：2021 年 11 月 19 日。

出暂停播出商业广告的决定。因广告主、广告经营者提供虚假证明文件导致播出的广告违反本办法规定的，广播电视行政部门可以对有关播出机构减轻或者免除处罚。

广播电视行政部门工作人员滥用职权、玩忽职守、徇私舞弊或者未依照本办法规定履行职责的，对负有责任的主管人员和直接责任人员依法给予处分。

广播电视行政部门鼓励广播电视公益广告制作和播出，对成绩显著的组织、个人予以表彰。

第三节　户外广告规范

户外广告是在建筑物外表或街道、广场等室外公共场所设立的以霓虹灯、广告牌、海报等为形态的广告信息。户外广告设施，指利用建筑物、构筑物、户外场地、城市轨道交通设施地面部分和公共交通工具等载体设置的灯箱、霓虹灯、电子显示装置以及其他向城市道路、公路、铁路、广场等城市户外公共空间发布广告的设施。户外广告历史悠久，分布广泛，地域性强，其内容、形式、载体都对社会有较大影响。

案例 8-12

广告牌砸伤行人四方担责

2021 年 4 月，福建省将乐县人民法院审结一起健康权纠纷案，判处广告牌所有人、管理人、使用人及未尽合理诊疗义务的医院赔偿被害人张某各项损失共计 775399.88 元。

法院审理查明，张某路过将乐县某电器公司经营的专卖店门口的人行过道时，该店铺门口悬挂的铁架广告牌突然坠落砸到张某，造成张某腰部和右下肢等多处受伤，张某被送至将乐某医院治疗。因伤情严重并恶化，随后张某被转院至福州某医院等多家医疗机构治疗。因各方就赔偿事宜无法达成一致意见，张某向将乐法院起诉，要求各方承担相应的赔偿责任。经张某申请，鉴定机构出具鉴定意见：将乐某医院未彻底清创及未使用抗生素抗感染治疗，未尽合理诊疗义务，存在过错，过错参与度拟为10%；福州某医院对感染的处理不及时，未尽合理诊疗义务，诊疗行为存在不足，但原因力大小为轻微因素，过错参与度拟为5%，其他医院不存在过错。

法院审理认为，将乐县某电器公司的经营者发现涉案广告牌铁架存在安全隐患后向有关部门反映，但未尽到告诫或警示义务。将乐县某大队接到通知后赶到现场拍照、查看，未作下一步处理，致使张某被砸伤。广告牌铁架的发起者和管理人是将乐县某公司，某养护中心系该工程的出资者，将乐县某大队对该路段公共设施收取管理费用。根据相关法律规定，建筑物、构筑物或者其他设施及其搁置物、悬挂物发生脱落、坠落造成他人损害，所有人、管理人或者使用人不能证明自己没有过错的，应当承担侵权责任。因此，将乐法院综合衡量各方存在的过错大小及原因力大小，判令将乐县某公司、某养护中心、将乐县某大队、将乐县某电器公司、将乐某医院、福州某医院各自承担40%、20%、15%、10%、10%、5%的赔偿责任。

判决后，原、被告各方均服判，所有被告将上述款项一次性支付完毕。同时，将乐法院向责任部门发出司法建议书，建议定期开展户外广告设施安全隐患排查和专项治理行动，规范隐患处置流程，履行安全提示义务，加强与户外广告牌所有者和使用者沟通，确保整改到位。责任部门对将乐法院的司法建议进行了书面反馈。①

一 户外广告规范的独特性

相比其他广告类型，户外广告规范有其独特属性，主要体现在两个方面。

（一）治理主体的综合性

户外广告既要接受市场监督管理部门的监督与管理，又要接受地方政府相关部门的监督与管理。

---

① 《广告牌坠落砸伤行人 法院：四方担责》，https://www.sohu.com/a/460795482_120542456，最后访问日期：2021年11月20日。

《广告法》第 41 条第 1 款规定："县级以上地方人民政府应当组织有关部门加强对利用户外场所、空间、设施等发布户外广告的监督管理，制定户外广告设置规划和安全要求。"这是基于户外广告的独特属性，作出的灵活安排。此条规定侧重于对户外广告设施、场所等方面，与市场监督管理部门对广告的监督管理并不冲突。

（二）治理依据的地方性

《广告法》第 41 条第 2 款规定："户外广告的管理办法，由地方性法规、地方政府规章规定。"

户外广告规范依据，既包括全国性法律法规，如《广告法》《反不正当竞争法》等，又包括地方性法规或文件，如《北京市户外广告设施、牌匾标识和标语宣传品设置管理条例》《深圳市户外广告管理办法》。

二　全国性户外广告规范

中国境内发布户外广告需要遵守的一般性规范，主要包括四个方面。

（一）户外广告设置不得利用交通安全设施、交通标志

交通安全设施指为保障行车和行人的安全，充分发挥道路的作用，在道路沿线所设置的道路基础设施，主要包括交通标志设施、交通标线、防撞设施、隔离栅、视线诱导设施、防眩设施、桥梁防抛网、里程标、百米标、公路界碑等。交通安全设施对减轻事故的严重度，排除各种纵、横向干扰，提供路侧保护和视线诱导，防止眩光对驾驶人视觉性能的伤害，改善道路景观等起着重要的作用。

交通标志是用图形符号、颜色和文字向交通参与者传递特定信息，用于管理交通的设施，主要起到提示、诱导、指示等作用。交通标志主要包括警告标志、禁令标志、指示标志、指路标志、旅游区标志、道路施工安全标志等主标志以及附设在主标志下的辅助标志。

（二）户外广告设置不得影响市政公共设施、交通安全设施、交通标志、消防设施、消防安全标志使用

所谓影响使用，指户外广告虽未直接发布在相关设施上面，但对其产生了遮挡、污染等，影响了后者的正常使用。

市政公共设施即城市中供广大群众在日常生活中使用的相关设施，包括城市道路及其设施、城市桥涵及其设施、城市排水设施、城市防洪设施、城市道路照明设施、城市建设公用设施等。消防设施是指户外或建筑物内外的火灾自动报警系统、室内消火栓、室外消火栓等固定设施。消防安全标志是由安全色、边框、图像为主要特征的图形符号或文字构成的标志，用以表达与消防有关的安全信息，如紧急出口标志、疏散通道标志等。

（三）户外广告设置不得妨碍生产或者人民生活，损害市容市貌

市容市貌，指由城市道路、建筑物、园林绿地、户外广告及标志、夜景灯饰、施工工地、水域环境和环境卫生等所构成的城市景观。户外广告不仅是商业信息，也是城市景观的重要组成部分，须符合城市整体定位与规划。

（四）不得在国家机关、文物保护单位、风景名胜区等的建筑控制地带，或者县级以上地方人民政府禁止设置户外广告的区域设置户外广告

文物保护单位指在具有历史、艺术、科学价值的古文化遗址、古墓葬、古建筑、石窟寺和石刻等所在地设立的，用于文物保护工作的单位。我国文物保护单位分为三级，即全国重点文物保护单位、省级文物保护单位和市县级文物保护单位。

案例 8-13

楼盘用交通标志牌打广告被处罚

2020 年 8 月，江苏盐城警方接到网友举报，某楼盘违法占用交通标志牌打广告。这些广告牌，有的安装在路灯边，有的安装在交通标志立杆的横臂处，不仅让人眼花缭乱，还极易让过往司机分心，影响正常驾驶，引发交通事故。接到举报后，盐城交警立即开展调查。

交警大队约谈相关房地产公司及广告公司负责人，并要求立即落实整改措施。很快，违法占用的交通标志牌恢复原样，路灯边立牌广告也被拆除，广告公司负责人被处以 2000 元行政处罚。①

---

① 《震惊！楼盘竟用交通标志牌打广告》，http://m. top. cnr. cn/sogoudh/jrrd/20200901/t20200901_525235687. html，最后访问日期：2021 年 11 月 21 日。

三　北京市户外广告规范

北京是中国首都、直辖市、国家中心城市、超大城市，国务院批复确定的中国政治中心、文化中心、国际交往中心、科技创新中心。其户外广告治理依据为《北京市户外广告设施、牌匾标识和标语宣传品设置管理条例》，具有一定借鉴价值。

（一）治理目的

落实北京城市总体规划，加强本市户外广告设施、牌匾标识和标语宣传品管理，合理规划利用城市空间资源，维护城市景观风貌，建设高品质的城市公共空间。

（二）治理主体

北京市人民政府统一领导本市户外广告设施的管理工作。区人民政府负责协调本行政区域内户外广告设施设置的管理工作。街道办事处、乡镇人民政府负责本辖区内户外广告设施的日常管理工作。

市城市管理部门具体负责本市户外广告设施设置的管理工作，会同有关部门对各区户外广告设施设置的管理工作进行指导检查和考核评价，组织制定、宣传相关政策、标准和规范。各区城市管理部门以及经济技术开发区、火车站地区等市人民政府确定的地区管理机构具体负责区域内户外广告设施设置的管理工作。城市管理综合执法机构负责指导和综合协调户外广告设施设置的行政执法工作。

其他有关部门按照各自职责和本条例规定，做好户外广告设施设置的相关管理工作。

（三）基本原则

1. 保障城市活力和严格规范管理相结合，遵循市级统筹、属地负责，科学规划、合理布局的原则。

2. 遵守法律、法规、规章以及国家和本市的相关规划、技术标准和规范，与城市区域功能和风貌相适应，与街区历史文化和人文特色相融合，与周围市容环境和城市景观相协调。

3. 安全牢固，符合节能环保要求，不得危及人身安全，不得影响建筑物、构筑物安全和功能，不得妨碍相邻建筑物、构筑物的通风、采光，不得妨碍交通和消防安全。

（四）整体规划

1. 市城市管理部门应当组织市政府有关部门，编制全市户外广告设施设置专项规划，经市规划和自然资源主管部门组织审查，报市人民政府批准后，向社会公布。

2. 全市户外广告设施设置专项规划应当明确商业户外广告设施禁止设置区域、限制设置区域、允许设置区域的划分标准和公益户外广告设施布局要求，确定户外广告设施总量、类型以及设置密度、面积上限、亮度控制、设置期限等规划指标。

3. 街区户外广告设施设置规划应当明确街区内商业户外广告设施的禁止设置区域、限制设置区域、允许设置区域，明确公益户外广告设施布局，确定户外广告设施的设置地块、风貌要求、设置密度、面积上限、亮度控制、运行时间、设置期限以及临时性商业户外广告设施的设置要求等规划内容。

4. 编制户外广告设施设置规划，应当采取论证会、座谈会等形式，广泛听取人大代表、政协委员、各有关部门、行业协会、专家和不同利益群体的意见，并向社会公开征求意见。

5. 经批准的户外广告设施设置规划在规划期限内不得擅自调整；确需调整的，编制机关应当按照规定程序重新办理批准手续。

6. 城市管理部门应当组织有关部门、公共汽电车运营企业根据车型以及运营线路，编制公共交通固定运营线路上的公共汽电车车身户外广告设置方案，明确车身广告的设置部位、类型、材质以及安全保证措施等要求，并向社会公布。其他车辆禁止设置车身户外广告。

7. 城市管理部门应当组织交通、公安机关交通管理等部门和公共汽电车运营企业以及有关专家根据户外广告设施设置规划，结合公交候车亭样式，编制公交候车亭户外广告设施设置方案，明确设置区域、类型、面积控制等内容，并向社会公布。公交候车亭户外广告设施由公交候车亭权属单位按照公交候车亭户外广告设施设置方案的要求设置，并做好日常维护管理。

（五）禁止区域

下列区域禁止设置商业户外广告设施：

1. 天安门广场以及广场东、西两侧、中南海以及故宫周边；

2. 长安街及其延长线东起国贸桥东端西至新兴桥西端道路两侧；

3. 钓鱼台国宾馆周边；

4. 国家以及本市党政机关、外国使领馆区域；

5. 军事机关、军事禁区用地范围内；

6. 湿地、风景名胜区的管理范围内；

7. 文物保护单位、历史建筑的保护范围内；

8. 市人民政府确定的其他区域。

第 1 项至第 4 项规定的区域的具体界线由城市管理部门在户外广告设施设置规划中明确。

（六）禁设位置

下列位置，禁止设置户外广告设施：

1. 交通安全设施、市政公共设施、公共绿地；

2. 立交桥、人行过街桥、铁路桥等桥梁；

3. 违法建筑物、构筑物及设施；

4. 危险建筑物、构筑物及设施；

5. 建筑物顶部。

（七）设置规范

1. 不得影响交通安全设施、市政公共设施、交通管理设施、消防安全标志、无障碍设施的使用；

2. 不得妨碍机场、火车站、城市轨道交通场站、公共汽电车场站等交通场站的安全运行；

3. 不得影响道路交通安全；

4. 不得超出建筑物顶部；

5. 不得妨碍他人生产生活；

6. 不得破坏城市景观或者建筑物、构筑物外观；

7. 不得损毁绿地或者影响植物生长；

8. 不得影响户外广告设施载体安全；

9. 不得违反规划利用户外台阶、楼梯扶手、栏杆、建筑物窗户；

10. 不得违反规划确定的亮度控制要求；

11. 法律、法规、规章对户外广告设施设置的其他规定。

（八）行为规范

1. 任何单位和个人不得为违反户外广告设施设置规划的户外广告设施提供设置载体。

2. 在建筑物、构筑物上设置附着式户外广告设施的，建筑物、构筑物所有权人或者管理人应当事先委托房屋安全鉴定机构就户外广告设施对建筑物、构筑物安全的影响进行评估；经评估，不符合安全要求的，不得设置。

3. 本市建立户外公共空间广告设施设置权的有偿出让制度，通过拍卖等公平竞争方式对城市道路两侧、广场等公共空间的户外广告设施设置权实行有偿出让。有偿出让的具体范围和办法由市城市管理部门会同市财政、规划和自然资源、发展和改革等部门拟订，报市人民政府批准后实施。

4. 在有偿使用期限内，因户外广告设施设置规划调整导致商业户外广告设施需要拆除或者整改的，设施所有人应当按照调整后的规划对设施进行拆除或者整改；经评估，政府对设施所有人给予合理的补偿。

5. 在规划期限内，户外广告设施设置规划调整导致以无偿取得的户外广告设施设置权而设置的户外广告设施需要拆除或者整改的，设施所有人应当按照调整后的规划对设施进行拆除或者整改；经评估，政府对设施所有人的设施建造费用给予必要的补偿。

6. 为举办商品交易、产品展销、商业庆典等临时性商业活动设置临时性商业户外广告设施的，应当符合临时性商业户外广告设施的设置要求，其设置范围不得超出活动举办场所；没有活动举办场所的，不得设置。临时性商业户外广告设施应当于活动结束后 2 日内撤除。

（九）安全管理

户外广告设施所有人承担下列安全管理责任：

1. 对户外广告设施、固定式牌匾标识和标语宣传品进行日常安全检查和维护维修，保持其安全、牢固；不符合安全要求的，及时整改或者拆除；

2. 委托专业机构每 2 年对大型（任意边长大于等于 4 米，或者面积大于等于 10 平方米）或者距地 10 米以上的户外广告设施、固定式牌匾标识进行安全鉴定，并将安全鉴定信息上传至综合服务信息系统；

3. 对连接互联网的电子显示装置控制系统开展日常网络安全检查检测；

4. 在气象部门发布雨、雪、大风等蓝色以上预警信号时，及时对户外广告设施、固定式牌匾标识和标语宣传品进行安全检查；

5. 发现户外广告设施、固定式牌匾标识和标语宣传品存在安全隐患的，及时采取加固或者拆除等安全防范措施。

户外广告设施所有人或者管理人对安全管理责任的承担另有约定的，按照约定执行。

（十）日常维护

户外广告设施所有人应当对户外广告设施、牌匾标识和标语宣传品承担下列日常维护责任：

1. 保持户外广告设施、牌匾标识和标语宣传品整洁、完好、美观；出现破损、画面脏污、严重褪色、字体残缺等影响市容市貌情形的，及时维修、更新；

2. 配置夜间照明设施的，保持照明设施功能完好；

3. 设置霓虹灯、电子显示装置、灯箱等设施的，保持功能正常、显示完整；设施残损、显示异常的，及时维护、更换，并在修复前停止使用；

4. 相关设施达到设计使用年限的，及时更新。

案例 8-14

广告牌坠落伤人须担责

2019 年 6 月 4 日，正阳县人民法院审理了一起广告牌坠落引起的侵权赔偿纠纷案件，法院依法判决广告牌管理人李某赔偿受害人各项经济损失 13.7 万元。

李某是一个体餐饮老板，经营包子、胡辣汤等早餐饮食。为吸引顾客到其餐饮店吃早餐，在其经营的门店门头上面悬挂一广告牌。2019 年 3 月的一天，当张某步行路过李某门店时，头顶一块广告牌突然掉下来，将张某砸倒在地。事发后，张某被及时送到医院，在医院里治疗了 18 天。张某被砸伤后，李某垫付医药费，住院期间还给了张某 1000 元生活费。出院后，医生说还需要后期治疗费 1.5 万余元。经过鉴定，这次意外伤害给张某造成了9级伤残。

随后，张某将广告牌所属管理人李某告上法院，要求赔偿医疗费、伤残费共计12.7万元，另外还主张了5万元的精神抚慰金。

法院审理认为：张某的遭遇，属物件致人损害引发的赔偿纠纷。我国《侵权责任法》规定：建筑物、构筑物或者其他设施及其搁置物、悬挂物发生脱落、坠落造成他人损害，所有人、管理人或者使用人不能证明自己没有过错的，应当承担侵权责任。本案中，广告牌管理人李某应对张某所遭受的损失承担赔偿责任。根据庭审查明事实，张某主张的住院伙食补助费、后期治疗费、残疾赔偿金、误工费、鉴定费有事实和法律依据，予以支持。关于精神损害抚慰金，综合考虑张某的伤情、管理人李某的过错程度、事发后李某的理赔态度等因素，法院酌情支持1万元。广告牌所属管理人李某合计赔偿张某各种费用及精神损害抚慰金共计13.7万元。①

本章小结

部分媒体因其信息形态与传播方式的特殊性，在发布广告业务的时候，除了遵守一般性广告规范，还须遵守特定媒体广告规范。具有代表性的广告媒体，主要有互联网媒体、广播电视媒体与户外媒体。

互联网广告，是指通过网站、网页、互联网应用程序等互联网媒介，以文字、图片、音频、视频或者其他形式，直接或者间接地推销商品或者服务的商业广告。互联网广告治理目的在于规范互联网广告活动，保护消费者的合法权益，促进互联网广告业的健康发展，维护公平竞争的市场经济秩序，主要依据《广告法》《互联网广告管理暂行办法》以及其他相关法规。

广播电视广告治理，旨在规范广播电视广告播出秩序，促进广播电视广告业健康发展，保障公民合法权益，主要依据《广告法》《广播电视广

---

① 正阳：《广告牌坠落伤人须担责》，《河南日报》2019年6月21日。

告播出管理办法》以及其他法律法规。

户外广告分布广泛，地域性强，其内容、形式、载体都对社会有较大影响。户外广告规范有其独特属性：一是治理主体的综合性，户外广告既要接受市场监督管理部门的监督与管理，又要接受地方政府相关部门的监督与管理；二是治理依据的地方性，户外广告的管理办法，由地方性法规、地方政府规章规定。

思　考

1. 运用相关法的知识，对本章所列案例予以简要分析。
2. 结合现实，列举并思考互联网广告常见的违规现象。
3. 结合现实，列举并思考广播电视广告常见的违规现象。
4. 结合现实，列举思考户外广告常见的违规现象。

延伸阅读

《中华人民共和国网络安全法》。

《中华人民共和国电子商务法》。

《互联网广告管理暂行办法》。

《广播电视广告播出管理办法》。

《北京市户外广告设施、牌匾标识和标语宣传品设置管理条例》。

《深圳市户外广告管理办法》。

《即时通信工具公众信息服务发展管理暂行规定》。

《互联网用户公众账号信息服务管理规定》。

《电信和互联网用户个人信息保护规定》。

《互联网新闻信息服务管理规定》。

《互联网直播服务管理规定》。

《移动互联网应用程序信息服务管理规定》。

第九章　公益广告治理

公益广告,指传播社会主义核心价值观,倡导良好道德风尚,促进公民文明素质和社会文明程度提高,维护国家和社会公共利益的非营利性广告,包括消防安全类、文明交通类、绿色环保类、科学上网类、尊老爱幼类、禁烟禁毒类、节约能源类等多种形态。对公益广告进行科学治理,是广义广告治理的重要构成,也是国家治理与社会治理应有之义。

第一节　公益广告治理综述

公益广告治理不同于商业广告治理,在治理目的、治理主体、治理原则等方面有其独特属性。

一　概念澄清

对公益广告进行治理,首先要明确公益广告外延,澄清哪些广告不是公益广告。

(一) 公益广告应当与商业广告相区别,商业广告中涉及社会责任内容的不属于公益广告

商业广告的本质在于营利。无论该广告采取何种形式,通过何种媒介,发布于何种场所,只要出于营利目的,都属于商业广告范畴。其推广的方式,可以是直接推广商品或者服务,也可以是通过宣传企业文化、价值观念或者社会责任间接推广商品或者服务。任何商业广告,都属于《广告法》调整范畴。广告主、广告经营者、广告发布者等,不能利用商业广告中的社会责任等元素，而将其混同于公益广告，以逃避商业广告监管。无论是商业广告治理主体，还是公益广告治理主体，对此都要有清晰的认识，尤其要防止以公益广告名义发布商业广告的违法现象。

案例 9-1

河南严厉打击以公益广告名义违法发布商业广告的行为

2018 年 5 月，河南省工商局发布通知，明确本年度加强公益广告监管的三项重点工作。一是加强公益广告导向管理。强化公益广告监管，对价值导向不正确、违反国家法律法规和社会主义道德规范要求，以及语言文字使用不规范，文化格调不高的公益广告进行整治和规范。二是严厉打击以公益广告名义变相发布商业广告的行为。三是督促媒体公益广告的制作发布。对广告媒介单位发布公益广告情况进行监测和检查，定期公布公益广告发布情况；配合相关部门对媒体不按规定要求发布公益广告，或发布公益广告条次、时长不达标，时段和版面不合规的行为予以纠正。

通知要求，各级工商部门要进一步增强责任感，结合本地实际，制定工作方案，明确目标要求，细化时间节点，强化推进措施，认真履行监管职责。营造全社会共同监督公益广告、共同促进公益广告事业发展的良好局面。①

（二）公益广告应当与公共信息相区别，政务信息、服务信息等各类公共信息不属于公益广告

公共信息是指所有社会成员都能够自由获取或者依法获得的与公众利益相关的信息。其中政府信息指行政机关在履行行政管理职能过程中制作或者获取的，以一定形式记录、保存的信息，服务信息指相关部门服务于民众福祉的公共信息，如社区便民通告等。

公共信息是社会正常运转、机构正常履职的基本手段，不同于公益广告。

---

① 聂春洁：《加强公益广告监管　做好三项重点工作》，《郑州日报》2018 年 5 月 13 日。

（三）公益广告应当与宣传片相区别，专题宣传片不属于公益广告

专题宣传片指运用电视、电影的表现手法，围绕某一专题，有重点、有针对、有秩序地进行策划、拍摄、录音、剪辑、配音、合成，最终形成的宣传作品，常见的有企业宣传片、产品宣传片、招商宣传片、景区宣传片、城市宣传片、人物宣传片等。专题宣传片一般有复杂的动机与目的，有较为明确的受益主体，不可与公益广告相混淆。

二　治理目的

公益广告治理目的，主要有以下三个。一是促进公益广告事业发展，二是规范公益广告管理，三是发挥公益广告在社会主义经济建设、政治建设、文化建设、社会建设、生态文明建设中的积极作用。

案例 9-2

丽江强化集贸市场公益广告监管

2020 年 8 月以来，云南省丽江市市场监管局结合爱国卫生 7 个专项行动，注重加强对集贸市场公益广告宣传牌的监管。

一是组成专班抓落实。成立专班工作领导小组，指定专人负责，建立各市场监管所和市场开办方公益广告覆盖工作联系人制度，做好对辖区内集贸市场公益广告覆盖情况的前期摸底调查，迅速确定各市场内固定宣传栏数量及可供公益广告宣传覆盖使用的位置。

二是持续跟进提效果。及时督促辖区内各集贸市场做好公益广告的投放位置、内容、发布形式等工作，确保诚信主题公益广告在显著位置展示，提升食品安全及社会主义核心价值观的公益广告覆盖率和宣传效果。

三是上下联动强监管。各县区市场监管局严格落实属地管理原则，负责本辖区集贸市场的公益广告监管，坚持做到"监管、有益、培育、发展"的目的，加强对公益广告的有效监管。

四是营造氛围共抗疫。切实做好集贸市场内疫情防控有关知识的普及和宣传，落实好疫情防控制度措施，营造共同抗疫的良好氛围。

五是定期检查勤督导。建立定期复查制度，对各集贸市场公益广告的投放进度和效果进行追踪检查和持续督导，巩固公益广告覆盖的良好效果。

此次集中监管活动，对丽江市主城区内20个集贸市场公益广告覆盖情况开展现场督导工作累计出动401人次，整改问题53个。①

三　治理主体

公益广告活动在中央和各级精神文明建设指导委员会指导协调下开展。

市场监督管理部门履行广告监管和指导广告业发展职责，负责公益广告工作的规划和有关管理工作。

新闻出版广电部门负责新闻出版和广播电视媒体公益广告制作、刊播活动的指导和管理。

通信主管部门负责电信业务经营者公益广告制作、刊播活动的指导和管理。

网信部门负责互联网企业公益广告制作、刊播活动的指导和管理。

铁路、公路、水路、民航等交通运输管理部门负责公共交通运载工具及相关场站公益广告刊播活动的指导和管理。

住房和城乡建设部门负责城市户外广告设施设置、建筑工地围挡、风景名胜区公益广告刊播活动的指导和管理。

精神文明建设指导委员会其他成员单位应当积极做好公益广告有关工作，涉及本部门职责的，应当予以支持，并做好相关管理工作。

案例 9-3

中央文明办联合多家单位开展 2022 全国公益广告大赛

由中央文明办、人民日报社、教育部、应急管理部联合主办，人民日报社政治文化部、人民日报传媒广告有限公司承办的"2022 全国

---

① 《云南省丽江市五措施强化集贸市场公益广告监管》，https://www.cqn.com.cn/zj/content/2021-02/01/content_8664329.htm，最后访问日期：2021 年 11 月 22 日。

公益广告大赛"正式启动。2022北京冬奥会金牌获得者任子威受邀担任本届大赛的形象大使。

本届大赛的主题是"以创意 助公益",旨在推动优秀公益广告创作,以公益广告精品引导社会关注关切,传递温暖温情,弘扬时代新风,培育文明风尚,为党的二十大胜利召开营造良好氛围。

大赛面向全国征集公益广告作品,政府、企业、机构、院校、团队或个人均可报名参赛。征集作品主题涵盖社会主义核心价值观、精神文明创建、弘扬中华优秀传统文化、乡村振兴、低碳行动、生物多样性、中国特色志愿服务、生产生活安全、防灾减灾救灾、关爱妇女儿童老年人残疾人群体10个方面内容,作品形式包括平面类、视频类等。

全国公益广告大赛自2013年至今已成功举办5届,得到社会各界高度关注和广泛好评。大赛既是一场赛事,更是一次汇聚善意的公益行动,让公益的力量温暖社会、温暖每一个人。①

四 治理依据

我国目前规范化的公益广告治理依据主要是《公益广告促进和管理暂行办法》,由国家工商行政管理总局、国家互联网信息办公室、工业和信息化部、住房和城乡建设部、交通运输部、国家新闻出版广电总局于2016年1月15日发布,2016年3月1日起施行。

如公益广告活动违反办法规定,有关法律、法规、规章有规定的,由有关部门依法予以处罚;有关法律、法规、规章没有规定的,由有关部门予以批评、劝诫,责令改正。

五 治理原则

公益广告治理须遵循以下原则。

---

① 曹树林:《2022全国公益广告大赛正式启动》,《人民日报》2022年5月29日。

（一）国家鼓励

国家鼓励、支持开展公益广告活动，鼓励、支持、引导单位和个人以提供资金、技术、劳动力、智力成果、媒介资源等方式参与公益广告宣传。

国家支持和鼓励在生产、生活领域增加公益广告设施和发布渠道，扩大社会影响。

（二）责任共担

有关部门和单位应当运用各类社会媒介刊播公益广告。

公益广告主管部门应当制定并公布年度公益广告活动规划，建立公益广告作品库，稿件供社会无偿选择使用，对单位和个人自行设计制作发布公益广告无偿提供指导服务。

各类广告发布媒介均有义务刊播公益广告，有义务刊播精神文明建设指导委员会审定的公益广告通稿作品。

住房和城乡建设部门编制户外广告设施设置规划，应当规划一定比例公益广告空间设施。发布广告设施招标计划时，应当将发布一定数量公益广告作为前提条件。

市场监督管理部门对广告媒介单位发布公益广告情况进行监测和检查，定期公布公益广告发布情况。

（三）综合考评

发布公益广告情况纳入文明城市、文明单位、文明网站创建工作测评。

广告行业组织应当将会员单位发布公益广告情况纳入行业自律考评。

公益广告发布者应当于每季度第一个月5日前，将上一季度发布公益广告的情况报当地工商行政管理部门备案。广播、电视、报纸、期刊以及电信业务经营者、互联网企业等还应当将发布公益广告的情况分别报当地新闻出版广电、通信主管部门、网信部门备案。

（四）保护产权

公益广告设计制作者依法享有公益广告著作权，任何单位和个人应依法使用公益广告作品，未经著作权人同意，不得擅自使用或者更改使用。

第二节　公益广告内容准则

公益广告内容准则，主要包括两个方面。

一　保证作品质量

公益广告须价值导向正确，符合国家法律法规和社会主义道德规范要求；体现国家和社会公共利益；语言文字使用规范；艺术表现形式得当，文化品位良好。

案例 9-4

公益广告使用仿制人民币图样被处罚

2018 年 1 月，某广告公司在其经营、发行的广告印刷品上自行制作并发布了"100 元，究竟能做什么"的公益广告，旨在号召全社会关注因贫失学的儿童教育问题，并配有仿制的 100 元人民币图样。

人民币是中华人民共和国的法定货币，人民币图样是指中国人民银行发行的纸币、硬币和纪念币的完整图案或主景图案，其所有权和使用权属于中国人民银行，依法受到法律保护。任何单位和个人不得伪造、变造或者印制完整的人民币图样及用于广告宣传品、出版物及其他商品上。

该广告公司上述行为违反了《人民币管理条例》第 26 条第 1 款"禁止下列损害人民币的行为"第 2 项"制作、仿制、买卖人民币图样"，依据该条例第 43 条第 1 款"违反本条例第二十五条、第二十六条第一款第二项和第四项规定的，由工商行政管理机关和其他有关行政执法机关给予警告，没收违法所得和非法财物，并处违法所得 1 倍以上 3 倍以下的罚款；没有违法所得的，处 1000 元以上 5 万元以下的罚款"的规定，对其处以罚款 2000 元。[①]

---

① 《北京怀柔：公益广告使用仿制人民币图样　广告公司被罚 2000 元》，http://sh.wenming.cn/GYGG/GYBB/201801/t20180130_4575577.html，最后访问日期：2021 年 11 月 24 日。

二　确保公益属性

企业出资设计、制作、发布或者冠名的公益广告，可以标注企业名称和商标标识，但应当符合以下要求：不得标注商品或者服务的名称以及其他与宣传、推销商品或者服务有关的内容，包括单位地址、网址、电话号码、其他联系方式等；平面作品标注企业名称和商标标识的面积不得超过广告面积的1/5；音频、视频作品显示企业名称和商标标识的时间不得超过5秒或者总时长的1/5，使用标版形式标注企业名称和商标标识的时间不得超过3秒或者总时长的1/5；公益广告画面中出现的企业名称或者商标标识不得使社会公众在视觉程度上降低对公益广告内容的感受和认知；不得以公益广告名义变相设计、制作、发布商业广告。违反上述规定的，视为商业广告。

案例9-5
以公益广告名义推销药品受处罚

某企业发布的"××戒烟药物"公益广告，以"公益名义"变相推销药品，涉嫌多处违法。

一则名为《戒烟，单靠毅力行不通》的公益广告称，上海梅陇中学的数学老师小徐，虽然年仅29岁，却是个有12年烟龄的烟民了。小徐到上海瑞金医院的戒烟门诊求助，希望能够彻底离开香烟。"医生建议小徐尽早戒烟，并制订了一套药物治疗结合行为干预的个性化治疗方案。在药物治疗中，医生向徐推荐了在国内外广受专业医生推崇的戒烟药物××。服药第12周，在妻子和医生的鼓励声中，小徐成功戒烟。"

另一则名为《健康为本，"戒烟"先行》的公益广告称，烟民杨杰是一家4A广告公司的总监，是圈内出了名的"烟枪"。在妻子的坚持下，杨杰来到了戒烟门诊求助。××药物能安全有效戒烟，原本戒烟无望的杨杰在短短2个月内轻松摆脱了尼古丁依赖。

上海市市场监督管理局初步调查后发现，上海梅陇中学并没有姓徐的数学老师，该内容应属虚构，而且即使真有其人，也违反了《广告法》中"药品广告不得利用医疗机构或患者名义作证明"的规定，以及"处方药只能在指定刊物发布广告宣传"的规定。

该公司中国网站称，其"生产的××是一种专为戒烟而设计研发、适用于成人戒烟的新型非尼古丁类药物。目前已被美国食品和药品管理局、欧洲药品管理局和中国食品药品监督管理局等几十个国家机构批准上市"。但据市工商局查证，上述公益广告中并没有"药准字"和"药广审"的批准文号。

以"公益"名义变相发布处方药品广告是一种违法行为，它极易误导消费者。①

第三节　公益广告发布规范

传播媒介须承担发布公益广告的义务，遵循相应发布规范。

一　广播电视发布规范

广播电台、电视台按照新闻出版广电部门规定的条（次），在每套节目每日播出公益广告。

广播电台在6：00至8：00之间、11：00至13：00之间，电视台在19：00至21：00之间，播出数量不得少于主管部门规定的条（次）。

2018年7月1日，国家广播电视总局建设的"全国优秀广播电视公益广告作品库"启用。②作品库按要求汇集全国优秀广播电视公益广告作品，面向全系统、全社会宣传推广优秀作品，向全系统推荐播出并统计公益广告制播数据，对接"国家广播电视总局优秀公益广告"微信公众号和重点视听网站，为推动广播电视公益广告全方位、全媒体宣传提供保障。主要功能分为七部分：优秀作品汇集、分类；优秀作品推荐；作品浏览、分

---

① 诸达鹤：《虚构烟民讲戒烟故事　公益广告涉嫌违法》，《新闻晨报》2009年11月23日。
② 《国家广播电视总局关于启用"全国优秀广播电视公益广告作品库"的通知》，http://www.nrta.gov.cn/art/2018/6/21/art_113_38269.html，最后访问日期：2021年11月25日。

享、下载；公益广告制作、播放、下载等统计；政策法规公布；播出情况统计；经验介绍与交流。截至 2022 年 6 月，作品库收入作品 767 部，总播放次数 450445，总下载次数 529562。①

二 报纸发布规范

中央主要报纸平均每日出版 16 版（含）以上的，平均每月刊登公益广告总量不少于 8 个整版；平均每日出版少于 16 版多于 8 版的，平均每月刊登公益广告总量不少于 6 个整版；平均每日出版 8 版（含）以下的，平均每月刊登公益广告总量不少于 4 个整版。

省（自治区、直辖市）和省会、副省级城市党报平均每日出版 12 版（含）以上的，平均每月刊登公益广告总量不少于 6 个整版；平均每日出版 12 版（不含）以下的，平均每月刊登公益广告总量不少于 4 个整版。

其他各级党报、晚报、都市报和行业报，平均每月刊登公益广告总量不少于 2 个整版。

三 期刊发布规范

中央主要时政类期刊以及各省（自治区、直辖市）和省会、副省级城市时政类期刊平均每期至少刊登公益广告 1 个页面。

其他大众生活、文摘类期刊，平均每两期至少刊登公益广告 1 个页面。

四 网站发布规范

政府网站、新闻网站、经营性网站等应当每天在网站、客户端以及核心产品的显著位置宣传展示公益广告。其中，刊播时间应当在 6：00 至 24：00 之间，数量不少于主管部门规定的条（次）。

鼓励网站结合自身特点原创公益广告，充分运用新技术新手段进行文字、图片、视频、游戏、动漫等多样化展示，论坛、博客、微博客、即时

---

① 全国优秀广播电视公益广告作品库官网，http：//gy. nrta. gov. cn/index. html#/？Adtype = 0，最后访问日期：2022 年 6 月 5 日。

通信工具等多渠道传播，网页、平板电脑、手机等多终端覆盖，长期宣传展示公益广告。

五　电信发布规范

电信业务经营者要运用手机媒体及相关经营业务经常性刊播公益广告。

案例 9-6

中国移动 2021 年部分公益短信

★推行垃圾分类　绿色低碳出行★让四处蔓延的垃圾回归万物应有的循环。污水不再横流，田野明净如初。【郑州市精神文明建设指导委员会】

大疫当前，处处是"战场"、人人是"战士"。让我们携手同行、守望相助、持续努力，摒弃松懈厌战情绪，增强疫情防控自觉，从现在做起，从点滴做起，从你我做起，改变旧习、践行文明，保护好自己，呵护好家人，守护好家园！【郑州市精神文明建设指导委员会】

省应急厅提醒：驾车出门游，安全记心头，勿高速超行、莫酒后开车；疲劳驾驶危害大，超负载客隐患多；转弯坡道莫超车，交叉路口莫抢行。

焚烧秸秆、污染大气，秸秆还田、肥沃土地。【河南省农业农村厅宣】

省防指黄河防办温馨提醒：目前黄河水量较大，水深流急，请您提醒家人和朋友，不要下河游泳、捕鱼，珍爱生命，远离河道！祝幸福平安！

六　其他场景发布规范

机场、车站、码头、影剧院、商场、宾馆、商业街区、城市社区、广场、公园、风景名胜区等公共场所的广告设施或者其他适当位置，公交车、地铁、长途客车、火车、飞机等公共交通工具的广告刊播介质或者其他适当位置，适当地段的建筑工地围挡、景观灯杆等构筑物，均有义务刊播公益广告通稿作品或者经主管部门审定的其他公益广告。此类场所公益广告的设置发布应当整齐、安全，与环境相协调，美化周边环境。

工商行政管理、住房和城乡建设等部门鼓励及支持有关单位和个人在商品包装或者装潢、企业名称、商标标识、建筑设计、家具设计、服装设计等日常生活事物中，合理融入社会主流价值，传播中华文化，弘扬中国精神。

本章小结

公益广告治理是广义广告治理的重要构成，也是国家治理与社会治理应有之义。公益广告治理依据主要是《公益广告促进和管理暂行办法》。

公益广告应当与商业广告相区别，商业广告中涉及社会责任内容的，不属于公益广告。公益广告应当与公共信息相区别，政务信息、服务信息等各类公共信息不属于公益广告。公益广告应当与宣传片相区别，专题宣传片不属于公益广告

公益广告治理目的，在于促进公益广告事业发展，规范公益广告管理，发挥公益广告在社会主义经济建设、政治建设、文化建设、社会建设、生态文明建设中的积极作用。公益广告治理须遵循国家鼓励、责任共担、综合考评、保护产权等原则。

公益广告规范主要包括内容准则与发布规范两个方面。

思　考

1. 运用相关专业知识，对本章所列案例予以简要分析。

2. 结合现实，列举并思考公益广告常见的违规问题。

3. 思考公益广告与商业广告的根本区别。

4. 思考公益广告与社会广告的主要区别。

5. 思考公益广告治理原则在现实中的应用。

延伸阅读

《公益广告促进和管理暂行办法》。

宋玉书：《公益广告教程》，北京大学出版社，2017。

第十章 广告法律责任

广告法律责任指广告主、广告经营者、广告发布者和广告代言人等广告活动当事人，对其在广告活动中实施的违法行为及其造成的后果，应承担的带有强制性的法律上的责任。

广告法律责任包括广告行政责任、广告民事责任、广告刑事责任。

为了防止和纠正违法或者不当的具体行政行为，解决行政争议，保护公民、法人和其他组织的合法权益，我国同时立法对行政复议与行政诉讼予以规范。

案例 10-1

转发虚假广告信息被判刑

2019 年 1 月 29 日，济宁市鱼台县法院对刘爱荣等 6 人诈骗案进行一审宣判。

法院查明，2016 年 10 月至 2017 年 11 月期间，被告人刘爱荣、李培、刘东霞、王彩云、王超等人使用微信接收张金、陈雪（二人均判刑）发送的虚假刷单广告，领取转发任务量，组建微信群进行转发获利。

其中被告人刘爱荣转发 32146 条，被告人李培转发 28025 条，被告人刘东霞转发 31134 条，被告人王彩云转发 43847 条，被告人王超转发 49944 条，被告人于洪涛转发 86663 条。各被告人分别获得上线张金、陈雪数万元的报酬。案发后，被告人刘爱荣、于洪涛、刘东霞、王超被抓获归案，被告人李培、王彩云自动到案。

山东省鱼台县法院认为，在整个电信网络诈骗团伙中，被告人刘爱荣、李培、刘东霞等处于转发诈骗链接环节，按照上线安排，完成信息转发任务量并据此获得相应报酬，为下游诈骗团伙直接实施诈骗行为起帮助、辅助作用，均系从犯，可从轻处罚。各被告人转发用于诈骗的链接信息系通过网络层层分级，层层扩散，受众范围以点带面，社会危害性大，可酌定从重处罚。

根据各被告人的地位和作用，以诈骗罪分别判处上述被告人 3 年 6 个月至 11 月不等的刑期，并处 3 万元以下不等的罚金，违法所得全部没收。①

第一节　广告行政责任

广告行政责任指广告活动当事人违反行政管理秩序，犯有一般违法行为，依法应承担的法律责任，对应的主要是行政处罚。

行政处罚，指广告行政管理机关依法定职权和程序，对违反行政管理秩序的广告活动违法当事人，以减损权益或者增加义务的方式予以惩戒的行为。

一　处罚条件

广告行政管理机关对广告活动当事人实施行政处罚，须符合以下基本条件。

（一）当事人为广告活动参与主体

依照《广告法》，广告参与主体主要包括广告主、广告经营者、广告发布者、广告代言人。其他主体违法违规，由其他部门依法处罚。

（二）当事人实施了一定程度的广告违法行为

违法行为确已发生，并非主观想象或意思表示。违法事实不能成立的，不予行政处罚。违法行为轻微并及时改正，没有造成危害后果的，不

---

① 闫继勇：《电信诈骗花样翻新须重拳狙击》，《人民法院报》2019 年 2 月 25 日。

予行政处罚。初次违法且危害后果轻微并及时改正的，可以不予行政处罚。

（三）当事人具有故意、过失等主观过错

当事人有证据足以证明没有主观过错的，不予行政处罚。

（四）当事人具有行政责任能力

不满 14 周岁的未成年人有违法行为的，不予行政处罚，责令监护人加以管教；已满 14 周岁不满 18 周岁的未成年人有违法行为的，应当从轻或者减轻行政处罚。

精神病人、智力残疾人在不能辨认或者不能控制自己行为时有违法行为的，不予行政处罚，但应当责令其监护人严加看管和治疗。间歇性精神病人在精神正常时有违法行为的，应当给予行政处罚。尚未完全丧失辨认或者控制自己行为能力的精神病人、智力残疾人有违法行为的，可以从轻或者减轻行政处罚。

（五）违法行为尚未构成犯罪

广告违法行为涉嫌犯罪的，应移送司法机关。广告违法行为构成犯罪，应当依法追究刑事责任的，不得以行政处罚代替刑事处罚。

二　处罚种类

依据《行政处罚法》第 9 条，行政处罚主要包含以下种类：（1）警告、通报批评；（2）罚款、没收违法所得、没收非法财物；（3）暂扣许可证件、降低资质等级、吊销许可证件；（4）限制开展生产经营活动、责令停产停业、责令关闭、限制从业；（5）行政拘留；（6）法律、行政法规规定的其他行政处罚。

法律可以设定各种行政处罚。限制人身自由的行政处罚，只能由法律设定。行政法规可以设定除限制人身自由以外的行政处罚。地方性法规可以设定除限制人身自由、吊销营业执照以外的行政处罚。国务院部门规章可以在法律、行政法规规定的给予行政处罚的行为、种类和幅度的范围内作出具体规定。地方政府规章可以在法律、法规规定的给予行政处罚的行为、种类和幅度的范围内作出具体规定。除法律、法规、规章外，其他规范性文件不得设定行政处罚。

三　处罚标准

（一）虚假广告处罚标准

《广告法》第 55 条规定："发布虚假广告的，由市场监督管理部门责令停止发布广告，责令广告主在相应范围内消除影响，处广告费用三倍以上五倍以下的罚款，广告费用无法计算或者明显偏低的，处二十万元以上一百万元以下的罚款；两年内有三次以上违法行为或者有其他严重情节的，处广告费用五倍以上十倍以下的罚款，广告费用无法计算或者明显偏低的，处一百万元以上二百万元以下的罚款，可以吊销营业执照，并由广告审查机关撤销广告审查批准文件、一年内不受理其广告审查申请。

医疗机构有前款规定违法行为，情节严重的，除由市场监督管理部门依照本法处罚外，卫生行政部门可以吊销诊疗科目或者吊销医疗机构执业许可证。

广告经营者、广告发布者明知或者应知广告虚假仍设计、制作、代理、发布的，由市场监督管理部门没收广告费用，并处广告费用三倍以上五倍以下的罚款，广告费用无法计算或者明显偏低的，处二十万元以上一百万元以下的罚款；两年内有三次以上违法行为或者有其他严重情节的，处广告费用五倍以上十倍以下的罚款，广告费用无法计算或者明显偏低的，处一百万元以上二百万元以下的罚款，并可以由有关部门暂停广告发布业务、吊销营业执照……"

（二）较严重行政处罚

《广告法》第 37 条规定，有下列行为之一的，由市场监督管理部门责令停止发布广告，对广告主处 20 万元以上 100 万元以下的罚款，情节严重的，并可以吊销营业执照，由广告审查机关撤销广告审查批准文件、1 年内不受理其广告审查申请；对广告经营者、广告发布者，由市场监督管理部门没收广告费用，处 20 万元以上 100 万元以下的罚款，情节严重的，并可以吊销营业执照：

1. 发布有《广告法》第 9 条、第 10 条规定的禁止情形的广告的；

2. 违反《广告法》第 15 条规定发布处方药广告、药品类易制毒化学品广告、戒毒治疗的医疗器械和治疗方法广告的；

3. 违反《广告法》第 20 条规定，发布声称全部或者部分替代母乳的婴儿乳制品、饮料和其他食品广告的；

4. 违反《广告法》第 22 条规定发布烟草广告的；

5. 违反《广告法》第 37 条规定，利用广告推销禁止生产、销售的产品或者提供的服务，或者禁止发布广告的商品或者服务的；

6. 违反《广告法》第 40 条第 1 款规定，在针对未成年人的大众传播媒介上发布医疗、药品、保健食品、医疗器械、化妆品、酒类、美容广告，以及不利于未成年人身心健康的网络游戏广告的。

（三）中等程度行政处罚

《广告法》第 58 条规定，有下列行为之一的，由市场监督管理部门责令停止发布广告，责令广告主在相应范围内消除影响，处广告费用 1 倍以上 3 倍以下的罚款，广告费用无法计算或者明显偏低的，处 10 万元以上 20 万元以下的罚款；情节严重的，处广告费用 3 倍以上 5 倍以下的罚款，广告费用无法计算或者明显偏低的，处 20 万元以上 100 万元以下的罚款，可以吊销营业执照，并由广告审查机关撤销广告审查批准文件、1 年内不受理其广告审查申请：

1. 违反《广告法》第 16 条规定发布医疗、药品、医疗器械广告的；

2. 违反《广告法》第 17 条规定，在广告中涉及疾病治疗功能，以及使用医疗用语或者易使推销的商品与药品、医疗器械相混淆的用语的；

3. 违反《广告法》第 18 条规定发布保健食品广告的；

4. 违反《广告法》第 21 条规定发布农药、兽药、饲料和饲料添加剂广告的；

5. 违反《广告法》第 23 条规定发布酒类广告的；

6. 违反《广告法》第 24 条规定发布教育、培训广告的；

7. 违反《广告法》第 25 条规定发布招商等有投资回报预期的商品或者服务广告的；

8. 违反《广告法》第 26 条规定发布房地产广告的；

9. 违反《广告法》第 27 条规定发布农作物种子、林木种子、草种子、种畜禽、水产苗种和种养殖广告的；

10. 违反《广告法》第 38 条第 2 款规定，利用不满 10 周岁的未成年人作为广告代言人的；

11. 违反《广告法》第 38 条第 3 款规定，利用自然人、法人或者其他组织作为广告代言人的；

12. 违反《广告法》第 39 条规定，在中小学校、幼儿园内或者利用与中小学生、幼儿有关的物品发布广告的；

13. 违反《广告法》第 40 条第 2 款规定，发布针对不满 14 周岁的未成年人的商品或者服务的广告的；

14. 违反《广告法》第 46 条规定，未经审查发布广告的。

医疗机构有前款规定违法行为，情节严重的，除由市场监督管理部门依照《广告法》处罚外，卫生行政部门可以吊销诊疗科目或者吊销医疗机构执业许可证。

广告经营者、广告发布者明知或者应知有本条第 1 款规定违法行为仍设计、制作、代理、发布的，由市场监督管理部门没收广告费用，并处广告费用 1 倍以上 3 倍以下的罚款，广告费用无法计算或者明显偏低的，处 10 万元以上 20 万元以下的罚款；情节严重的，处广告费用 3 倍以上 5 倍以下的罚款，广告费用无法计算或者明显偏低的，处 20 万元以上 100 万元以下的罚款，并可以由有关部门暂停广告发布业务、吊销营业执照。

（四）较轻微行政处罚

《广告法》第 59 条规定，有下列行为之一的，由市场监督管理部门责令停止发布广告，对广告主处 10 万元以下的罚款：

1. 广告内容违反《广告法》第 8 条规定的；

2. 广告引证内容违反《广告法》第 11 条规定的；

3. 涉及专利的广告违反《广告法》第 12 条规定的；

4. 违反《广告法》第 13 条规定，广告贬低其他生产经营者的商品或者服务的。

广告经营者、广告发布者明知或者应知有前款规定违法行为仍设计、制作、代理、发布的，由市场监督管理部门处 10 万元以下的罚款。

广告违反《广告法》第 14 条规定，不具有可识别性的，或者违反《广告法》第 19 条规定，变相发布医疗、药品、医疗器械、保健食品广告的，由市场监督管理部门责令改正，对广告发布者处 10 万元以下的罚款。

（五）行为失范处罚

1. 违反《广告法》第 34 条规定，广告经营者、广告发布者未按照国家有关规定建立、健全广告业务管理制度的，或者未对广告内容进行核对的，由市场监督管理部门责令改正，可以处 5 万元以下的罚款。

2. 违反《广告法》第 35 条规定，广告经营者、广告发布者未公布其收费标准和收费办法的，由价格主管部门责令改正，可以处 5 万元以下的罚款。

3. 广告代言人有下列情形之一的，由市场监督管理部门没收违法所得，并处违法所得 1 倍以上 2 倍以下的罚款：

（1）违反《广告法》第 16 条第 1 款第 4 项规定，在医疗、药品、医疗器械广告中作推荐、证明的；

（2）违反《广告法》第 18 条第 1 款第 5 项规定，在保健食品广告中作推荐、证明的；

（3）违反《广告法》第 38 条第 1 款规定，为其未使用过的商品或者未接受过的服务作推荐、证明的；

（4）明知或者应知广告虚假仍在广告中对商品、服务作推荐、证明的。

4. 违反《广告法》第 43 条规定发送广告的，由有关部门责令停止违法行为，对广告主处 5000 元以上 3 万元以下的罚款。

5. 违反《广告法》第 44 条第 2 款规定，利用互联网发布广告，未显著标明关闭标志，确保一键关闭的，由市场监督管理部门责令改正，对广告主处 5000 元以上 3 万元以下的罚款。

6. 违反《广告法》第 45 条规定，公共场所的管理者和电信业务经营者、互联网信息服务提供者，明知或者应知广告活动违法不予制止的，由市场监督管理部门没收违法所得，违法所得 5 万元以上的，并处违法所得 1 倍以上 3 倍以下的罚款，违法所得不足 5 万元的，并处 1 万元以上 5 万元以下的罚款；情节严重的，由有关部门依法停止相关业务。

7. 违反《广告法》规定，隐瞒真实情况或者提供虚假材料申请广告审查的，广告审查机关不予受理或者不予批准，予以警告，1 年内不受理该申请人的广告审查申请；以欺骗、贿赂等不正当手段取得广告审查批准的，广告审查机关予以撤销，处 10 万元以上 20 万元以下的罚款，3 年内不受理该申请人的广告审查申请。

8. 违反《广告法》规定，伪造、变造或者转让广告审查批准文件的，由市场监督管理部门没收违法所得，并处 1 万元以上 10 万元以下的罚款。

9. 违反《广告法》规定，拒绝、阻挠市场监督管理部门监督检查，或者有其他构成违反治安管理行为的，依法给予治安管理处罚；构成犯罪的，依法追究刑事责任。

案例 10-2

某二手车广告失实被罚 1250 万

"创办一年，成交量就已遥遥领先。"这句广告词曾频繁出现在电视、网络，甚至地铁站的广告牌上，打响了××二手车的名气，也引来不少争议，而如今，××二手车则要为这句"自吹自擂"承担责任。

据国家企业信用信息公示系统显示，北京市工商行政管理局海淀分局对该科技发展（北京）有限公司发布行政处罚决定书，罚款共计 1250 万元。

行政处罚决定书显示，2016 年 9 月 7 日至 12 月 28 日，××二手车根据与某网信息技术（北京）股份有限公司签订的《广告交易平台网络广告发布协议》，花费 1250 万元发布了一条 15 秒钟的视频广告，其中广告词为："创办一年，成交量就已遥遥领先。"针对该宣传语，该公司向工商局提供了 3 份证明材料，用以支持上述广告宣传语。

经××二手车确认上述广告中"创办一年"的起止时间为 2015 年 8 月至 2016 年 7 月，同时承诺此时间段内××二手车成交量为 85874 辆。但工商局执法人员于 2018 年 11 月 5 日、11 月 6 日分别调取了北京市旧机动车交易市场有限公司和北京人人车旧机动车经纪有限公司的二手车成交数据发现：北京市旧机动车交易市场有限公司 2015 年 7 月 1 日至 2016 年 7 月 31 日的成交量为 442878 辆车；北京人人车旧机动车经纪有限公司 2015 年 8 月 1 日至 2016 年 7 月 31 日的成交量为 92375 辆车。

两者的二手车成交数量均超过××二手车的成交数量，85874 辆的销量并非业界领先。因此工商部门"对于当事人提供的 3 份证明材料不予采信"。

　　××二手车在广告宣传中使用的"创办一年、成交量就已遥遥领先"宣传语缺乏事实依据，与实际情况不符。工商局责令其停止发布违法广告，并在相应范围内消除影响，罚款 1250 万元。①

四　处罚规范

（一）遵循公正、公开原则

设定和实施行政处罚必须以事实为依据，与违法行为的事实、性质、情节以及社会危害程度相当。

对违法行为给予行政处罚的规定必须公布；未经公布的，不得作为行政处罚的依据。

（二）依法保护被处罚人权利

公民、法人或者其他组织对行政机关所给予的行政处罚，享有陈述权、申辩权；对行政处罚不服的，有权依法申请行政复议或者提起行政诉讼。

公民、法人或者其他组织因行政机关违法给予行政处罚受到损害的，有权依法提出赔偿要求。

（三）遵守行政机关管辖权限

行政处罚由违法行为发生地的行政机关管辖。两个以上行政机关都有管辖权的，由最先立案的行政机关管辖。

对管辖发生争议的，应当协商解决，协商不成的，报请共同的上一级行政机关指定管辖；也可以直接由共同的上一级行政机关指定管辖。

（四）符合行政处罚时间效力

违法行为在 2 年内未被发现的，不再给予行政处罚；涉及公民生命健康安全、金融安全且有危害后果的，上述期限延长至 5 年。期限从违法行

---

① 《"遥遥领先"宣传语失实　××二手车被工商局罚款 1250 万》，https://www.guancha.cn/qiche/2018_11_30_481652.shtml，最后访问日期：2021 年 11 月 24 日。

为发生之日起计算；违法行为有连续或者继续状态的，从行为终了之日起计算。

第二节　广告民事责任

广告民事责任指广告活动当事人违反合同，不履行其他民事义务，或者侵害国家、集体财产，侵害他人人身财产、人身权利，依法应当承担的法律责任。

民事主体的人身权利、财产权利以及其他合法权益受法律保护，任何组织或者个人不得侵犯。广告民事责任因侵犯他人权益而产生，由司法机关依法判定。

民事主体因同一行为应当承担民事责任、行政责任和刑事责任的，承担行政责任或者刑事责任不影响承担民事责任；民事主体的财产不足以支付的，优先用于承担民事责任。

一　构成要件

（一）当事人为广告活动参与主体

依照《广告法》，广告参与主体主要包括广告主、广告经营者、广告发布者、广告代言人。其他主体违法违规，承担其他领域民事责任。

用人单位的工作人员因执行工作任务造成他人损害的，由用人单位承担侵权责任。用人单位承担侵权责任后，可以向有故意或者重大过失的工作人员追偿。

（二）当事人实施了广告违法行为

违法行为确已发生，并非主观想象或意思表示。违法事实不能成立的，无须承担民事责任。

（三）当事人具有故意、过失等主观过错

行为人因过错侵害他人民事权益造成损害的，应当承担侵权责任。依照法律规定推定行为人有过错，其不能证明自己没有过错的，应当承担侵权责任。

当事人有证据足以证明没有主观过错的，不承担民事责任。

（四）广告违法行为导致他人利益损失

广告活动主体实施的广告违法行为对消费者、其他广告参与者、市场竞争主体等利益造成一定程度侵犯与损害，广告违法行为与他人利益损失之间具有因果关系。

（五）当事人具有民事行为能力

成年人为完全民事行为能力人，可以独立实施民事法律行为。16周岁以上的未成年人，以自己的劳动收入为主要生活来源的，视为完全民事行为能力人。

8周岁以上的未成年人为限制民事行为能力人，实施民事法律行为由其法定代理人代理或者经其法定代理人同意、追认；但是，可以独立实施纯获利益的民事法律行为或者与其年龄、智力相适应的民事法律行为。不满8周岁的未成年人为无民事行为能力人，由其法定代理人代理实施民事法律行为。不能辨认自己行为的成年人为无民事行为能力人，由其法定代理人代理实施民事法律行为。

不能完全辨认自己行为的成年人为限制民事行为能力人，实施民事法律行为由其法定代理人代理或者经其法定代理人同意、追认；但是，可以独立实施纯获利益的民事法律行为或者与其智力、精神健康状况相适应的民事法律行为。无民事行为能力人、限制民事行为能力人造成他人损害的，由监护人承担侵权责任。监护人尽到监护职责的，可以减轻其侵权责任。有财产的无民事行为能力人、限制民事行为能力人造成他人损害的，从本人财产中支付赔偿费用；不足部分，由监护人赔偿。

法人的民事行为能力，从法人成立时产生，到法人终止时消灭。

二　责任方式

《民法典》第179条规定："承担民事责任的方式主要有：（一）停止侵害；（二）排除妨碍；（三）消除危险；（四）返还财产；（五）恢复原状；（六）修理、重作、更换；（七）继续履行；（八）赔偿损失；（九）支付违约金；（十）消除影响、恢复名誉；（十一）赔礼道歉。"

上述承担民事责任的方式，可以单独适用，也可以合并适用。

二人以上依法承担按份责任，能够确定责任大小的，各自承担相应的责任；难以确定责任大小的，平均承担责任。二人以上依法承担连带责任的，权利人有权请求部分或者全部连带责任人承担责任。连带责任人的责任份额根据各自责任大小确定；难以确定责任大小的，平均承担责任。实际承担责任超过自己责任份额的连带责任人，有权向其他连带责任人追偿。连带责任，由法律规定或者当事人约定。

因不可抗力不能履行民事义务的，不承担民事责任。不可抗力是不能预见、不能避免且不能克服的客观情况，如疫情、地震、气象灾害等。

三　适用条件

符合下列条件的广告当事人须承担民事责任。

1. 违反《广告法》规定，发布虚假广告，欺骗、误导消费者，使购买商品或者接受服务的消费者的合法权益受到损害的，由广告主依法承担民事责任。广告经营者、广告发布者不能提供广告主的真实名称、地址和有效联系方式的，消费者可以要求广告经营者、广告发布者先行赔偿。

2. 关系消费者生命健康的商品或者服务的虚假广告，造成消费者损害的，广告经营者、广告发布者、广告代言人应当与广告主承担连带责任。

3. 非关系消费者生命健康的商品或者服务的虚假广告，造成消费者损害的，广告经营者、广告发布者、广告代言人，明知或者应知广告虚假仍设计、制作、代理、发布或者作推荐、证明的，应当与广告主承担连带责任。

4. 广告主、广告经营者、广告发布者违反《广告法》规定，有下列侵权行为之一的，依法承担民事责任：在广告中损害未成年人或者残疾人的身心健康的；假冒他人专利的；贬低其他生产经营者的商品、服务的；在广告中未经同意使用他人名义或者形象的；其他侵犯他人合法民事权益的。

案例 10-3

两分钟广告短视频被判赔 50 万元

2019 年 4 月，北京市海淀区人民法院对原告刘某某与被告上海某网络科技有限公司（下称××公司）侵犯著作权纠纷一案作出一审判决，判令××公司赔礼道歉并赔偿经济损失及合理开支 50 万余元。该案系全国首例广告使用短视频侵犯著作权纠纷案，也是迄今为止单个短视频判赔金额最高的著作权维权案。

刘某某向法院提起诉讼，称其独立创作完成一段与自驾和崇礼滑雪相关的视频（下称涉案视频），并发表于"新片场"（xinpianchang.com），其对涉案视频享有著作权。××公司未经许可，擅自将涉案视频用于为某品牌汽车进行商业广告宣传，在微信公众号进行传播，且未署名，侵犯了其信息网络传播权及署名权。

庭审过程中，××公司否认侵权，称涉案视频是第三方提供，不确定刘某某是否享有涉案视频的著作权，且善意使用不应赔礼道歉，广告费也应根据影响力和效果收费，刘某某主张的经济损失及合理支出过高。

法院经审理后认为，涉案视频记载了驾驶沃尔沃汽车前往崇礼滑雪的系列画面，其拍摄和剪辑体现了创作者的智力成果，涉案视频虽时长较短，但属于具有独创性的类电作品。根据我国著作权法的相关规定，结合在案证据，可以认定刘某某系涉案视频的作者，享有涉案视频的著作权，有权提起该案诉讼。××公司未经许可，在其经营的"一条"微信公众号和新浪微博上将涉案视频作为广告投放且未予署名的行为侵犯了刘某某对涉案视频享有的信息网络传播权和署名权，应承担相应的侵权责任。法院据此作出上述判决。[①]

第三节　广告刑事责任

广告刑事责任指广告活动当事人实施《刑法》规定的犯罪行为依法应当承担的法律责任，对应的主要是刑事处罚。

刑事处罚即刑罚，分为主刑和附加刑。我国主刑包括管制、拘役、有

[①] 《两分钟广告短视频被判赔 50 万元》，http://ip.people.com.cn/n1/2019/0516/c179663-31087878.html，最后访问日期：2021 年 11 月 24 日。

期徒刑、无期徒刑、死刑五种，附加刑包括罚金、剥夺政治权利、没收财产三种。附加刑可以独立适用。对于犯罪的外国人，可以独立适用或者附加适用驱逐出境。

与广告活动直接相关的罪行是虚假广告罪。《刑法》第 222 条规定："广告主、广告经营者、广告发布者违反国家规定，利用广告对商品或者服务作虚假宣传，情节严重的，处二年以下有期徒刑或者拘役，并处或者单处罚金。"

一　犯罪构成

犯罪构成，又称为犯罪构成要件，指某一行为构成犯罪所必需的一切客观和主观要件的有机统一，是行为人承担刑事责任的根据，包括犯罪主体、犯罪主观、犯罪客体和犯罪客观四个方面。

虚假广告罪的犯罪构成要件如下。

（一）主体要件

虚假广告罪主体要件须同时符合两个方面。

1. 参与广告活动

虚假广告罪的主体为特殊主体，必须是广告主、广告经营者和广告发布者。

2. 具备刑事责任能力

虚假广告罪主体可以是具备刑事责任能力的自然人，也可以是单位。

公司、企业、事业单位、机关、团体实施的危害社会的行为，法律规定为单位犯罪的，应当负刑事责任。单位犯罪的，对单位判处罚金，并对其直接负责的主管人员和其他直接责任人员判处刑罚。

已满 16 周岁的人犯罪，应当负刑事责任。已满 75 周岁的人故意犯罪的，可以从轻或者减轻处罚。精神病人在不能辨认或者不能控制自己行为的时候造成危害结果，经法定程序鉴定确认的，不负刑事责任。又聋又哑的人或者盲人犯罪，可以从轻、减轻或者免除处罚。

（二）主观要件

《刑法》第 3 条规定："法律明文规定为犯罪行为的，依照法律定罪处刑；法律没有明文规定为犯罪行为的，不得定罪处刑。"

明知自己的行为会发生危害社会的结果，并且希望或者放任这种结果发生，因而构成犯罪的，是故意犯罪。故意犯罪，应当负刑事责任。应当预见自己的行为可能发生危害社会的结果，因为疏忽大意而没有预见，或者已经预见而轻信能够避免，以致发生这种结果的，是过失犯罪。过失犯罪，法律有规定的才负刑事责任。行为在客观上虽然造成了损害结果，但是不是出于故意或者过失，而是由于不能抗拒或者不能预见的原因所引起的，不是犯罪。

《刑法》确定的过失犯罪，不包含虚假广告罪。

虚假广告罪在主观方面应存在较严重过错，只能是故意，不能为过失。广告主方面，指明知自己虚假广告行为违反了广告法规却积极实施这种行为，作引人误解的虚假宣传，欺骗用户和消费者，以牟取巨额非法利益。广告经营者与广告发布者方面，指明知广告违法，为了利益仍然实施广告代理或者广告发布行为。

（三）客体要件

经营者在生产经营活动中，应当遵循自愿、平等、公平、诚信的原则，遵守法律和商业道德。国家保护消费者的合法权益不受侵害；国家采取措施，保障消费者依法行使权利，维护消费者的合法权益。

虚假广告罪侵犯的客体是社会主义市场经济条件下广告市场的正当交易与正常秩序。为了保障公平竞争，保护商品经营者和消费者合法权益，必须运用刑罚制裁虚假广告的行为。

（四）客观要件

虚假广告罪在客观方面，表现为广告主、广告经营者或广告发布者，实施了情节严重的虚假广告行为。

广告以虚假或者引人误解的内容欺骗、误导消费者的，构成虚假广告。广告有下列情形之一的，为虚假广告：

1. 商品或者服务不存在的；

2. 商品的性能、功能、产地、用途、质量、规格、成分、价格、生产者、有效期限、销售状况、曾获荣誉等信息，或者服务的内容、提供者、形式、质量、价格、销售状况、曾获荣誉等信息，以及与商品或者服务有关的允诺等信息与实际情况不符，对购买行为有实质性影响的；

3. 使用虚构、伪造或者无法验证的科研成果、统计资料、调查结果、文摘、引用语等信息作证明材料的；

4. 虚构使用商品或者接受服务的效果的；

5. 以虚假或者引人误解的内容欺骗、误导消费者的其他情形。

案例 10-4

发布虚假广告获刑

白某某在某某科技有限公司任职期间，主管该公司对外销售汽车节油器的业务。在对外发布的产品宣传册中，某某科技有限公司故意夸大了上述汽车节油器的节油功效。2015 年至 2017 年期间，先后有 320 余名代理商与某某科技有限公司签订了代理合同，合同金额共计人民币 8000 多万元。

法院认为，被告人白某某作为某某科技有限公司直接负责的主管人员，违反国家相关规定，利用广告对商品的性能作虚假宣传，情节严重，被告人白某某的行为已构成虚假广告罪，应予惩处。公诉机关指控被告人白某某犯虚假广告罪的事实清楚，证据充分、确实，指控的罪名成立。①

二 立案标准

《最高人民检察院 公安部关于公安机关管辖的刑事案件立案追诉标准的规定（二）》第 67 条规定："广告主、广告经营者、广告发布者违反国家规定，利用广告对商品或者服务作虚假宣传，涉嫌下列情形之一的，应予立案追诉：（一）违法所得数额在十万元以上的；（二）假借预防、控制突发事件传染病防治的名义，利用广告作虚假宣传，致使多人上当受骗，违法所得数额在三万元以上的；（三）利用广告对食品、药品作虚假宣传，违法所得数额在三万元以上的；（四）虽未达到上述数额标准，但

---

① 《刑事律师：以案说法，如何理解虚假广告罪的立案标准》，https：//www.sohu.com/a/459637300_100121274，最后访问日期：2021 年 11 月 24 日。

二年内因利用广告作虚假宣传受过二次以上行政处罚，又利用广告作虚假宣传的；（五）造成严重危害后果或者恶劣社会影响的；（六）其他情节严重的情形。"

三　定罪情形

依据最高人民法院《关于审理非法集资刑事案件具体应用法律若干问题的解释》，最高人民法院、最高人民检察院《关于办理妨害预防、控制突发传染病疫情等灾害的刑事案件具体应用法律若干问题的解释》，虚假广告罪明确规定的定罪情形，主要有以下几种。

（一）广告经营者、广告发布者违反国家规定，利用广告为非法集资活动相关的商品或者服务作虚假宣传，具有下列情形之一的，以虚假广告罪定罪处罚：

1. 违法所得数额在 10 万元以上的；

2. 造成严重危害后果或者恶劣社会影响的；

3. 二年内利用广告作虚假宣传，受过行政处罚二次以上的；

4. 其他情节严重的情形。

（二）明知他人从事欺诈发行股票、债券，非法吸收公众存款，擅自发行股票、债券，集资诈骗或者组织、领导传销活动等集资犯罪活动，为其提供广告等宣传的，以相关犯罪的共犯论处。

（三）广告主、广告经营者、广告发布者违反国家规定，假借预防、控制突发传染病疫情等灾害的名义，利用广告对所推销的商品或者服务作虚假宣传，致使多人上当受骗，违法所得数额较大或者有其他严重情节的，以虚假广告罪定罪处罚。

（四）其他符合"情节严重"标准的情形。

四　量刑标准

自然人犯虚假广告罪的，处二年以下有期徒刑或者拘役，并处或者单处罚金。单位犯虚假广告罪的，对单位判处罚金，对其直接负责的主管人员和其他直接责任人员追究刑事责任。

由于犯罪行为而使被害人遭受经济损失的，对犯罪分子除依法给予刑事处罚外，并应根据情况判处赔偿经济损失。承担民事赔偿责任的犯罪分子，同时被判处罚金，其财产不足以全部支付的，或者被判处没收财产的，应当先承担对被害人的民事赔偿责任。

对于犯罪情节轻微不需要判处刑罚的，可以免予刑事处罚，但是可以根据案件的不同情况，予以训诫或者责令具结悔过、赔礼道歉、赔偿损失，或者由主管部门予以行政处罚。

因利用职业便利实施犯罪，或者实施违背职业要求的特定义务的犯罪被判处刑罚的，人民法院可以根据犯罪情况和预防再犯罪的需要，禁止其自刑罚执行完毕之日或者假释之日起从事相关职业，期限为3~5年。

案例 10-5

专业刷单团队 18 名成员因虚假广告罪获刑

在网购时代，一些商家请人假扮顾客，用虚假交易方式获取销量及好评，以此吸引顾客，即刷单。2021 年 4 月，浙江省丽水市莲都区检察院对一刷单团伙 18 名成员以涉嫌虚假广告罪提起公诉后，法院依法作出判决。

据悉，该团伙搭建遍及全国的全链条式专业平台，组织网络刷单，累计涉及 1700 余万件商品，获利 900 万余元。

王某曾是一家贸易公司老板，2017 年开了几家网店，为了迅速提高销量，开始找人刷单。久而久之，王某发现刷单有利可图，于是在 2018 年 11 月邀请李某、康某等 5 人入股，招募工作人员，一起组建刷单团伙，专门靠刷单赚钱。

刚开始，王某等人以"地推"的刷单方式，以免费赠送小礼品为噱头，请路人帮忙刷单。王某等人还将团队微信号二维码定制成"返利券"，随电商平台产品一同发出，以小额返利吸引顾客添加微信发展刷手。

因为电商平台会对同一 IP 的频繁操作进行监控，王某等人曾多次被风控监测到。他们发现，很多同行也有和他们一样的困扰。于是，王某等人尝试"转型升级"，利用在刷单微信群中积累的人脉与来自全国各地的刷单同行合作，形成了遍布全国的特大刷单组织。经查，合作团伙分布在浙江、福建、广东、湖南、上海、湖北等六省市，核心工作人员27人，下线刷手逾万人。

对分散在全国各地的刷手如何进行管理？王某等人利用专业的外勤软件搭建了一个集派单、统计、核算于一体的全链条式平台。各地的合作团队从电商平台接到刷单任务后统一上报给王某团队，有专人将任务进行汇总并打乱分组，然后下派给全国各地的刷单团队。全国各地的刷手完成刷单任务后，在外勤软件内上传任务截图，由王某的团队审核后下发佣金。

王某交代，刷单任务一般分为精刷和普刷两种，精刷需要浏览多个商品，附多字评论和照片，每单佣金5元左右。普刷只需完成交易即可，每单1~4元。该团伙每天平均刷1.5万单左右，王某等人会抽取一定提成，再将佣金下发给刷手。

"刷单都是虚假交易，货款一般由商家预付或我们垫付给刷手。之前我也遇到过一个诈骗团伙，把300万元货款和佣金骗到手就跑了。我一直以为，我们这种做刷单的，最多就是违规，没到违法犯罪那么严重的程度。"谈及自己的违法行为，王某懊悔不已。

2020年6月，王某等人相继被公安机关抓获。同年9月，公安机关将王某等27名团伙主要成员移送检察院审查起诉。

经审查，检察机关认定，王某等人通过搭建专业刷单平台为商家提供网络刷单业务，累计刷单350余万单，每单5至6样商品，累计涉及1700余件商品，从中非法获利986万余元。

2021年2月7日，莲都区检察院对王某等18人以涉嫌虚假广告罪提起公诉，另外9人作另案处理。2月23日，莲都区法院经审理后，以虚假广告罪一审判处王某等18人有期徒刑1年6个月至10个月不等，各并处罚金100万元至5万元不等，违法所得均予以追缴，上缴国库。3月6日，该判决生效。①

----

① 范跃红：《浙江一特大网络刷单案告破 点"好评"就能获利900余万元》《检察日报》2021年4月20日。

第四节　行政复议与行政诉讼

广告主、广告经营者、广告发布者、广告代言人等广告活动主体认为广告行政管理机关特定具体行政行为侵犯其合法权益，可以申请行政复议或者提起行政诉讼。

一　行政复议

行政复议，旨在防止和纠正违法或者不当的具体行政行为，保护公民、法人和其他组织的合法权益，保障和监督行政机关依法行使职权。

（一）基本概念

1. 行政复议

行政复议，指行政相对人认为行政机关特定行政行为侵犯其合法权益，依法向具有法定权限的行政机关申请复议，由复议机关依法对被申请人行政行为合法性和合理性进行审查并作出决定。

2. 申请人

申请人，指申请行政复议的公民、法人或者其他组织。

3. 被申请人

公民、法人或者其他组织对行政机关的具体行政行为不服申请行政复议的，作出具体行政行为的行政机关是被申请人。

（二）复议范围

有下列情形之一的，公民、法人或者其他组织可以依法申请行政复议：

1. 对行政机关作出的警告、罚款、没收违法所得、没收非法财物、责令停产停业、暂扣或者吊销许可证、暂扣或者吊销执照、行政拘留等行政处罚决定不服的；

2. 对行政机关作出的限制人身自由或者查封、扣押、冻结财产等行政强制措施决定不服的；

3. 对行政机关作出的有关许可证、执照、资质证、资格证等证书变更、中止、撤销的决定不服的；

4. 对行政机关作出的关于确认土地、矿藏、水流、森林、山岭、草原、荒地、滩涂、海域等自然资源的所有权或者使用权的决定不服的；

5. 认为行政机关侵犯合法的经营自主权的；

6. 认为行政机关变更或者废止农业承包合同，侵犯其合法权益的；

7. 认为行政机关违法集资、征收财物、摊派费用或者违法要求履行其他义务的；

8. 认为符合法定条件，申请行政机关颁发许可证、执照、资质证、资格证等证书，或者申请行政机关审批、登记有关事项，行政机关没有依法办理的；

9. 申请行政机关履行保护人身权利、财产权利、受教育权利的法定职责，行政机关没有依法履行的；

10. 申请行政机关依法发放抚恤金、社会保险金或者最低生活保障费，行政机关没有依法发放的；

11. 认为行政机关的其他具体行政行为侵犯其合法权益的。

（三）复议申请

1. 向谁申请

《行政复议法》第 12 条第 1 款规定："对县级以上地方各级人民政府工作部门的具体行政行为不服的，由申请人选择，可以向该部门的本级人民政府申请行政复议，也可以向上一级主管部门申请行政复议。"

广告主、广告经营者、广告发布者、广告代言人认为广告行政管理机关行政行为侵犯其合法权益，可根据具体情况，向地方人民政府或上一级广告行政管理机关申请复议。

2. 何时申请

公民、法人或者其他组织认为具体行政行为侵犯其合法权益的，可以自知道该具体行政行为之日起 60 日内提出行政复议申请；但是法律规定的申请期限超过 60 日的除外。

因不可抗力或者其他正当理由耽误法定申请期限的，申请期限自障碍消除之日起继续计算。

3. 如何申请

申请人申请行政复议，可以书面申请，也可以口头申请；口头申请的，行政复议机关应当当场记录申请人的基本情况、行政复议请求、申请行政复议的主要事实、理由和时间。

4. 可否撤回

行政复议决定作出前，申请人要求撤回行政复议申请的，经说明理由，可以撤回；撤回行政复议申请的，行政复议终止。

5. 复议与诉讼

公民、法人或者其他组织申请行政复议，行政复议机关已经依法受理的，或者法律、法规规定应当先向行政复议机关申请行政复议，对行政复议决定不服再向人民法院提起行政诉讼的，在法定行政复议期限内不得向人民法院提起行政诉讼。公民、法人或者其他组织向人民法院提起行政诉讼，人民法院已经依法受理的，不得申请行政复议。

（四）复议受理

1. 受理时限

行政复议机关收到行政复议申请后，应当在 5 日内进行审查，对不符合法律规定的行政复议申请，决定不予受理，并书面告知申请人；对符合法律规定，但是不属于本机关受理的行政复议申请，应当告知申请人向有关行政复议机关提出。

2. 受理义务

公民、法人或者其他组织依法提出行政复议申请，行政复议机关无正当理由不予受理的，上级行政机关应当责令其受理；必要时，上级行政机关也可以直接受理。

3. 原行政行为效力

行政复议期间具体行政行为不停止执行；但是，有下列情形之一的，可以停止执行：被申请人认为需要停止执行的；行政复议机关认为需要停止执行的；申请人申请停止执行，行政复议机关认为其要求合理，决定停止执行的；法律规定停止执行的。

（五）复议决定

行政复议机关应当自受理申请之日起 60 日内作出行政复议决定；但是法律规定的行政复议期限少于 60 日的除外。情况复杂，不能在规定期限内作出行政复议决定的，经行政复议机关的负责人批准，可以适当延长，并告知申请人和被申请人；但是延长期限最多不超过 30 日。

行政复议机关负责法制工作的机构应当对被申请人作出的具体行政行为进行审查，提出意见，经行政复议机关的负责人同意或者集体讨论通过后，按照下列规定作出行政复议决定。

1. 具体行政行为认定事实清楚，证据确凿，适用依据正确，程序合法，内容适当的，决定维持。

2. 被申请人不履行法定职责的，决定其在一定期限内履行。

3. 具体行政行为有下列情形之一的，决定撤销、变更或者确认该具体行政行为违法：主要事实不清、证据不足的；适用依据错误的；违反法定程序的；超越或者滥用职权的；具体行政行为明显不当的。决定撤销或者确认该具体行政行为违法的，可以责令被申请人在一定期限内重新作出具体行政行为。

被申请人不按照法律规定提出书面答复、提交当初作出具体行政行为的证据、依据和其他有关材料的，视为该具体行政行为没有证据、依据，决定撤销该具体行政行为。

行政复议机关作出行政复议决定，应当制作行政复议决定书，并加盖印章。行政复议决定书一经送达，即发生法律效力。

行政复议机关责令被申请人重新作出具体行政行为的，被申请人不得以同一的事实和理由作出与原具体行政行为相同或者基本相同的具体行政行为。被申请人应当履行行政复议决定。被申请人不履行或者无正当理由拖延履行行政复议决定的，行政复议机关或者有关上级行政机关应当责令其限期履行。

案例 10-6

洪某请求撤销某市市场监督管理局作出的
举报投诉处理告知行为案

申请人：洪某

被申请人：某市市场监督管理局

行政复议机关：杭州市人民政府

申请人洪某因对被申请人某市市场监督管理局作出的《市场监督管理投诉（举报）处理告知书》不服，向行政复议机关申请行政复议。

申请人认为：2016 年 2 月 22 日，申请人向被申请人提出了《关于某快报涉嫌虚假宣传、欺诈消费者的举报（投诉）》。后申请人于 7 月 24 日收到被申请人于 7 月 22 日作出的告知书。申请人对该告知书不服，认为：一、被举报广告足以让消费者误以为广告主是某某集团，但据被申请人调查，被举报广告的广告主实际上是某某商贸有限公司；二、被举报广告标称某某集团原浆酒全国统一价与实际市场零售价不符。申请人认为被申请人未对某快报发布虚假广告的违法行为进行调查处理属于未履行全面调查的法定职责，故提出行政复议。

被申请人认为：一、申请人未提供有效证据证明是广告中产品的购买者，故对被申请人作出的相关具体行政行为，无法律上的利害关系，不具有行政复议申请人资格。二、某快报作为广告发布者，在发布广告前审查了广告主、广告经营者营业执照、授权委托书、合同等相关文件，以及广告产品质量检验报告，已尽到了法定审查义务，故其违法事实不成立。

行政复议机关认为：一、洪某具有行政复议申请人资格。从申请人向本机关提供的广告产品购买凭证、刷卡单凭证、银行卡照片显示，申请人的确购买过案涉原浆酒。二、本机关认为被申请人提供的证据材料尚不能形成证据链以证明第三人某快报公司已尽到了审查义务，理由如下：一是广告主并未提供事先取得某某集团书面同意的证明文件；二是案涉广告中某某集团原浆酒价格是否与市场实际零售价相符问题，并没有证据证明某快报公司对该问题进行了核对。因此，被申请人认定第三人无违法行为并予以销案，理由不充分、证据不足，依法予以撤销并重新处理。①

二　行政诉讼

行政诉讼，旨在保证人民法院公正、及时审理行政案件，解决行政争

---

① 《洪某请求撤销某市场监督管理局作出的举报投诉处理告知行为案》，http：//sf. hangzhou. gov. cn/art/2019/8/26/art_1659482_38381372. html，最后访问日期：2021 年 11 月 25 日。

议，保护公民、法人和其他组织的合法权益，监督行政机关依法行使职权。

（一）基本概念

1. 行政诉讼

行政诉讼，指公民、法人或者其他组织认为行政机关和行政机关工作人员的行政行为侵犯其合法权益，依法向人民法院提起的诉讼。

2. 原告

指依法向人民法院提起行政诉讼的公民、法人或者其他组织。

3. 被告

公民、法人或者其他组织直接向人民法院提起诉讼的，作出行政行为的行政机关是被告。

经复议的案件，复议机关决定维持原行政行为的，作出原行政行为的行政机关和复议机关是共同被告；复议机关改变原行政行为的，复议机关是被告。

复议机关在法定期限内未作出复议决定，公民、法人或者其他组织起诉原行政行为的，作出原行政行为的行政机关是被告；起诉复议机关不作为的，复议机关是被告。

两个以上行政机关作出同一行政行为的，共同作出行政行为的行政机关是共同被告。

行政机关委托的组织所作的行政行为，委托的行政机关是被告。

行政机关被撤销或者职权变更的，继续行使其职权的行政机关是被告。

（二）基本原则

1. 当事人不得干预、阻碍、干涉人民法院受理、审判行政案件。

2. 人民法院审理行政案件，以事实为根据，以法律为准绳。

3. 人民法院审理行政案件，依法实行合议、回避、公开审判和两审终审制度。

4. 当事人在行政诉讼中的法律地位平等。

（三）受案范围

人民法院受理公民、法人或者其他组织提起的下列诉讼：

1. 对行政拘留、暂扣或者吊销许可证和执照、责令停产停业、没收违法所得、没收非法财物、罚款、警告等行政处罚不服的；

2. 对限制人身自由或者对财产的查封、扣押、冻结等行政强制措施和行政强制执行不服的；

3. 申请行政许可，行政机关拒绝或者在法定期限内不予答复，或者对行政机关作出的有关行政许可的其他决定不服的；

4. 对行政机关作出的关于确认土地、矿藏、水流、森林、山岭、草原、荒地、滩涂、海域等自然资源的所有权或者使用权的决定不服的；

5. 对征收、征用决定及其补偿决定不服的；

6. 申请行政机关履行保护人身权、财产权等合法权益的法定职责，行政机关拒绝履行或者不予答复的；

7. 认为行政机关侵犯其经营自主权或者农村土地承包经营权、农村土地经营权的；

8. 认为行政机关滥用行政权力排除或者限制竞争的；

9. 认为行政机关违法集资、摊派费用或者违法要求履行其他义务的；

10. 认为行政机关没有依法支付抚恤金、最低生活保障待遇或者社会保险待遇的；

11. 认为行政机关不依法履行、未按照约定履行或者违法变更、解除政府特许经营协议、土地房屋征收补偿协议等协议的；

12. 认为行政机关侵犯其他人身权、财产权等合法权益的；

13. 法律、法规规定可以提起诉讼的其他行政案件。

案例 10-7

济南专车案二审撤销对"专车"司机行政处罚

备受关注的山东济南"专车"司机陈某诉济南市公共客运管理服务中心客运管理行政处罚一案，2017 年 2 月由济南市中级人民法院作出二审判决，驳回济南客运管理中心上诉，维持原判，即撤销济南客运管理中心对"专车"司机陈某的行政处罚。

2015 年 1 月，陈某在使用专车软件开"专车"送客时，被济南市客管中心认定为非法运营的"黑车"，予以查扣并处 2 万元罚款。随后，陈某将济南市客管中心告上法庭，要求撤销行政处罚。此案是针对"专车"这一新生事物的首例行政诉讼案，因而被称为中国"专车第一案"。

2015 年 4 月，此案在济南市市中区人民法院公开开庭审理。2016 年 12 月 30 日，市中区法院对此案进行宣判。一审判决认为，虽然济南客运管理中心对未经许可擅自从事出租汽车客运的行为可以依法进行处罚，但在现有证据下，其将行政处罚所针对的违法行为及其后果全部归责于陈某，并对其个人作出较重的行政处罚，处罚幅度和数额畸重，存在明显不当。另外，行政处罚决定书没有载明陈某违法事实的时间、地点、经过以及相关道路运输经营行为的具体情节等事项。根据上述理由，一审判决撤销了济南客运管理中心作出的行政处罚决定。

济南客运管理中心不服一审判决，向济南市中院提起上诉称，行政处罚决定并不存在处罚畸重的情形，一审判决认为被诉行政处罚决定存在明显不当，应予以撤销的理由不成立。行政处罚决定书的载明事项符合法律规定。原审法院超越案件事实，基于网约车系新业态的特殊背景作出判决，明显不当。请求依法撤销原审判决，驳回陈某诉讼请求。

济南市中院经审理认为，陈某的行为构成未经许可擅自从事出租汽车客运经营，但济南客运管理中心作出的行政处罚决定存在处罚幅度和数额畸重以及处罚决定书记载事项不符合法律规定的情形。原审判决据此予以撤销，认定事实清楚，适用法律、法规正确，程序合法，依法应予维持。济南客运管理中心的上诉理由不能成立。①

（四）管辖

基层人民法院管辖第一审行政案件。

中级人民法院管辖下列第一审行政案件：对国务院部门或者县级以上

---

① 潘俊强：《济南专车案二审维持原判　撤销对"专车"司机行政处罚》，《人民日报》2017 年 2 月 22 日。

地方人民政府所作的行政行为提起诉讼的案件；海关处理的案件；本辖区内重大、复杂的案件；其他法律规定由中级人民法院管辖的案件。

高级人民法院管辖本辖区内重大、复杂的第一审行政案件。

最高人民法院管辖全国范围内重大、复杂的第一审行政案件。

行政案件由最初作出行政行为的行政机关所在地人民法院管辖。经复议的案件，也可以由复议机关所在地人民法院管辖。对限制人身自由的行政强制措施不服提起的诉讼，由被告所在地或者原告所在地人民法院管辖。因不动产提起的行政诉讼，由不动产所在地人民法院管辖。

两个以上人民法院都有管辖权的案件，原告可以选择其中一个人民法院提起诉讼。原告向两个以上有管辖权的人民法院提起诉讼的，由最先立案的人民法院管辖。有管辖权的人民法院由于特殊原因不能行使管辖权的，由上级人民法院指定管辖。人民法院对管辖权发生争议，由争议双方协商解决。协商不成的，报它们的共同上级人民法院指定管辖。

上级人民法院有权审理下级人民法院管辖的第一审行政案件。

（五）起诉

1. 起诉程序

对属于人民法院受案范围的行政案件，公民、法人或者其他组织可以先向行政机关申请复议，对复议决定不服的，再向人民法院提起诉讼；也可以直接向人民法院提起诉讼。

法律、法规规定应当先向行政机关申请复议，对复议决定不服再向人民法院提起诉讼的，依照法律、法规的规定。

2. 起诉时效

公民、法人或者其他组织不服复议决定的，可以在收到复议决定书之日起 15 日内向人民法院提起诉讼。复议机关逾期不作决定的，申请人可以在复议期满之日起 15 日内向人民法院提起诉讼。法律另有规定的除外。

公民、法人或者其他组织直接向人民法院提起诉讼的，应当自知道或者应当知道作出行政行为之日起 6 个月内提出。法律另有规定的除外。

公民、法人或者其他组织因不可抗力或者其他不属于其自身的原因耽误起诉期限的，被耽误的时间不计算在起诉期限内。

3. 起诉条件

（1）原告是行政行为的相对人以及其他与行政行为有利害关系的公民、法人或者其他组织。

有权提起诉讼的公民死亡，其近亲属可以提起诉讼。有权提起诉讼的法人或者其他组织终止，承受其权利的法人或者其他组织可以提起诉讼。人民检察院在履行职责中发现生态环境和资源保护、食品药品安全、国有财产保护、国有土地使用权出让等领域负有监督管理职责的行政机关违法行使职权或者不作为，致使国家利益或者社会公共利益受到侵害的，应当向行政机关提出检察建议，督促其依法履行职责。行政机关不依法履行职责的，人民检察院依法向人民法院提起诉讼。

（2）有明确的被告。

（3）有具体的诉讼请求和事实根据。

（4）属于人民法院受案范围和受诉人民法院管辖。

公民、法人或者其他组织认为行政行为所依据的国务院部门和地方人民政府及其部门制定的规范性文件不合法，在对行政行为提起诉讼时，可以一并请求对该规范性文件进行审查。

4. 起诉形式

起诉应当向人民法院递交起诉状，并按照被告人数提出副本。

书写起诉状确有困难的，可以口头起诉，由人民法院记入笔录，出具注明日期的书面凭证，并告知对方当事人。

（六）审理

1. 依法立案

人民法院在接到起诉状时对符合本法规定的起诉条件的，应当登记立案。

对当场不能判定是否符合本法规定的起诉条件的，应当接收起诉状，出具注明收到日期的书面凭证，并在 7 日内决定是否立案。不符合起诉条件的，作出不予立案的裁定。裁定书应当载明不予立案的理由。原告对裁定不服的，可以提起上诉。

2. 公开审理

人民法院公开审理行政案件，但涉及国家秘密、个人隐私和法律另有规定的除外。涉及商业秘密的案件，当事人申请不公开审理的，可以不公开审理。

3. 合理回避

当事人认为审判人员与本案有利害关系或者有其他关系可能影响公正审判，有权申请审判人员回避。审判人员认为自己与本案有利害关系或者有其他关系，应当申请回避。

4. 行政效力

诉讼期间，不停止行政行为的执行。但有下列情形之一的，裁定停止执行：被告认为需要停止执行的；原告或者利害关系人申请停止执行，人民法院认为该行政行为的执行会造成难以弥补的损失，并且停止执行不损害国家利益、社会公共利益的；人民法院认为该行政行为的执行会给国家利益、社会公共利益造成重大损害的；法律、法规规定停止执行的。

（七）判决

人民法院对公开审理和不公开审理的案件，一律公开宣告判决。人民法院应当在立案之日起 6 个月内作出第一审判决。有特殊情况需要延长的，由高级人民法院批准，高级人民法院审理第一审案件需要延长的，由最高人民法院批准。

判决结果，主要分为以下几种。

1. 维持行政行为

行政行为证据确凿，适用法律、法规正确，符合法定程序的，或者原告申请被告履行法定职责或者给付义务理由不成立的，人民法院判决驳回原告的诉讼请求。

2. 撤销行政行为

行政行为有下列情形之一的，人民法院判决撤销或者部分撤销，并可以判决被告重新作出行政行为：主要证据不足的；适用法律、法规错误的；违反法定程序的；超越职权的；滥用职权的；明显不当的。

人民法院判决被告重新作出行政行为的，被告不得以同一事实和理由作出与原行政行为基本相同的行政行为。

3. 变更行政行为

行政处罚明显不当，或者其他行政行为涉及对款额的确定、认定确有错误的，人民法院可以判决变更。人民法院判决变更，不得加重原告的义务或者减损原告的权益。但利害关系人同为原告，且诉讼请求相反的除外。

4. 确认行政行为无效

行政行为有实施主体不具有行政主体资格或者没有依据等重大且明显违法情形，原告申请确认行政行为无效的，人民法院判决确认无效。

人民法院判决确认违法或者无效的，可以同时判决责令被告采取补救措施；给原告造成损失的，依法判决被告承担赔偿责任。

5. 判决履行职责义务

人民法院经过审理，查明被告不履行法定职责的，判决被告在一定期限内履行。

人民法院经过审理，查明被告依法负有给付义务的，判决被告履行给付义务。

（八）上诉

当事人不服人民法院第一审判决的，有权在判决书送达之日起 15 日内向上一级人民法院提起上诉。当事人不服人民法院第一审裁定的，有权在裁定书送达之日起 10 日内向上一级人民法院提起上诉。逾期不提起上诉的，人民法院的第一审判决或者裁定发生法律效力。

人民法院审理上诉案件，应当对原审人民法院的判决、裁定和被诉行政行为进行全面审查。

人民法院审理上诉案件，应当在收到上诉状之日起 3 个月内作出终审判决。有特殊情况需要延长的，由高级人民法院批准，高级人民法院审理上诉案件需要延长的，由最高人民法院批准。

人民法院审理上诉案件，按照下列情形，分别处理：

1. 原判决、裁定认定事实清楚，适用法律、法规正确的，判决或者裁定驳回上诉，维持原判决、裁定；

2. 原判决、裁定认定事实错误或者适用法律、法规错误的，依法改判、撤销或者变更；

3. 原判决认定基本事实不清、证据不足的，发回原审人民法院重审，或者查清事实后改判；

4. 原判决遗漏当事人或者违法缺席判决等严重违反法定程序的，裁定撤销原判决，发回原审人民法院重审。

案例 10-8

湖北首例由最高院审判的专利侵权纠纷行政诉讼案终审判决

因专利侵权纠纷，企业不服行政机关处理决定，向法院起诉。这一行政诉讼案打到最高人民法院。2020 年底，最高人民法院终审判决，武汉市知识产权局在处理专利侵权纠纷的行政诉讼案中胜诉，侵权企业的上诉被驳回。这在湖北省尚属首例。

2018 年 10 月，一家外地的重工股份有限公司在武汉国际博览中心某展会现场发现，山东某机械有限公司展出的"轮式拖拉机"侵犯了其"拖拉机"的外观设计专利权，在对现场展物进行公证取证后，当年 11 月，该重工股份有限公司向武汉市知识产权局提出专利侵权纠纷处理请求。

武汉市知识产权局受理后，依照《专利行政执法办法》有关规定正式立案，并组成 3 人合议组，依法进行了口头审理、调解等。经调解不成后，武汉市知识产权局于 2019 年 3 月 22 日认定被诉侵权产品侵权，作出责令山东某机械有限公司停止侵权行为决定。

山东某机械有限公司不服处理决定，2019 年 4 月，向武汉市中级人民法院提起行政诉讼。武汉市中院经审理认为：武汉市知识产权局作出的专利侵权纠纷案件处理决定，认定事实清楚，证据确凿，适用法律正确，程序合法，于 2020 年 7 月判决"驳回上诉人诉讼请求"。该机械公司不服武汉市中院一审判决，继续上诉。

根据 2019 年 1 月 1 日起施行的《关于专利等知识产权案件诉讼程序若干问题的决定》，当事人对专利、植物新品种、集成电路布图设计、技术秘密、计算机软件、垄断等专业技术性较强的知识产权行政案件第一审判决、裁定不服，提起上诉的，由最高人民法院审理。

2020 年 10 月，该机械有限公司向最高人民法院提起上诉。最高人民法院公开开庭审理后，同年 12 月 10 日作出"驳回上诉，维持原判"的二审判决，亦为终审判决。记者看到最高人民法院的判决书文字部分就有 31 页，算上附在后面外观设计对比图，共达 40 页。争议焦点集中在三方面：被诉侵权设计是否存在侵权，武汉市知识产权局的比对方式是否正确，原审法院对被诉决定的合法性是否进行了全面审查、是否超范围审查。该终审判决是对武汉市知识产权局依法执法能力的严格检验及充分肯定。[①]

本章小结

广告法律责任指广告主、广告经营者、广告发布者和广告代言人等广告活动当事人，对其在广告活动中实施的违法行为及其造成的后果，应承担的带有强制性的法律上的责任，包括广告行政责任、广告民事责任、广告刑事责任。

广告行政责任指广告活动当事人违反行政管理秩序，犯有一般违法行为，依法应承担的法律责任，对应的主要是行政处罚，即广告行政管理机关依法定职权和程序，对违反行政管理秩序的广告活动违法当事人，以减损权益或者增加义务的方式予以惩戒的行为。广告行政管理机关对广告活动当事人实施行政处罚，须符合以下基本条件：当事人为广告活动参与主体；当事人实施了一定程度的广告违法行为；当事人具有故意、过失等主观过错；当事人具有行政责任能力。

广告民事责任指广告活动当事人违反合同，不履行其他民事义务，或者侵害国家、集体财产，侵害他人人身财产、人身权利，依法应当承担的法律责任。广告违法当事人承担广告民事责任，须具备以下构成要件：当事人为广告活动参与主体；当事人实施了广告违法行为；当事人具有故意、过失等主观过错；广告违法行为导致他人利益损失；当事人具有民事行为能力。

① 张华：《湖北首例由最高院审判的专利侵权纠纷行政诉讼案终审判决　武汉市知识产权局胜诉》，《中国质量报》2021 年 1 月 8 日。

广告刑事责任指广告活动当事人实施《刑法》规定的犯罪行为，依法应当承担的法律责任，对应的主要是刑事处罚。与广告活动直接相关的罪行是虚假广告罪，指广告主、广告经营者、广告发布者违反国家规定，利用广告对商品或者服务作虚假宣传，情节严重，而导致的一种罪行。广告当事人承担刑事责任，须在犯罪主体、犯罪主观、犯罪客体、犯罪客观四个方面符合犯罪要件。

广告活动主体认为广告行政管理机关特定具体行政行为侵犯其合法权益，可以申请行政复议或者提起行政诉讼。行政复议，指行政相对人认为行政机关特定行政行为侵犯其合法权益，依法向具有法定权限的行政机关申请复议，由复议机关依法对被申请人行政行为合法性和合理性进行审查并作出决定。行政复议旨在防止和纠正违法或者不当的具体行政行为，保护公民、法人和其他组织的合法权益，保障和监督行政机关依法行使职权。行政诉讼，指公民、法人或者其他组织认为行政机关和行政机关工作人员的行政行为侵犯其合法权益，依法向人民法院提起的诉讼。行政诉讼旨在保证人民法院公正、及时审理行政案件，解决行政争议，保护公民、法人和其他组织的合法权益，监督行政机关依法行使职权。

思　考

1. 运用相关专业知识，对本章所列案例予以简要分析。
2. 广告法律责任对广告治理有何意义？
3. 常见的广告行政处罚手段有哪些？
4. 广告民事责任适应的情形主要有哪些？
5. 虚假广告罪的构成要件有哪些？
6. 结合本章知识与课外学习，思考"违法成本"问题。

延伸阅读

《中华人民共和国行政处罚法》。

《中华人民共和国刑法》。

《中华人民共和国民法典》。

《中华人民共和国行政复议法》。

《中华人民共和国行政诉讼法》。

参考文献

一　中文文献

（一）专著

习近平：《习近平谈治国理政》（第一卷），外文出版社，2018。

习近平：《习近平谈治国理政》（第二卷），外文出版社，2017。

习近平：《习近平谈治国理政》（第三卷），外文出版社，2020。

许耀桐：《中国国家治理体系现代化总论》，国家行政学院出版社，2016。

俞可平：《走向善治》，中国文史出版社，2016。

俞可平：《论国家治理现代化》，社会科学文献出版社，2015。

刘建明、纪忠慧、王莉丽：《舆论学概论》，中国传媒大学出版社，2009。

王浦劬：《政治学基础》，北京大学出版社，2014。

何明升：《网络治理——中国经验和路径选择》，中国经济出版社，2017。

鲁传颖：《网络空间治理与多利益攸关方理论》，时事出版社，2016。

骆正林：《舆论传播——基本规律与引导艺术》，中国广播电视出版社，2015。

《法理学》编写组：《法理学》，人民出版社、高等教育出版社，2020。

周静、王威宇、张书梅：《法学概论》，中国政法大学出版社，2016。

陈业宏、黄媛媛：《法学概论》，中国人民大学出版社，2019。

陈振明：《公共政策分析导论》，中国人民大学出版社，2015。

崔银河：《广告法规与广告伦理》，中国传媒大学出版社，2017。

徐卫华：《广告法规教程》，浙江工商大学出版社，2018。

陈丽平：《广告法规管理》，浙江大学出版社，2020。

倪嵎：《中外广告法规与管理》，上海人民美术出版社，2016。

王悦彤：《广告管理》，社会科学文献出版社，2018。

周辉：《网络广告治理比较研究》，中国社会科学出版社，2018。

宋亚辉：《虚假广告的法律治理》，北京大学出版社，2019。

（二）译著

〔美〕莱斯特·M. 萨拉蒙：《政府工具：新治理指南》，肖娜等译，北京大学出版社，2016。

〔澳〕欧文·E. 休斯：《公共管理导论》，张成福、王学栋译，中国人民大学出版社，2004。

〔美〕劳拉·德拉迪斯：《互联网治理全球博弈》，覃庆玲、陈慧慧等译，中国人民大学出版社，2017。

〔美〕弥尔顿·穆勒：《网络与国家：互联网治理的全球政治学》，周程等译，上海交通大学出版社，2015。

〔美〕劳伦斯·莱斯格：《代码——塑造网络空间的法律》，李旭译，中信出版社，2004。

〔美〕威廉·邓恩：《公共政策分析导论》，谢明等译，中国人民大学出版社，2002。

〔美〕李普曼：《公众舆论》，阎克文、江红译，上海世纪出版集团，2006。

〔美〕麦库姆斯：《议程设置：大众媒介与舆论》，郭镇之、徐培喜译，北京大学出版社，2010。

（三）期刊

王浦劬：《国家治理、政府治理和社会治理的含义及其相互关系》，《国家行政学院学报》2014年第3期。

俞可平：《中国的治理改革（1978-2018）》，《武汉大学学报》（哲学社会科学版）2018年第3期。

许耀桐、刘祺：《当代中国国家治理体系分析》，《理论探索》2014 年第 3 期。

岳爱武、苑芳江：《从权威管理到共同治理：中国互联网管理体制的演变及趋向——学习习近平关于互联网治理思想的重要论述》，《行政论坛》2017 年第 5 期。

刘振江：《论习近平国家治理思想的内在逻辑》，《马克思主义研究》2017 年第 3 期。

张振波、金太军：《论国家治理能力的社会建构》，《社会科学研究》2017 年第 6 期。

陈志敏：《国家治理、全球治理与世界秩序建构》，《中国社会科学》2016 年第 6 期。

张鸿雁：《"社会精准治理"模式的现代性建构》，《探索与争鸣》2016 年第 1 期。

李波、于水：《参与式治理：一种新的治理模式》，《理论与改革》2016 年第 6 期。

胡洪彬：《人工智能时代政府治理模式的变革与创新》，《学术界》2018 年第 4 期。

孙宇伟：《新时代全面深化改革顶层设计的三大规律基础》，《科学社会主义》2018 年第 1 期。

王怀强：《论国家治理现代化的基本维度》，《科学社会主义》2017 年第 1 期。

张志安、吴涛：《国家治理视角下的互联网治理》，《新疆师范大学学报》（哲学社会科学版）2015 年第 5 期。

张晓：《网络社会治理的四个维度》，《中国行政管理》2017 年第 9 期。

解志勇、修青华：《互联网治理视域中的平台责任研究》，《国家行政学院学报》2017 年第 5 期。

何明升、白淑英：《网络治理：政策工具与推进逻辑》，《兰州大学学报》（社会科学版）2015 年第 3 期。

李大宇、章昌平、许鹿：《精准治理：中国场景下的政府治理范式转换》，《公共管理学报》2017 年第 1 期。

吴玉章：《论法律体系》，《中外法学》2017 年第 5 期。

任丑：《关于法本质的哲学追问》，《哲学研究》2012 年第 12 期。

陈金钊：《论法律事实》，《法学家》2000 年第 2 期。

唐晓晴：《法律关系理论的哲学基础与教义结构》，《法治研究》2019
第 3 期。

蔡宏伟：《"法律责任"概念之澄清》，《法制与社会发展》2020 年第
6 期。

李志强：《浅谈道德与法律的关系》，《思想理论教育导刊》2019 年第
2 期。

王莉：《民事法律事实概念体系的基本层面及概念构成》，《郑州大学
学报》（哲学社会科学版）2018 年第 5 期。

赵鹏：《数字技术的广泛应用与法律体系的变革》，《中国科技论坛》
2018 年第 11 期。

程碧茜：《虚假医疗广告的治理困境与法律规制》，《江西社会科学》
2015 年第 11 期。

宋亚辉：《广告代言的法律解释论》，《法学》2016 年第 9 期。

张龙：《互联网广告管理的法律规制与问题思考》，《编辑之友》2018
年第 4 期。

廖敏慧等：《政府网站公众接受度影响因素的实证研究》，《电子政务》
2015 年第 3 期。

赵玉攀、杨兰蓉：《公众采纳政务 APP 影响因素及实证研究》，《情报
杂志》2015 年第 7 期。

钱丽等：《"互联网+政务"服务公众采纳模型的研究》，《情报科学》
2016 年第 10 期。

李洁等：《"互联网+政务服务"何以提升公众采纳行为？——一项整
合模型研究》，《电子政务》2019 年第 8 期。

刘柳、马亮：《政务短视频的扩散及其影响因素：基于政务抖音号的
实证研究》，《电子政务》2019 年第 7 期。

巫霞、马亮：《政务短视频的传播力及其影响因素：基于政务抖音号

的实证研究》,《电子政务》2019 年第 7 期。

周沛等:《企业移动电子税务采纳影响因素的实证研究》,《现代图书情报技术》2012 年第 3 期。

二　英文文献

Fariborz Damanpour, J. Daniel Wischnevsky, "Research on Innovation in Organizations: Distinguishing Innovation-generating from Innovation-adopting Organizations", *Journal of Engineering and Technology Management*, 2006 (23).

James G. March, "Exploration and Exploitation in Organizational Learning", *Organization Science*, 1991 (2).

Charles R. Shipan, Craig Volden, "Bottom-up Federalism: The Diffusion of Antismoking Policies from U. S. Cities to States", *American Journal of Political Science*, 2006 (4).

Bass, Frank M., "A New Product Growth for Model Consumer Durables", *Management Science*, 1969 (5).

Moore, Gary C., and Izak Benbasat, "Development of an Instrument to Measure the Perceptions of Adopting an Information Technology Innovation", *Information Systems Research*, 1991 (3).

图书在版编目（CIP）数据

广告法规与治理 / 常燕民著. -- 北京：社会科学
文献出版社，2023.5（2024.2 重印）
（新媒体公共传播）
ISBN 978-7-5228-1871-9

Ⅰ.①广… Ⅱ.①常… Ⅲ.①广告法-研究-中国
Ⅳ.①D922.294.4

中国国家版本馆 CIP 数据核字（2023）第 095028 号

新媒体公共传播
广告法规与治理

著　　者 / 常燕民

出 版 人 / 冀祥德
责任编辑 / 高　媛
责任印制 / 王京美

出　　版 / 社会科学文献出版社·政法传媒分社（010）59367126
　　　　　　地址：北京市北三环中路甲 29 号院华龙大厦　邮编：100029
　　　　　　网址：www.ssap.com.cn
发　　行 / 社会科学文献出版社（010）59367028
印　　装 / 唐山玺诚印务有限公司

规　　格 / 开　本：787mm×1092mm　1/16
　　　　　　印　张：15.75　字　数：248 千字
版　　次 / 2023 年 5 月第 1 版　2024 年 2 月第 2 次印刷
书　　号 / ISBN 978-7-5228-1871-9
定　　价 / 98.00 元

读者服务电话：4008918866